Die verkommene Demokratie

Wolfgang Plasa

Die verkommene Demokratie

Wie man regiert, ohne sich vom Volk reinreden zu lassen

2. Auflage

Wolfgang Plasa
Berlin, Deutschland

ISBN 978-3-658-49059-1   ISBN 978-3-658-49060-7 (eBook)
https://doi.org/10.1007/978-3-658-49060-7

Die Deutsche Nationalbibliothek verzeichnet diese Publikation in der Deutschen Nationalbibliografie; detaillierte bibliografische Daten sind im Internet über https://portal.dnb.de abrufbar.

© Der/die Herausgeber bzw. der/die Autor(en), exklusiv lizenziert an Springer Fachmedien Wiesbaden GmbH, ein Teil von Springer Nature 2024, 2025

Das Werk einschließlich aller seiner Teile ist urheberrechtlich geschützt. Jede Verwertung, die nicht ausdrücklich vom Urheberrechtsgesetz zugelassen ist, bedarf der vorherigen Zustimmung des Verlags. Das gilt insbesondere für Vervielfältigungen, Bearbeitungen, Übersetzungen, Mikroverfilmungen und die Einspeicherung und Verarbeitung in elektronischen Systemen.
Die Wiedergabe von allgemein beschreibenden Bezeichnungen, Marken, Unternehmensnamen etc. in diesem Werk bedeutet nicht, dass diese frei durch jede Person benutzt werden dürfen. Die Berechtigung zur Benutzung unterliegt, auch ohne gesonderten Hinweis hierzu, den Regeln des Markenrechts. Die Rechte des/der jeweiligen Zeicheninhaber*in sind zu beachten.
Der Verlag, die Autor*innen und die Herausgeber*innen gehen davon aus, dass die Angaben und Informationen in diesem Werk zum Zeitpunkt der Veröffentlichung vollständig und korrekt sind. Weder der Verlag noch die Autor*innen oder die Herausgeber*innen übernehmen, ausdrücklich oder implizit, Gewähr für den Inhalt des Werkes, etwaige Fehler oder Äußerungen. Der Verlag bleibt im Hinblick auf geografische Zuordnungen und Gebietsbezeichnungen in veröffentlichten Karten und Institutionsadressen neutral.

Springer ist ein Imprint der eingetragenen Gesellschaft Springer Fachmedien Wiesbaden GmbH und ist ein Teil von Springer Nature.
Die Anschrift der Gesellschaft ist: Abraham-Lincoln-Str. 46, 65189 Wiesbaden, Germany

Wenn Sie dieses Produkt entsorgen, geben Sie das Papier bitte zum Recycling.

Vorwort

Die Bundesrepublik Deutschland hat sich, als sie gegründet wurde, mit dem Grundgesetz eine Verfassung gegeben, die in vorbildlicher Weise eine demokratische Staatsform verwirklicht. Eine Verfassung kann jedoch nur Regeln aufstellen. Deren Anwendung ist eine Frage der politischen Praxis. Bedauerlicherweise hat sich diese Praxis seit einiger Zeit immer weiter von demokratischen Prinzipien entfernt.

Das war nicht immer so. In den ersten Jahrzehnten nach der Gründung der Bundesrepublik waren die großen Parteien bemüht, einen Sozialstaat zu schaffen, wie das Grundgesetz es vorsieht. Es entstand die soziale Marktwirtschaft, deren Ergebnisse sich sehen lassen konnten. Sowohl der Sozialstaat wie auch die soziale Marktwirtschaft entsprachen den Interessen der Mehrheit der Bevölkerung. Sie waren in ihrem Wesen demokratisch.

In den letzten Jahrzehnten hat es eine umgekehrte Entwicklung gegeben. Sie begann mit einer Hinwendung zu einer angebotsorientierten Wirtschaftspolitik, die Unternehmerinteressen den Vorrang vor Arbeitnehmerinteressen gibt. Es folgte ein Abbau des Sozialstaates. Seit Jahren kommt das wirtschaftliche Wachstum vor allem einer Minderheit zugute. Dagegen lebt die Mehrheit der Bevölkerung dieser reichen Nationen weiterhin unter dem Druck materieller Sorgen.

Die ständige Zunahme wirtschaftlicher und sozialer Ungleichheiten erlaubt es einer Minderheit, zunehmend Einfluss auf die Politik zu nehmen. Gleichzeitig wird die Beteiligung der Mehrheit des Volkes an der Ausübung der Macht im Staate immer weiter zurückgedrängt. Zwar entscheidet formal die Mehrheit, doch wird Politik vor allem im Interesse der Minderheit gemacht. Es mehren sich die Zeichen, dass die Demokratie bei uns auf dem Rückzug ist.

Das ist sie noch in anderer Hinsicht. In den vergangenen zehn Jahren sind mit dem Zustrom von Flüchtlingen, der Coronapandemie und dem Krieg in der Ukraine Krisen entstanden, die einschneidende Maßnahmen erforderlich machten. Diese Krisen haben aber auch als Vorwand gedient, um einige unpopuläre Entscheidungen zu treffen. Der Abstand zwischen Regierenden und Regierten hat sich deutlich vergrößert.

Dieses Buch untersucht, wie weit es inzwischen gekommen ist und wie es dazu kommen konnte. Es ist weder ein Fachbuch der Politologie noch eine Sammlung philosophischer Betrachtungen. Es ist der Versuch, die politischen Realitäten an dem Anspruch zu messen, den eine repräsentative Demokratie erhebt.

Berlin, Deutschland   Wolfgang Plasa

Der Aufbau

Dieses Buch ist folgendermaßen gegliedert:
Kap. 1 beginnt mit einer Reihe begrifflicher Klärungen. Dabei geht es um die Frage, welche Prinzipien zum Wesen einer repräsentativen Demokratie gehören.

Die Anwendung dieser Prinzipien bringt gewisse Probleme mit sich, für die es mehr als eine Lösung gibt. Manche sind mehr, andere weniger demokratisch. Mit ihnen beschäftigt sich Kap. 2.

Aus praktischen Gründen sind den Möglichkeiten der Verwirklichung einer repräsentativen Demokratie Grenzen gesetzt. Bei näherer Betrachtung wird deutlich, dass sie weniger demokratisch ist, als es den Anschein hat. Auf die Einzelheiten wird in Kap. 3 eingegangen.

Die Beachtung demokratischer Prinzipien wird oft als „gute Regierungsführung" bezeichnet. Gegenstand der in Kap. 4 angestellten Untersuchungen ist die Frage, wie gut eine demokratische Regierungsführung in der Praxis ist.

Kap. 5 beschäftigt sich mit der Anwendung demokratischer Prinzipien in der Wirtschaftspolitik. Sie hat sich in den vergangenen Jahrzehnten immer weiter demokratischer Kontrolle entzogen.

Das gilt auch für die Außenpolitik. Sie unterliegt aus systemimmanenten Gründen weniger demokratischer Kontrolle. Inzwischen ist diese Kontrolle nahezu außer Kraft gesetzt. Diese Entwicklung wird in Kap. 6 näher untersucht.

Kap. 7 beschäftigt sich mit dem Verhältnis zwischen Regierenden und Regierten. Wähler werden nicht selten bevormundet, verängstigt oder sogar hinters Licht geführt. Die Folge ist eine um sich greifende Politikverdrossenheit.

Andererseits formiert sich inzwischen immer mehr Widerstand. Er drückt sich in einer wachsenden Popularität der „Neuen Rechten" aus. Sie wird in Kap. 8 näher beleuchtet.

Auch in den USA wächst die Opposition gegen die etablierte Politik und die etablierten Politiker. Kap. 9 beschäftigt sich mit der Frage, wie es mit der Demokratie in den USA bestellt ist.

Die repräsentative Demokratie und die kapitalistische Marktwirtschaft gehen auf die Ideen des Liberalismus zurück. Kap. 10 untersucht den Einfluss dieser Ideen auf die Entwicklung der Gesellschaft.

Kap. 11 geht der Frage nach, welche Möglichkeiten einer Korrektur es gibt, um zu mehr demokratischen Verhältnissen zurückzufinden.

Inhaltsverzeichnis

1 Die Prinzipien der Demokratie   1
1.1 Die Ursprünge der modernen Demokratie   2
    1.1.1 Die Französische Revolution   3
    1.1.2 Die Unabhängigkeit der Vereinigten Staaten von Amerika   4
1.2 Die repräsentative Demokratie   7
    1.2.1 Die Herrschaft des Volkes   7
    1.2.2 Die Prinzipien der repräsentativen Demokratie   8
1.3 Staat und Macht   9
    1.3.1 Nationalstaaten und Souveränität   9
    1.3.2 Die Bedeutung des Begriffs Staat   11
    1.3.3 Die Notwendigkeit der Existenz eines Staates   11
    1.3.4 Macht und Staatsgewalt   13

1.4	Rechtsstaat, Sozialstaat, Bundesstaat	14
	1.4.1 Der Rechtsstaat	15
	1.4.2 Der Sozialstaat	16
	1.4.3 Der Bundesstaat	17
1.5	Die freiheitliche demokratische Grundordnung	18
2	**Die Anwendung demokratischer Prinzipien**	**21**
2.1	Die Verfassung	22
	2.1.1 Die Annahme des Grundgesetzes	23
	2.1.2 Die Ewigkeitsklausel	23
2.2	Wahlen und Mehrheiten	24
	2.2.1 Einfache, absolute, relative und qualifizierte Mehrheit	24
	2.2.2 Quorum und Mindestwahlbeteiligung	25
	2.2.3 Wahlbeteiligung und Wahlpflicht	26
	2.2.4 Die Mehrheitswahl	27
	2.2.5 Stichwahlen	27
	2.2.6 Die Verhältniswahl	28
2.3	Das Wahlrecht in der Bundesrepublik	29
	2.3.1 Die Fünfprozentklausel	29
	2.3.2 Die Organisation von Wahlen	30
	2.3.3 Begrenzungen der Amtszeiten und der Anzahl der Mandate	32
2.4	Die Parteien	33
	2.4.1 Die Rolle der Parteien	33
	2.4.2 Koalitioncn	35
	2.4.3 Das freie Mandat	36
	2.4.4 Die Opposition	37
2.5	Der Schutz der Grundrechte	38
	2.5.1 Freiheit	38
	2.5.2 Gleichbehandlung und Gleichberechtigung	40

2.6 Die Gewaltenteilung 41
   2.6.1 Die Trennung der Zuständigkeitsbereiche 41
   2.6.2 Die institutionellen Kontrollen 42
   2.6.3 Die Ernennung der Richter des Bundesverfassungsgerichts 43
2.7 Parlamentarische und Präsidialdemokratie 44
   2.7.1 Die parlamentarische Demokratie 44
   2.7.2 Das konstruktive Misstrauensvotum 45
   2.7.3 Die Präsidialdemokratie 45
2.8 Zusammenfassung 47

3 Die Grenzen der repräsentativen Demokratie 49

3.1 Partizipation und Repräsentation 50
   3.1.1 Der Fraktionszwang 50
   3.1.2 Die mittelbare Repräsentation 52
   3.1.3 Bürokratie und Technokratie 54
3.2 Partizipation und Transparenz 55
3.3 Partizipation und die Anzahl der Parteien 57
3.4 Gewaltenteilung und Rechtsstaatlichkeit 58
   3.4.1 Die Grenzen der Gewaltenteilung 58
   3.4.2 Die Kontrolle durch Gerichte und der Gerichte 59
   3.4.3 Die Kontrolle der Regierung durch das Parlament 59
   3.4.4 Die Kontrolle durch den Wähler 60
3.5 Der Notstand und die wehrhafte Demokratie 61
   3.5.1 Die Notstandsgesetze 62
   3.5.2 Die wehrhafte Demokratie 63
3.6 Außenpolitik und internationale Beziehungen 64
   3.6.1 Gewaltenteilung und Außenpolitik 64
   3.6.2 Demokratie und die UNO 65

		3.6.3 Das Selbstbestimmungsrecht der Völker	67
		3.6.4 Universelle Menschenrechte	69
		3.6.5 Demokratie und die EU	70
		3.6.6 Demokratie und die NATO	72
	3.7	Demokratie und Krieg	73
	3.8	Zusammenfassung	74
4	**Demokratie und Good governance**		**75**
	4.1	Die Erfordernisse einer guten Regierungsführung	76
	4.2	Partizipation	78
		4.2.1 Mangelnde Partizipation	78
		4.2.2 Wahlkampfspenden	79
		4.2.3 Parteispenden	80
		4.2.4 Privatinitiativen	80
		4.2.5 Lobbying	81
		4.2.6 Der außenparlamentarische Konsens	82
	4.3	Transparenz	84
		4.3.1 Die Coronapandemie	85
		4.3.2 Der Militäreinsatz in Afghanistan	86
		4.3.3 Der Anschlag auf die Nord-Stream-Pipelines	87
	4.4	Rechtsstaatlichkeit	89
		4.4.1 Die Flüchtlingskrise	89
		4.4.2 Die strafrechtliche Kontrolle der Volksvertreter	91
	4.5	Kompetenz	93
		4.5.1 Der mündige Bürger	93
		4.5.2 Die Kompetenz der Volksvertreter	94
	4.6	Verantwortlichkeit	96
		4.6.1 Kurzfristigkeit	96
		4.6.2 Korruption	98

4.7	Effizienz	100
	4.7.1 Die Effizienz gesetzlicher Maßnahmen	100
	4.7.2 Effizienz in der Verwaltung	101
4.8	Gerechtigkeit	102
4.9	Zusammenfassung	103
5	**Demokratie und Wirtschaft**	**105**
5.1	Demokratie und Marktwirtschaft	106
	5.1.1 Die Marktwirtschaft	106
	5.1.2 Der Kapitalismus	107
	5.1.3 Marktwirtschaft, Kapitalismus und Demokratie	109
	5.1.4 Der Wirtschaftsliberalismus	109
	5.1.5 Die soziale Marktwirtschaft	110
5.2	Die Wirtschaftspolitik	112
	5.2.1 Wirtschaftswachstum als oberstes Ziel	112
	5.2.2 Der Neoliberalismus	114
	5.2.3 Die Priorität der Wirtschaftspolitik	115
5.3	Das Wachstum der Wirtschaft und die Zunahme der Ungleichheiten	116
	5.3.1 Das Wachstum der Wirtschaft	116
	5.3.2 Die Zunahme der wirtschaftlichen und sozialen Ungleichheiten	117
5.4	Wirtschaftspolitik im Interesse einer Minderheit	119
	5.4.1 Gastarbeiter und Löhne	119
	5.4.2 Privatisierungen	121
	5.4.3 Die Möglichkeit der Enteignung	123
	5.4.4 Freihandel und Globalisierung	124
	5.4.5 Der Abbau des Sozialstaates	126
	5.4.6 Deregulierung und Mieten	127
	5.4.7 Die Bankenkrise	128

5.4.8 Die Übernahme privater Schulden durch den Staat ... 129
5.4.9 Schulden statt Steuern ... 130
5.5 Die Idealisierung der Marktwirtschaft ... 131
    5.5.1 Die Fixierung auf das Wirtschaftswachstum ... 131
    5.5.2 Der Zwang zum Wachstum ... 132
5.6 Der Siegeszug der freien Marktwirtschaft ... 133

6 Demokratie und Außenpolitik ... 135

6.1 Die Rahmenbedingungen der deutschen Außenpolitik ... 136
    6.1.1 Die Wiedererlangung der staatlichen Souveränität ... 136
    6.1.2 Die Einbindung in das westliche Lager ... 138
6.2 Die europäische Einigung ... 139
    6.2.1 Die Europapolitik ... 140
    6.2.2 Die EU und die Flüchtlingspolitik ... 142
6.3 Die transatlantische Partnerschaft ... 144
    6.3.1 Die Abhängigkeit von den USA ... 145
    6.3.2 Der Führungsanspruch der USA ... 147
    6.3.3 Wirtschaftssanktionen ... 149
    6.3.4 Sanktionen gegen Deutschland ... 150
6.4 Menschenrechte und Demokratie ... 151
    6.4.1 Die Verteidigung der Menschenrechte ... 151
    6.4.2 Einmischung in fremde Staaten ... 153
6.5 Deutschland und die NATO ... 154
    6.5.1 Die NATO-Mitgliedschaft Deutschlands ... 155
    6.5.2 Die Militäreinsätze der NATO ... 156
    6.5.3 Der Militäreinsatz in Afghanistan ... 157

6.6	Der Krieg in der Ukraine	159
	6.6.1 Die Unterstützung der Ukraine	159
	6.6.2 Die Demokratie in der Ukraine	160
	6.6.3 Das Ziel der Unterstützung der Ukraine	162
	6.6.4 Die Rolle der USA	164
	6.6.5 Die Kriegsbereitschaft	166
6.7	Zusammenfassung	168
7	**Die Scheindemokratie**	**169**
7.1	Bevormundung	170
	7.1.1 Die offene Bevormundung	171
	7.1.2 Die Überrumplung	173
	7.1.3 Der Missbrauch der Verfahren	174
7.2	Die Manipulation der Meinungsbildung	175
	7.2.1 Propaganda	175
	7.2.2 Wissenschaftler und Think-Tanks	177
	7.2.3 Die Medien	178
	7.2.4 Social Media und Desinformation	181
	7.2.5 Ablenkung auf Nebenschauplätze	182
7.3	Täuschung	183
	7.3.1 Unvollständige und einseitige Information	183
	7.3.2 Das Vorschieben falscher Gründe	184
	7.3.3 Der Etikettenschwindel	186
7.4	Verängstigung	187
	7.4.1 Der Kalte Krieg	187
	7.4.2 Terroranschläge	188
	7.4.3 Die Coronapandemie	188
	7.4.4 Die Kriegsgefahr	189
7.5	Politikverdrossene und Wutbürger	192

8 Die politische Bandbreite 195
8.1 Alte und neue Parteien 196
8.1.1 Die Verengung der politischen Bandbreite 196
8.1.2 Die außerparlamentarische Opposition 198
8.1.3 Neue Parteien 198
8.2 Der Rechtsruck in Europa 199
8.2.1 Die Erfolge rechter Parteien in Europa 199
8.2.2 Die Neue Rechte 200
8.2.3 Die AfD und die Flüchtlingskrise 202
8.3 Populismus und Extremismus 203
8.3.1 Populismus 203
8.3.2 Die Verlagerung der politischen Mitte 205
8.3.3 Rechtsextremismus 206
8.4 Die AfD und der Rechtsextremismus 208
8.4.1 Das Programm der AfD 208
8.4.2 Remigration 209
8.5 Die AfD und der Verfassungsschutz 211
8.5.1 Das Bundesamt für Verfassungsschutz 211
8.5.2 Die Einstufung der AfD durch den Verfassungsschutz 213
8.5.3 Eine Gefahr für die Demokratie 215
8.5.4 Verfassungswidrigkeit und Parteienverbot 216
8.6 Berührungsängste 218
8.7 Die Wiedervereinigung und die neue Trennung 219
8.8 Der Hang zum Extremismus 220
8.9 Zusammenfassung 222

9 Die Demokratie in den USA — 225
- 9.1 Die Gewaltenteilung — 226
- 9.2 Die Befugnisse des Präsidenten — 227
  - 9.2.1 Executive orders — 228
  - 9.2.2 Notverordnungen — 228
  - 9.2.3 Militäreinsätze — 230
  - 9.2.4 Krieg und Frieden — 231
  - 9.2.5 Begnadigungen — 232
- 9.3 Wahlen — 233
  - 9.3.1 Der Wahlkampf in den USA — 233
  - 9.3.2 Wahlkampfspenden — 234
- 9.4 Der Einfluss Privater auf Regierung und Parlament — 235
  - 9.4.1 Die Erdöl- und die Militärindustrie — 235
  - 9.4.2 Banken und die Pharmaindustrie — 236
  - 9.4.3 Entwicklungshilfe und Korruption — 238
  - 9.4.4 Macht in der Hand Privater — 239
  - 9.4.5 Propaganda — 240
- 9.5 Transparenz — 241
  - 9.5.1 Schauspieler — 241
  - 9.5.2 Lügen — 242
- 9.6 Einschränkungen der Grundrechte — 243
- 9.7 Zusammenfassung — 245

10 Liberalismus, Demokratie und Marktwirtschaft — 247
- 10.1 Freiheit und Gleichheit — 248
  - 10.1.1 Freiheit vor Gleichheit — 248
  - 10.1.2 Relikte des Feudalismus — 250
- 10.2 Die Versprechen der Demokratie und Marktwirtschaft — 252
  - 10.2.1 Die Förderung des Gemeinwohls — 253
  - 10.2.2 Freiheit auf Kosten anderer — 255
  - 10.2.3 Der Mangel an Rationalität — 256
  - 10.2.4 Das Menschenbild des Liberalismus — 258

10.3 Liberalismus und private Macht 260
   10.3.1 Die Macht der Wirtschaft 260
   10.3.2 Die Macht der Parteien 260
   10.3.3 Der Teufelskreis 261
   10.3.4 Das Ende des Liberalismus 262
10.4 Der neue Konkurrent: Die Volksrepublik China 263
   10.4.1 Ideologie und Pragmatismus 264
   10.4.2 Demokratie als Hindernis 265
   10.4.3 Autoritär und Autorität 267

11 Die Möglichkeiten einer Korrektur 269
11.1 Partizipation 272
   11.1.1 Wahlen und konkrete Fragen 272
   11.1.2 Volksentscheide und Befragungen 273
   11.1.3 Ein Verbot des Lobbying und von Wahlkampfspenden 274
11.2 Mehr Transparenz und Information 275
   11.2.1 Mehr Transparenz 275
   11.2.2 Weniger Manipulation 276
11.3 Mehr Bildung und Kompetenz 277
   11.3.1 Eine bessere Schulbildung 277
   11.3.2 Eignungsvoraussetzungen für eine Karriere als Politiker 278
11.4 Mehr Verantwortlichkeit 279
11.5 Mehr Rechtsstaat 280
11.6 Mehr Gerechtigkeit 281
11.7 Mehr Macht dem Staate 282
11.8 Weniger Ideologie 283
11.9 Demokratisch denken und handeln 284

Weiterführende Literatur 285

Über den Autor

Wolfgang Plasa hat Jura in Deutschland und Politologie in Frankreich studiert und in beiden Ländern promoviert. Nach dem Studium war er als Beamter der EU-Kommission in Brüssel in den Bereichen auswärtige Beziehungen, Entwicklungshilfe und Welthandel tätig. Als Mitglied der Vertretung der EU-Kommission in Genf war er an Verhandlungen im GATT und der WTO beteiligt und vertrat die EU in verschiedenen Organisationen der UNO. Danach leitete er das Hilfswerk der Vereinten Nationen für Palästinensische Flüchtlinge (UNWRA) im Libanon. Danach war Wolfgang Plasa Botschafter der EU in Chile und anschließend in Algerien. Darauf folgte eine Lehrtätigkeit an der Universität Yale. Zuletzt arbeitete er als Chefberater des Präsidenten Afghanistans in Kabul.

1

Die Prinzipien der Demokratie

Inhaltsverzeichnis

1.1	Die Ursprünge der modernen Demokratie	2
	1.1.1 Die Französische Revolution	3
	1.1.2 Die Unabhängigkeit der Vereinigten Staaten von Amerika	4
1.2	Die repräsentative Demokratie	7
	1.2.1 Die Herrschaft des Volkes	7
	1.2.2 Die Prinzipien der repräsentativen Demokratie	8
1.3	Staat und Macht	9
	1.3.1 Nationalstaaten und Souveränität	9
	1.3.2 Die Bedeutung des Begriffs Staat	11
	1.3.3 Die Notwendigkeit der Existenz eines Staates	11
	1.3.4 Macht und Staatsgewalt	13
1.4	Rechtsstaat, Sozialstaat, Bundesstaat	14
	1.4.1 Der Rechtsstaat	15
	1.4.2 Der Sozialstaat	16
	1.4.3 Der Bundesstaat	17
1.5	Die freiheitliche demokratische Grundordnung	18

© Der/die Autor(en), exklusiv lizenziert an Springer Fachmedien Wiesbaden GmbH, ein Teil von Springer Nature 2025
W. Plasa, *Die verkommene Demokratie*,
https://doi.org/10.1007/978-3-658-49060-7_1

1.1 Die Ursprünge der modernen Demokratie

Gemäß einem berühmten Ausspruch Winston Churchills ist die Demokratie die schlechteste aller Staatsformen, abgesehen von allen anderen, die bislang ausprobiert worden sind. Ohne Zweifel ist die Demokratie die beste aller bekannten Staatsformen. Wohl aus diesem Grunde sind heute die meisten Staaten Demokratien oder behaupten zumindest, es zu sein. Das können sie ohne weiteres, denn es gibt keine allgemeingültige und verbindliche Definition dessen, was unter Demokratie zu verstehen ist.

In der Tat gibt es mehr als eine Form der Demokratie. Unterschiede gibt es seit den Anfängen der modernen Demokratie. Sie entstand etwa zur gleichen Zeit in Frankreich und in den Vereinigten Staaten. In beiden Ländern erwuchs sie aus Protesten gegen die damals bestehende staatliche und gesellschaftliche Ordnung. In beiden Ländern ließ man sich bei der Verwirklichung demokratischer Prinzipien von den gleichen Quellen inspirieren, nämlich den Schriften der Philosophen und Staatsrechtler der Aufklärung. Doch erfolgte die Umsetzung in recht unterschiedlicher Weise. In Frankreich bemühte man sich um die Schaffung einer Gesellschaft gleichberechtigter Bürger. Dagegen richtete sich in den Vereinigten Staaten die Aufmerksamkeit vor allem auf verfahrensrechtliche Regelungen und institutionelle Kontrollen der Ausübung der Macht im Staate.[1]

---

[1] Welcher dieser beiden Aspekte wichtiger ist, ist bis heute umstritten. Ich erinnere mich an eine Debatte im Europäischen Parlament, in der sich ein französischer Abgeordneter und eine britische Abgeordnete darüber stritten, ob Kuba eine Demokratie sei. Nach Auffassung des Franzosen war das der Fall, weil das Volk dort „partizipiert". Die Britin war gegenteiliger Auffassung, weil es in Kuba keine freien Wahlen gibt.

1.1.1 Die Französische Revolution

Demokratie ist ein altgriechisches Wort und bedeutet „die Herrschaft des Volkes". In Frankreich entstand die Forderung nach einer Herrschaft des Volkes als Reaktion auf den autoritären Regierungsstil, der in der absoluten Monarchie seinen Höhepunkt gefunden hatte. Die Menschen fühlten sich unterdrückt und ausgebeutet.

Philosophen, die sich dieser Erkenntnis nicht verschlossen hatten, entdeckten die Bedeutung der Freiheit als Voraussetzung der menschlichen Würde[2] und forderten sie ein. Um der Unterdrückung und Ausbeutung ein Ende zu setzen, reichte jedoch die Gewährung der Freiheit nicht. Es mussten auch die Privilegien der herrschenden Klasse abgeschafft werden. Auch die Herstellung von Gleichheit wurde zu einer politischen Forderung.

Die Verwirklichung dieser Forderungen erforderte eine neue Organisation des Staates. Nunmehr sollte die Macht nicht mehr in den Händen eines einzelnen Herrschers liegen, der sie nur deshalb innehatte, weil er über die Mittel verfügte, seine Stellung zu verteidigen. Die Macht sollte auf dem Willen des Volkes beruhen und gemäß seinem Willen ausgeübt werden. Das Volk sollte an der Entstehung und Ausübung der Macht beteiligt werden. Das war es, was die Revolutionäre unter Demokratie verstanden.

Am 14. Juli 1789 kam es in Frankreich zu einer Revolution, die sich vornahm, diese Forderungen zu verwirklichen. Offenbar hatten die französischen Revolutionäre eine klare Vision der Gesellschaft, die sie errichten wollten. Artikel 1 der Erklärung der Menschen- und Bürgerrechte, die

---

[2] Zu den wichtigsten Autoren gehören Thomas Hobbes (1588–1679), John Locke (1632–1704), Jean-Jacques Rousseau (1712–1778), Immanuel Kant (1724–1804) und Georg Wilhelm Friedrich Hegel (1770–1831).

am 26. August 1789 von der französischen Nationalversammlung verabschiedet wurde, lautet:

> „Die Menschen sind und bleiben von Geburt frei und gleich an Rechten. Soziale Unterschiede dürfen nur im gemeinen Nutzen begründet sein."

Diese klaren Worte lassen erkennen, dass sie ernst gemeint waren. Freiheit und Gleichheit sollten zur Regel werden. Diesen Forderungen stellten die Revolutionäre diejenige nach Brüderlichkeit zur Seite, d. h. die Forderung nach einem solidarischen Verhalten freier und gleichberechtigter Menschen.

Im September 1791 verabschiedeten die in der Nationalversammlung vereinten Revolutionäre die erste geschriebene Verfassung Frankreichs. Damit wurde das Land eine konstitutionelle Monarchie, in der die Rechte des Königs eingeschränkt waren. Ein Jahr später, im September 1792, wurde auch die Monarchie abgeschafft und die „Erste Französische Republik" ausgerufen.

Mit dieser Verfassung wollten die Revolutionäre die Gesellschaft verändern. Sie sollte in einem umfassenden Sinne demokratisch werden. Das gelang jedoch nicht, denn die Revolution schoss übers Ziel hinaus. Schon bald mündete sie in eine Schreckensherrschaft. Schließlich endeten die Herrscher des Schreckens selbst auf der Guillotine. Im Jahre 1799 gelang Napoleon Bonaparte ein Staatsstreich, der dem Ganzen ein Ende setzte. Frankreich kehrte zur vordemokratischen Herrschaftsform zurück.

1.1.2 Die Unabhängigkeit der Vereinigten Staaten von Amerika

Wenige Jahre vor der Revolution in Frankreich, im April 1775, erhoben sich 13 britische Kolonien auf nordamerikanischem Boden gegen das Mutterland Großbritannien. Auch sie fühlten sich unterdrückt, da sie im Parlament in London kein Mitspracherecht besaßen. Und auch sie fühlten sich ausgebeutet, weil sie Steuern zu entrichten hatten, ohne über deren Verwendung entscheiden zu können. Sie entschlossen sich zum bewaffneten Kampf gegen die Kolonialherrschaft und erreichten schließlich ihre Unabhängigkeit, die mit der Unterzeichnung des Friedensvertrages von Paris am 3. September 1783 besiegelt wurde.

Mit der Unabhängigkeit entstand allerdings auch ein Problem. Zuvor konnte die Kolonialverwaltung in Nordamerika ihre Macht auf die des Königs in London stützen, der sie mit der Behauptung rechtfertigte, von Gottes Gnaden eingesetzt zu sein. Das war nach der Unabhängigkeit nicht mehr möglich. Somit standen die unabhängig gewordenen Vereinigten Staaten vor einer schwierigen Frage: Worauf sonst lässt sich der Anspruch auf die Ausübung der Macht im Staate stützen?

Die Antwort fanden sie bei den Philosophen, die das Modell der modernen Demokratie entworfen hatten.[3] Nach deren Vorstellung sollte das Volk an der Ausübung der Macht durch Wahlen beteiligt sein. Wahlen würden einer Regierung das Recht verleihen, die Macht auszuüben. Also entschied man sich für die Staatsform der Demokratie. Sie wurde Wirklichkeit mit der Annahme der Verfassung der USA, die am 4. März 1789 in Kraft trat.

In ihrer ursprünglichen Fassung enthielt diese Verfassung keine Erwähnung der Menschenrechte. Sie wurden erst mit der Annahme der ersten 10 Verfassungsänderungen (*amendments*) im Jahre 1791 hinzugefügt. Doch hatte bereits die Unabhängigkeitserklärung, die die 13 britischen Kolonien im Jahre 1776 verabschiedet hatten, die Gleichheit der

---

[3] Dazu gehört außer Thomas Hobbes und Jean-Jacques Rousseau vor allem Charles-Louis de Secondat Baron de Montesquieu (1689–1755).

Menschen als eine Selbstverständlichkeit bezeichnet. Artikel 2 dieser Erklärung besagt:

> „We hold these truths to be self-evident, that all men are created equal, that they are endowed by their Creator with certain unalienable Rights, that among these are Life, Liberty and the pursuit of Happiness." (Wir halten diese Wahrheiten für selbstverständlich, dass alle Menschen gleich erschaffen wurden, dass ihnen von ihrem Schöpfer gewisse unveräußerliche Rechte gegeben wurden, zu denen Leben, Freiheit und das Streben nach Glückgehören.)

Schon das Pathos dieser Worte lässt Zweifel daran aufkommen, ob sie ernst gemeint waren. Tatsächlich war nur eine Minderheit der amerikanischen Bevölkerung frei und besaß alle Bürgerrechte. Die Mehrheit war zwar frei, besaß aber weniger Rechte. Und eine weitere Minderheit waren Sklaven, die keinerlei Rechte besaßen. Wohlweislich ist auch in den ersten 10 Verfassungsänderungen von Gleichheit nicht die Rede.

Die Väter der amerikanischen Verfassung erklärten zwar, sich von demokratischen Idealen leiten zu lassen, waren aber Aristokraten und dachten wie solche. Ihnen ging es darum, dass die Mehrheit im Volke nicht der Minderheit der Wohlhabenden ihren Willen aufzwingen konnte. An Änderungen der durch Feudalstrukturen geprägten Gesellschaftsordnung oder an der Abschaffung der Sklaverei waren sie kaum interessiert.[4]

Um einen Missbrauch der Macht durch Amtsträger zu verhindern, wurde eine weitere Idee der philosophischen Vorbereiter der modernen Demokratie übernommen, näm-

---

[4] Daran lassen die *Federalist Papers* keinen Zweifel. Die *Federalist Papers* sind 85 Zeitungsartikel, die 1787/88 in New Yorker Zeitungen veröffentlicht wurden und in denen die Verfasser Alexander Hamilton, James Madison und John Jay für eine bundesstaatliche Verfassung der Vereinigten Staaten warben.

lich die Gewaltenteilung.[5] Sie sieht eine Aufteilung der Ausübung der Staatsgewalt in mehrere Bereiche vor, die verschiedenen Verfassungsorganen zugewiesen sind. Das erklärte Ziel einer solchen Regelung ist eine gegenseitige Kontrolle dieser Organe. In den USA wird sie *Checks and Balances* genannt.

Die Gewaltenteilung schafft jedoch mehr als die Möglichkeit gegenseitiger Kontrollen. Sie erlaubt es auch den zur Ausübung der Macht im Staate befugten Organen, sich gegenseitig zu behindern. Das kann unter Umständen auch einer Minderheit gelingen. Mit dieser Regelung ließ sich lange Zeit verhindern, dass die Feudalstrukturen in den USA abgeschafft und die sozialen Ungleichheiten vermindert wurden.

Die Amerikaner entschieden sich für eine Form der Demokratie, die gesellschaftliche Änderungen erschwert. Nicht zuletzt deswegen gilt sie bis heute. Sie ist in der Tat die älteste Demokratie der Neuzeit.

1.2 Die repräsentative Demokratie

1.2.1 Die Herrschaft des Volkes

Demokratie bedeutet, wie gesagt, die „Herrschaft des Volkes". Das muss nicht heißen, dass das Volk selbst die Macht im Staate ausübt. Zwar ist das in Verfahren wie Volksentscheiden, Volksabstimmungen oder Referenden möglich. Aus praktischen Gründen werden diese Verfahren jedoch auch in Staaten, deren Verfassungen sie erlauben, nur ausnahmsweise angewandt. In der Regel wird die Macht von staatlichen Institutionen ausgeübt, die vom Volk dazu

---

[5] Das Prinzip der Gewaltenteilung wurde zuerst von Montesquieu in seinem 1748 erschienenen Buch *Vom Geist der Gesetze (De l'esprit des lois)* formuliert.

ermächtigt werden. Diese Form der staatlichen Organisation wird repräsentative Demokratie genannt. In einer solchen Demokratie übt nicht das Volk selbst die Macht im Staate aus, sondern wählt Vertreter, die dazu ermächtigt werden. Alle modernen Demokratien sind ausnahmslos repräsentative Demokratien.

Das Modell der repräsentativen Demokratie beruht auf einem Kompromiss zwischen der Forderung nach einer „Herrschaft des Volkes" und den Möglichkeiten einer Umsetzung. Dieser Kompromiss besteht darin, dass Menschen staatlicher Gewalt unterworfen sind, an deren Entstehung sie beteiligt sind und deren Ausübung sie kontrollieren können, die sie aber nicht selbst ausüben. Eine repräsentative Demokratie bedeutet daher von vornherein eine Einschränkung der „Herrschaft des Volkes".

1.2.2 Die Prinzipien der repräsentativen Demokratie

Wenn heute von der „Demokratie" die Rede ist, ist in der Regel die repräsentative Demokratie gemeint. Wenn von demokratischen Prinzipien gesprochen wird, so sind darunter diejenigen einer repräsentativen Demokratie zu verstehen. Sie betreffen drei Erfordernisse, die ein Staat erfüllen muss, um sich als Demokratie bezeichnen zu dürfen.

Das erste Erfordernis betrifft „die Herrschaft des Volkes". Es verlangt einerseits, dass das Volk an der Macht im Staate beteiligt ist, und andererseits, dass das Mehrheitsprinzip gilt. Die Beteiligung des Volkes an der Ausübung der Macht soll durch Wahlen erfolgen, bei denen die Mehrheit darüber entscheidet, wer das Volk vertritt. Das erste Erfordernis ist *eine Ermächtigung der Verfassungsorgane zur Ausübung der Macht im Staat durch Wahlen.*

Wahlen erlauben Kontrollen erst nach Ablauf der Amtszeit der Amtsträger. Würde die Macht im Staat an eine einzige Institution übertragen, bestünde die Gefahr, dass sie zwischenzeitlich missbraucht wird. Aus diesem Grunde erfordern Demokratien eine Gewaltenteilung. Sie bedeutet eine institutionelle Trennung der zur Ausübung der staatlichen Macht befugten Organe und erlaubt deren gegenseitige Kontrolle. Das zweite Erfordernis ist die *Gewaltenteilung zur Schaffung institutioneller Kontrollen der Ausübung der Macht im Staat.*

Das Gebot einer Ermächtigung zur Ausübung der Macht im Staate und wirksamer Kontrollen derselben reichen nicht aus, den Einzelnen vor Verletzungen seiner Grundrechte durch Eingriffe des Staates zu schützen. Daher ist es notwendig, den Schutz dieser Rechte in der Verfassung oder durch besondere Gesetze zu garantieren. Das dritte Erfordernis ist *eine Begrenzung der Ausübung der Macht im Staat durch den Schutz von Grundrechten.*

Eine Demokratie ist ein Staat, dessen Verfassung diese drei Erfordernisse anerkennt und Regelungen trifft, um sie zu erfüllen. Sie sind die wesentlichen Prinzipien einer Demokratie. Der Erfolg einer Demokratie kann daran gemessen werden, in welchem Umfang ihr die Verwirklichung dieser Prinzipien gelingt.

1.3 Staat und Macht

1.3.1 Nationalstaaten und Souveränität

Der Staat, in dem wir leben, die Bundesrepublik Deutschland, wurde mit der Unterzeichnung des Grundgesetzes am 23. Mai 1949 gegründet. Das Grundgesetz schuf einen Staat in der Form einer repräsentativen Demokratie. Das war in der Geschichte Deutschlands schon einmal geschehen, nämlich im Jahre 1919, als die Weimarer Verfassung in Kraft trat. Schon vor der Gründung der Weimarer Republik hatte es auf deutschem Boden einen Staat gegeben, nämlich das Deutsche Reich, das eine Monarchie war. Dessen Gebiet und dessen Bevölkerung waren im Wesentlichen dieselben.

Ursprünglich wurden Grenzen dadurch bestimmt, dass sich Menschen der einen oder anderen zweier benachbarter Gruppen zugehörig fühlten. Ein Element, das besonders geeignet ist, ein Gefühl der Zugehörigkeit zu schaffen, ist eine gemeinsame Sprache. Viele heutige Grenzen zwischen Staaten sind Sprachgrenzen.

Menschen, die einer solchen Gruppe angehören, sehen sich gewöhnlich als Teil einer Nation. In der Tat sind viele Staaten ursprünglich als Nationalstaaten entstanden. Im 19. Jahrhundert wurde das Konzept des Nationalstaates zu einem Prinzip. Inzwischen hat sich das Verhältnis zwischen Gebiet und Menschen umgekehrt. Heute sind es die Grenzen, die die Zugehörigkeit zu einem Staat bestimmen. Menschen auf dieser Seite der Grenzen gehören zu diesem Staat und seinem Volk, Menschen auf der anderen Seite zu einem anderen.

Diese Grenzen sind auch die Grenzen, bis zu denen die Macht eines Staates reicht. Weder ist er befugt, Macht auf dem Gebiet anderer Staaten auszuüben, noch ist er verpflichtet, die Ausübung staatlicher Macht durch andere Staaten auf seinem Gebiet zu dulden. Diese Grundsätze beschreiben, was im Völkerrecht Souveränität genannt wird. Das Konzept der staatlichen Souveränität liegt dem Westfälischen Friedensvertrag zugrunde, mit dem im Jahre 1648 der Dreißigjährige Krieg beendet wurde. Es hat seitdem die Welt erobert. Moderne Staaten sind in diesem Sinne souveräne Staaten.

1.3.2 Die Bedeutung des Begriffs Staat

Unter dem Begriff Staat kann grundsätzlich zweierlei verstanden werden. Als Staat können die Institutionen bezeichnet werden, die die Macht im Staate ausüben. So verstanden ist der Staat ein Gebilde, das einem gegenübertritt. Mit Staat kann auch das Land gemeint sein, dem man angehört. In diesem Sinne umfasst ein Staat drei Elemente, nämlich ein Volk, ein Gebiet und eine Regierung.[6] So verstanden ist der Staat ein Gebilde, dessen Teil man ist.

Gemäß Max Weber ist der Staat eine Gemeinschaft, die *„innerhalb eines bestimmten Gebietes ... das Monopol legitimer physischer Gewaltsamkeit ... beansprucht".*[7] Nur der Staat ist berechtigt, Gewalt gegenüber den Menschen anzuwenden, die auf seinem Gebiet leben. Was ein Gebiet und die auf ihm lebenden Menschen letztlich zu einem Staat macht, ist die Existenz von Institutionen, die befugt und in der Lage sind, über dieses Gebiet und seine Menschen zu herrschen.

1.3.3 Die Notwendigkeit der Existenz eines Staates

Das wirft eine Frage auf: Muss es überhaupt einen Staat geben? Die Antwort erscheint uns heute selbstverständlich, doch wurde die Frage von namhaften Philosophen verneint.

Bis zur französischen Revolution und der Gründung der Vereinigten Staaten waren fast alle Staaten Monarchien, deren gekrönte Häupter gewohnt waren, in autoritärer

---

[6] Manche Staatstheoretiker nennen neben Volk und Gebiet als drittes Element – statt der Regierung – die Verfassung oder die Staatsgewalt. Gemeint ist in jedem Falle etwas, das den Staat repräsentiert.

[7] https://www-britannica-com.translate.goog/topic/state-monopoly-on-violence.

Weise zu regieren. Manche, die sich dagegen auflehnten, forderten nicht nur eine Abschaffung der Monarchie, sondern des Staates überhaupt. Sie betrachteten jede Art der Herrschaft von Menschen über Menschen als Unterdrückung und lehnten sie ab. Ihnen schwebte eine Form der Gesellschaft vor, in der sich der Einzelne auf freiwilliger Basis selbstbestimmt mit anderen zusammenfindet und das Zusammenleben kollektiv regelt. Diese Ideen werden Anarchismus genannt. Sie sind jedoch Utopien geblieben. Sie lassen sich nicht verwirklichen, denn sie setzen voraus, dass jedermann stets vernünftig, verantwortungsvoll und diszipliniert denkt und handelt. Diesem Ideal mag man mit einer entsprechenden Erziehung näherkommen. Doch ist kaum zu erwarten, dass diese Voraussetzungen je ganz erfüllt werden.

Solange das nicht der Fall ist, ist ein geordnetes Zusammenleben innerhalb einer Gruppe von Menschen ohne Regeln nicht möglich. Diesen Regeln müssen alle Mitglieder der Gruppe unterworfen sein. Regeln alleine reichen jedoch nicht aus. Sie müssen auch angewendet werden, und erforderlichenfalls muss ihre Anwendung auch durchgesetzt werden. Zudem muss auch die Frage geregelt sein, wie neue Regeln beschlossen und wie Entscheidungen getroffen werden, die das Schicksal der gesamten Gruppe betreffen. All dies erfordert die Existenz eines Staates.

Der Staat ist also notwendig, um das Zusammenleben der Menschen in einer Gemeinschaft zu regeln und zu lenken. Doch soll das nur so weit gehen, wie es tatsächlich notwendig ist. Wie weit diese Notwendigkeit geht, ist eine Frage, die zu verschiedenen Zeiten verschieden beantwortet worden ist.

Ursprünglich ergab sich die Notwendigkeit einer staatlichen Organisation aus dem Bedürfnis nach innerer und äußerer Sicherheit. Es hat Zeiten gegeben, in denen es der

Staat als seine Aufgabe ansah, das Volk zu zwingen, sich zu einer bestimmten Religion oder Ideologie zu bekennen. Heute sind die Aufgaben des Staates klar im Grundgesetz definiert. Sie werden als notwendig angesehen, und deswegen auch er. Sie verleihen dem Staat die Daseinsberechtigung, und zwar in dem Umfang, in dem er seine Aufgaben erfüllt.

1.3.4 Macht und Staatsgewalt

Der Erlass von Regeln, ihre Anwendung und Durchsetzung sind der wichtigste Teil der Ausübung staatlicher Macht. Das wirft eine weitere Frage auf: Was ist unter Macht zu verstehen?

Allgemein bedeutet Macht die Fähigkeit, andere zu einem Denken und Verhalten zu veranlassen, das den eigenen Vorstellungen und Wünschen entspricht. Die Macht der einen ist die Ohnmacht der anderen. Der schwächste Grad der Ausübung von Macht ist die Beeinflussung, der man sich ungestraft entziehen kann.

Eine stärkere Machtstellung haben Institutionen, die Veränderungen herbeiführen können, denen man sich nicht entziehen kann. Das gilt zum Beispiel für private Unternehmen, deren Aktivitäten unser Leben bestimmen. Noch stärker ist die Macht von Institutionen, die bei Nichtbefolgung von Anordnungen Sanktionen verhängen können. Dazu gehörte früher die Kirche, deren Macht in vergangenen Jahrhunderten an die des Staates heranreichte.

Die stärkste Machtposition besitzt der Staat, denn er hat, wie gesagt, das Monopol der legitimen Anwendung physischer Gewalt. Notfalls kann er mit Gewalt die Beachtung der von ihm aufgestellten Regeln und getroffenen Entscheidungen durchsetzen. In diesem Sinne spricht das Grundgesetz von „Staatsgewalt". Die Macht, über die der

Staat verfügt, wird mitunter auch „hoheitlich" genannt. Mit der Ausübung der Macht im Staate ist die *Ausübung hoheitlicher Macht durch die Organe und Institutionen eines Staates* gemeint.

Staaten besitzen die sogenannte Kompetenzkompetenz. Darunter wird das Recht verstanden, die Grenzen der eigenen Macht selbst zu bestimmen. Theoretisch hat ein Staat auf seinem Gebiet eine uneingeschränkte Macht. Doch setzen demokratische Staaten in ihren Verfassungen der Ausübung der staatlichen Macht selbst Grenzen.

1.4 Rechtsstaat, Sozialstaat, Bundesstaat

Artikel 20 des Grundgesetzes bestimmt:

> „(1) Die Bundesrepublik Deutschland ist ein demokratischer und sozialer Bundesstaat.
>
> (2) Alle Staatsgewalt geht vom Volke aus. Sie wird vom Volke in Wahlen und Abstimmungen und durch besondere Organe der Gesetzgebung, der vollziehenden Gewalt und der Rechtsprechung ausgeübt.
>
> (3) Die Gesetzgebung ist an die verfassungsmäßige Ordnung, die vollziehende Gewalt und die Rechtsprechung sind an Gesetz und Recht gebunden."

Dieser Artikel beschreibt drei Wesensmerkmale der staatlichen Ordnung der Bundesrepublik. Sie ist ein Rechtsstaat, ein Sozialstaat und ein Bundestaat. Alle drei Eigenschaften haben etwas mit Demokratie zu tun.

1.4.1 Der Rechtsstaat

Unter einem Rechtsstaat ist folgendes zu verstehen:

> „In einem Rechtsstaat haben die Menschen Grundrechte, die vom Staat zu achten und zu schützen sind. Dem staatlichen Handeln sind bestimmte Grenzen gesetzt. Verwaltung und Rechtsprechung haben sich an Recht und Gesetz zu halten; der Gesetzgeber ist an die verfassungsmäßige Ordnung gebunden. Rechtsstaatlichkeit bedeutet außerdem die Teilung der Gewalten, die Garantie von Rechtssicherheit und Verhältnismäßigkeit staatlichen Handelns."[8]

Vereinfachend lässt sich sagen, dass ein Rechtsstaat ein Staat ist, in dem die Rechtsordnung demokratischen Prinzipien entspricht und sicherstellt, dass sie Anwendung finden. Dazu gehören vor allem die Gewaltenteilung und die Grundrechte. Ihr Schutz setzt dem staatlichen Handeln klare Grenzen. Die in dieser Hinsicht wichtigsten Grundrechte sind die Individualfreiheit und das Recht auf Gleichbehandlung.

Fühlt sich jemand durch die Ausübung der Macht im Staat in seinen Grundrechten verletzt, kann er gegen die betreffenden Staatsorgane vor Gericht gehen. Das garantiert Artikel 19 Absatz 4 des Grundgesetzes mit den Worten:

> „Wird jemand durch die öffentliche Gewalt in seinen Rechten verletzt, so steht ihm der Rechtsweg offen."

Diese sogenannte Rechtsweggarantie ist ein Wesensmerkmal des Rechtsstaats und damit einer Demokratie. Eine Demokratie kann nur funktionieren, wenn die Regeln eines Rechtsstaates Anwendung finden.

---

[8] https://www.bundestag.de/services/glossar/glossar/R/rechtsstaat-245518#.

1.4.2 Der Sozialstaat

Eine allgemeingültige Definition des Sozialstaates gibt es nicht, und auch das Bundesverfassungsgericht tut sich schwer, konkrete Schlussfolgerungen aus Artikel 20 des Grundgesetzes zu ziehen. Zumindest zweierlei lässt sich sagen. Ziel des Sozialstaates ist es einerseits, Menschen vor den Folgen unverschuldeter Notlagen zu schützen. Ein Sozialstaat soll eine soziale Absicherung bieten. Andererseits soll er als ungerecht empfundene soziale Ungleichheiten ausgleichen. Beides erfolgt im Wege einer nachträglichen Umverteilung durch Steuern und Sozialabgaben bzw. Sozialleistungen.

Grundlage dafür ist die in der Gesellschaft vorhandene Solidarität. Sie ist Ausdruck des gesellschaftlichen Zusammenhalts oder – wie heute oft gesagt wird – der „sozialen Kohäsion". Solidarität und Kohäsion sind in Deutschland vergleichsweise hoch.[9] Aus diesem Grunde – und weil die Mittel dafür vorhanden sind – sind weitgehende sozialpolitische Maßnahmen und solche der nachträglichen Umverteilung möglich. Sie erfüllen die Forderung des Grundgesetzes nach Schaffung eines Sozialstaates.

Letztendliches Ziel ist es, das Minimum an sozialem Zusammenhalt zu sichern, das für das Funktionieren einer Demokratie Voraussetzung ist. Ohne sozialen Zusammenhalt wird die Mehrheit wenig Neigung zeigen, bei ihren Entscheidungen auf die Minderheit Rücksicht zu nehmen. Und die Minderheit wird wenig Bereitschaft zeigen, sich dem Willen der Mehrheit zu beugen. Das hatten bereits die Protagonisten der Französische Revolution erkannt, die die Devise „Freiheit, Gleichheit, Brüderlichkeit" prägten. Mit

---

[9] https://www.bertelsmann-stiftung.de/fileadmin/files/BSt/Publikationen/GrauePublikationen/ST-LW_Studie_Gesellschaftlicher_Zusammenhalt_2020.pdf.

der Anordnung der Schaffung eines Sozialstaates erfüllt das Grundgesetz die Forderung nach Brüderlichkeit.

1.4.3 Der Bundesstaat

Ein Bundestaat ist ein Staat, der sich aus Gebieten zusammensetzt, die selbst auch Staaten sind. Dieses Organisationsprinzip wird „Föderalismus" genannt. Es hat eine lange Tradition in Deutschland, die bis ins Mittelalter zurückreicht. Auch das 1871 gegründete Kaiserreich war ein „ewiger Bund" der deutschen Fürsten und Freien Städte.

In einem Bundessstaat teilen sich Bund und Länder die staatlichen Kompetenzen. Artikel 70 Absatz 1 des Grundgesetzes bestimmt:

> „Die Länder haben das Recht der Gesetzgebung, soweit dieses Grundgesetz nicht dem Bunde Gesetzgebungsbefugnisse verleiht."

Grundsätzlich hat der Bund nur die Kompetenzen, die ihm das Grundgesetz ausdrücklich zuweist. In allen anderen Bereichen sind die Länder für die Gesetzgebung zuständig.

Die Zuständigkeit der Länder umfasst die Regelung der Feiertage. Daher gelten in verschiedenen Bundesländern unterschiedliche Feiertage je nachdem, ob die Bevölkerung überwiegend katholisch oder protestantisch ist. Gäbe es eine bundesweite einheitliche Regelung, kämen entweder alle Protestanten oder alle Katholiken zu kurz. So sind es nur die vergleichsweise kleineren Minderheiten in den einzelnen Bundesländern. Sie sind zusammen kleiner, als es die Minderheit bei einer bundesweit einheitlichen Regelung wäre. Föderalismus erlaubt also eine „gerechtere" Anwendung des Prinzips, dass Entscheidungen von der Mehrheit getroffen werden. Föderalismus ist in diesem Sinne demokratisch.

Oberhalb der Ebene der Bundesrepublik gibt es noch eine weitere Ebene, auf der Regelungen für ein Gebiet getroffen werden können, das größer als das Staatsgebiet der Bundesrepublik ist. Diese Ebene ist die Europäische Union, an die die Mitgliedstaaten bestimmte Kompetenzen übertragen haben. Sie hat Institutionen geschaffen, die Entscheidungen treffen können, welche für alle Mitgliedstaaten verbindlich sind. Damit sind ansatzweise föderale Strukturen entstanden. Allerdings hat der Prozess der europäischen Integration noch nicht das Stadium erreicht, an dem die EU zu einem Bundesstaat wird.

1.5 Die freiheitliche demokratische Grundordnung

Mehrere Artikel des Grundgesetzes beziehen sich auf die zuvor genannten Wesensmerkmale der Staatsform der Bundesrepublik. Dazu gehört der Artikel 28, dessen Absatz 1 Satz 1 besagt:

> „Die verfassungsmäßige Ordnung in den Ländern muss den Grundsätzen des republikanischen, demokratischen und sozialen Rechtsstaates im Sinne dieses Grundgesetzes entsprechen."

Die Staatsform der Bundesrepublik und der Länder soll also

- demokratisch,
- rechtsstaatlich,
- sozial und
- föderativ sein und
- die Grundrechte garantieren.

Diese Merkmale sind Bestandteile der „freiheitlichen demokratischen Grundordnung", die in mehreren Artikeln des

Grundgesetzes erwähnt wird.[10] Eine Definition dieses Begriffes enthält es nicht. Was genau darunter zu verstehen ist, ist umstritten. Auch das Bundesverfassungsgericht hat diesen Begriff zu verschiedenen Zeiten unterschiedlich definiert. Die jüngere Rechtsprechung nennt drei Merkmale, die das Wesen einer freiheitlichen demokratischen Grundordnung ausmachen, nämlich:

- die Verwirklichung demokratischer Prinzipien,
- die Rechtsstaatlichkeit und
- die Achtung der Würde des Menschen.[11]

Zum Teil überschneiden sich demokratische Prinzipien mit der Rechtsstaatlichkeit und der Achtung der Würde des Menschen. Rechtsstaatlichkeit wird durch die Schaffung institutioneller Kontrollen bewirkt; für die Achtung der Würde des Menschen wird durch den Schutz der Grundrechte und durch Maßnahmen der Sozialpolitik gesorgt. Die wesentlichen Bestandteile einer freiheitlichen demokratischen Grundordnung sind im Grunde bereits in den Prinzipien der Demokratie enthalten.

Insofern erscheint es eigentlich überflüssig, dem Wort „demokratisch" das Wort „freiheitlich" voranzustellen. Zudem fällt auf, dass die beiden Worte nicht durch ein Komma getrennt sind. Mit einem Komma würden sie so viel wie „freiheitlich *und* demokratisch" heißen, ohne Komma so viel wie „demokratisch, *vor allem aber* freiheitlich".

Der Grund ist, dass es, wie gesagt, mehr als eine Form der Demokratie gibt. Es gibt Staaten, die sich als Demokratie bezeichnen, in denen aber das Grundrecht der Frei-

---

[10] Der Begriff wird verwendet in Art. 10 Abs. 2 S. 2, Art. 11 Abs. 2, Art. 18 S. 1, Art. 21 Abs. 2 und Abs. 3 S. 1, Art. 73 Abs. 1 Nr. 10 Buchstabe b, Art. 87a Abs. 4 S. 1 und Art. 91 Abs. 1 des Grundgesetzes.
[11] BVerfGE 144, 20–367

heit erheblichen Einschränkungen unterliegt. Das war zum Beispiel der Fall in der ehemaligen „Deutschen Demokratischen Republik." Dagegen erhebt die freiheitliche demokratische Grundordnung der Bundesrepublik die Freiheit über alle anderen Werte, und zwar auch über die Gleichberechtigung und die Brüderlichkeit. Diese Rangordnung der Werte hat erhebliche Auswirkungen auf die praktische Anwendung demokratischer Prinzipien und mittelbar auch auf die Entwicklung eines Staates, in dem sie gilt. Darauf wird in den folgenden Kapiteln näher eingegangen.

2

Die Anwendung demokratischer Prinzipien

Inhaltsverzeichnis

2.1	Die Verfassung	22
	2.1.1 Die Annahme des Grundgesetzes	23
	2.1.2 Die Ewigkeitsklausel	23
2.2	Wahlen und Mehrheiten	24
	2.2.1 Einfache, absolute, relative und qualifizierte Mehrheit	24
	2.2.2 Quorum und Mindestwahlbeteiligung	25
	2.2.3 Wahlbeteiligung und Wahlpflicht	26
	2.2.4 Die Mehrheitswahl	27
	2.2.5 Stichwahlen	27
	2.2.6 Die Verhältniswahl	28
2.3	Das Wahlrecht in der Bundesrepublik	29
	2.3.1 Die Fünfprozentklausel	29
	2.3.2 Die Organisation von Wahlen	30
	2.3.3 Begrenzungen der Amtszeiten und der Anzahl der Mandate	32
2.4	Die Parteien	33
	2.4.1 Die Rolle der Parteien	33
	2.4.2 Koalitionen	35

© Der/die Autor(en), exklusiv lizenziert an Springer Fachmedien
Wiesbaden GmbH, ein Teil von Springer Nature 2025
W. Plasa, *Die verkommene Demokratie*,
https://doi.org/10.1007/978-3-658-49060-7_2

	2.4.3 Das freie Mandat	36
	2.4.4 Die Opposition	37
2.5	Der Schutz der Grundrechte	38
	2.5.1 Freiheit	38
	2.5.2 Gleichbehandlung und Gleichberechtigung	40
2.6	Die Gewaltenteilung	41
	2.6.1 Die Trennung der Zuständigkeitsbereiche	41
	2.6.2 Die institutionellen Kontrollen	42
	2.6.3 Die Ernennung der Richter des Bundesverfassungsgerichts	43
2.7	Parlamentarische und Präsidialdemokratie	44
	2.7.1 Die parlamentarische Demokratie	44
	2.7.2 Das konstruktive Misstrauensvotum	45
	2.7.3 Die Präsidialdemokratie	45
2.8	Zusammenfassung	47

Das wesentliche Verdienst der repräsentativen Demokratie besteht darin, dass sie – anders als die direkte Demokratie – praktisch anwendbar ist. Doch wirft ihre Organisation gewisse Fragen auf, auf die es mehr als eine Antwort gibt. Manche dieser Antworten sind mehr, andere weniger demokratisch. Mit ihnen beschäftigen sich die folgenden Überlegungen.

2.1 Die Verfassung

Um eine korrekte Anwendung demokratischer Prinzipien sicherzustellen, müssen sie klar formuliert und schriftlich niedergelegt werden. Ein solcher Text wird „Verfassung" genannt. In Deutschland heißt sie Grundgesetz. Es steht über allen anderen Gesetzen und Rechtsakten. Wo es einen Widerspruch zu anderen Vorschriften gibt, hat das Grundgesetz Vorrang.

2 Die Anwendung demokratischer Prinzipien

2.1.1 Die Annahme des Grundgesetzes

Gewöhnlich werden Verfassungen, um ihnen diese Vorrangstellung zu verleihen, durch ein Referendum angenommen, d. h. auf dem Wege der direkten Demokratie. Das Grundgesetz kam anders zustande. Es wurde im Auftrag der drei westlichen Besatzungsmächte zwischen September 1948 und Juni 1949 von einem zu diesem Zwecke gebildeten Parlamentarischen Rat ausgearbeitet. Nach der Genehmigung durch die Besatzungsmächte wurde es von den Parlamenten der Länder der drei westlichen Besatzungszonen (mit Ausnahme des bayerischen Landtags) angenommen. Eine Volksabstimmung gab es nicht. Schon bei der Schaffung der repräsentativen Demokratie in Deutschland wurde das Volk nicht selbst eingebunden, sondern durch die Parlamente der Länder repräsentiert.

2.1.2 Die Ewigkeitsklausel

Artikel 79 Absatz 3 des Grundgesetzes bestimmt:

> „Eine Änderung dieses Grundgesetzes, durch welche die Gliederung des Bundes in Länder, die grundsätzliche Mitwirkung der Länder bei der Gesetzgebung oder die in den Artikeln 1 und 20 niedergelegten Grundsätze berührt werden, ist unzulässig."

Diese Bestimmung wird die „Ewigkeitsklausel" genannt. Im Klartext bedeutet sie, dass die Mehrheit, die im Jahre 1949 für die Annahme des Grundgesetzes gestimmt hat, zu keiner Zeit überstimmt werden kann, und zwar nicht einmal durch einen einstimmigen Beschluss des Bundestages und Bundesrates. Mit anderen Worten: Die Anwendung demokratischer Prinzipien ist in diesem Bereich ausgeschlossen.

Manche Verfassungen behalten viele Jahrzehnte lang ihre Gültigkeit. Das bedeutet, dass ältere Generationen, die sie gebilligt haben, damit auch nachfolgende Generationen auf sie verpflichtet haben. In den USA hat sich die Bevölkerung seit 250 Jahren nicht dazu äußern können, ob es die Verfassung von 1789 immer noch befürwortet. Ob die Mehrheit das heute noch tut, ist eine offene Frage.

2.2 Wahlen und Mehrheiten

2.2.1 Einfache, absolute, relative und qualifizierte Mehrheit

Ein Prinzip der Demokratie ist, dass die Mehrheit entscheidet. Dieses Prinzip gilt sowohl für Wahlen wie auch für die Arbeit des Parlaments. Es kann in verschiedener Weise angewendet werden. So wird zwischen absoluter, einfacher, relativer und qualifizierter Mehrheit unterschieden.

Die absolute Mehrheit besteht aus mehr als 50 % der Stimmberechtigten. Eine einfache Mehrheit kommt zustande, wenn die Anzahl der abgegeben Jastimmen die der Neinstimmen übersteigt. Eine relative Mehrheit erreicht, wer mehr Stimmen auf sich vereinigt als alle anderen, auch ohne die absolute Mehrheit zu erreichen. Das Erfordernis einer qualifizierten Mehrheit bedeutet, dass mehr als zwei Drittel (oder als drei Viertel oder vier Fünftel) der Stimmberechtigten mit ja stimmen müssen.

Für besonders wichtige Entscheidungen wird gewöhnlich eine qualifizierte Mehrheit verlangt. Das gilt vor allem für Änderungen der Verfassung. Artikel 79 des Grundgesetzes bestimmt:

„(1) Das Grundgesetz kann nur durch ein Gesetz geändert werden, das den Wortlaut des Grundgesetzes ausdrücklich ändert oder ergänzt ....

(2) Ein solches Gesetz bedarf der Zustimmung von zwei Dritteln der Mitglieder des Bundestages und zwei Dritteln der Stimmen des Bundesrates."

Das Erfordernis einer Zweidrittelmehrheit zur Änderung des Grundgesetzes garantiert ein Minimum an verfassungsrechtlicher Stabilität. Andererseits können Entscheidungen, für die eine qualifizierte Mehrheit erforderlich ist, von einer Minderheit blockiert werden. Das Erfordernis einer qualifizierten Mehrheit kann also zu Ergebnissen führen, die – genau genommen – undemokratisch sind.

2.2.2 Quorum und Mindestwahlbeteiligung

In der Regel können sich Stimmberechtigte der Abgabe ihrer Stimme enthalten. Machen Wähler oder Abgeordnete von diesem Recht Gebrauch, sinkt die für eine einfache Mehrheit erforderliche Anzahl der Stimmen. Das kann so weit gehen, dass eine verhältnismäßig kleine Anzahl der Stimmberechtigten eine einfache Mehrheit bildet. Eine solche Mehrheit wäre jedoch nicht repräsentativ. Daher ist bei wichtigen Entscheidungen in der Regel eine absolute Mehrheit erforderlich.

Eine andere Möglichkeit, zu vermeiden, dass aufgrund von Enthaltungen oder Abwesenheit eine verhältnismäßig kleine Minderheit Beschlüsse fassen kann, ist das Erfordernis eines Quorums. Darunter versteht man die Anzahl der Stimmen, die erreicht sein muss, damit eine Abstimmung Gültigkeit erlangt. Ein Quorum ist entweder ein bestimmter Prozentsatz der Stimmberechtigten oder eine bestimmte Anzahl von Stimmen. Wird er bzw. sie nicht erreicht, ist das betreffende Gremium nicht beschlussfähig.

Diesbezüglich bestimmt Artikel 121 des Grundgesetzes:

„Mehrheit der Mitglieder des Bundestages und der Bundesversammlung im Sinne dieses Grundgesetzes ist die Mehrheit ihrer gesetzlichen Mitgliederzahl."

Mit anderen Worten: Für eine Beschlussfassung reicht die Mehrheit der anwesenden Abgeordneten allein nicht aus.

2.2.3 Wahlbeteiligung und Wahlpflicht

Eine Voraussetzung legaler Wahlen ist, dass sie in Freiheit stattfinden. Zu freien Wahlen gehört auch die Freiheit, nicht zu wählen. Machen viele Menschen von ihr Gebrauch, sinkt die Wahlbeteiligung. Um gewählt zu werden, reicht in der Regel die absolute Mehrheit der abgegebenen Stimmen. Beträgt die Wahlbeteiligung nur 33 % – was in manchen Ländern keine Ausnahme ist[1] – so wird jemand, dem lediglich 17 % der Wahlberechtigten ihre Stimme gegeben haben, gewählt.

Ob ein solches Ergebnis die Ausübung staatlicher Macht legitimieren kann, erscheint fraglich. Aus diesem Grunde haben einige Länder eine Wahlpflicht eingeführt. Wer ihr nicht nachkommt, muss eine Geldstrafe bezahlen oder kann sogar ins Gefängnis kommen. Eine mildere Sanktion besteht darin, dass der Reisepass nicht ausgestellt wird.

Eine Wahlpflicht hat zwangsläufig zur Folge, dass die Wahlbeteiligung steigt. Ob davon auch die Legitimität des Wahlergebnisses profitiert, erscheint hingegen zweifelhaft. Wenn Leute, die eigentlich nicht die Absicht haben, sich an

---

[1] Sie lag zum Beispiel bei den Midterm-Wahlen in den USA in den vergangenen 100 Jahren bei etwa 40 %, und in manchen Fällen sogar nur wenig über 30 %; https://de.statista.com/statistik/daten/studie/1325926/umfrage/
wahlbeteiligung–bei–us–praesidentschaftswahlen–und–midterm–wahlen/.

der Wahl zu beteiligen, es dennoch tun, nur weil sie es müssen, tun sie das oft in unvernünftiger Weise. Bestenfalls wählen Sie den Kandidaten, in dem sie das kleinste Übel sehen. Oder sie wählen aus Trotz oder Ärger jemanden, obwohl sie ihn selbst nicht für geeignet halten. Ein Wahlergebnis, das auf diese Weise zustande kommt, ist weniger legitim.

2.2.4 Die Mehrheitswahl

Auch im Wahlrecht gilt grundsätzlich das Mehrheitsprinzip, allerdings nur dort, wo nur jeweils ein Amt zu besetzen ist. Das kann der Abgeordnete eines einzelnen Wahlkreises, aber auch der Präsident der Republik sein. Danach gilt als gewählt, wer die meisten Stimmen auf sich vereint.

Ein Nachteil der Mehrheitswahl ist, dass sie ein Zweiparteiensystem begünstigt. Wo nur ein Amt zu besetzen ist, hat meist nur der zweitstärkste Kandidat reelle Chancen, bei der nächsten Wahl den zuvor stärksten Kandidaten zu schlagen. Für einen dritten Kandidaten ist in einem solchen System wenig Platz.

In einem Zweiparteiensystem ist es verhältnismäßig leicht, die absolute Mehrheit zu erlangen. Doch reichen zwei Parteien kaum aus, die Interessen aller Schichten und Gruppen der Bevölkerung zu vertreten. In einem solchen System bleibt es vielen Bürgern verwehrt, sich durch Wahlen am politischen Leben zu beteiligen. Das bedeutet weniger Demokratie. Das ist ein wesentlicher Nachteil der Mehrheitswahl.

2.2.5 Stichwahlen

Bewerben sich bei einer Mehrheitswahl mehr als zwei Kandidaten und erreicht keiner von ihnen die absolute Mehrheit – also die Hälfte der abgegebenen Stimmen –, finden in der Regel in einem zweiten Wahlgang Stichwahlen zwischen den beiden Kandidaten statt, die zuvor die meisten Stimmen erhalten hatten. Damit wird sichergestellt, dass einer von beiden die absolute Mehrheit erreicht. Letztlich ist ein solches Wahlergebnis jedoch künstlich. Denn es kommt nur deswegen zustande, weil alle anderen Kandidaten zuvor ausgeschieden sind.

Wähler, die im ersten Wahlgang keinen der beiden verbleibenden Kandidaten gewählt hatten, geben ihre Stimme im zweiten Wahlgang oft nur deshalb einem von ihnen, weil sie ihn für das kleinere Übel halten – wie im Falle einer Wahlpflicht. Oder sie nehmen an der Stichwahl nicht teil. Auch das schränkt die Legitimität des Wahlergebnisses ein.

2.2.6 Die Verhältniswahl

Die Nachteile der Mehrheitswahl können mit der Verhältniswahl vermieden werden. Ihre Anwendung setzt voraus, dass eine größere Anzahl von Posten gleichzeitig zu bekleiden ist, wie zum Beispiel die Sitze im Parlament. In einer Verhältniswahl gibt der Wähler seine Stimme für Parteien ab. Es werden also nicht einzelne Kandidaten, sondern diejenigen gewählt, die auf der Liste der jeweiligen Partei stehen. Die Sitzverteilung im Parlament bestimmt sich nach dem Prozentsatz der für eine Partei abgegebenen Stimmen.[2] Dadurch erhalten auch Kandidaten kleinerer Parteien eine Chance, gewählt zu werden. Die Verhältniswahl sorgt dafür, dass sich ein größerer Teil der Bevölkerung an der politischen Willensbildung beteiligen kann. Sie ist insofern demokratischer.

Sie hat aber auch Nachteile. Wenn die Parteien die Kandidaten auf ihre Listen setzen können, kann auch jemand

---

[2] Auch zur Berechnung der Sitzverteilung gibt es verschiedene Verfahren. Das bekannteste ist das D'Hondt-Verfahren.

Abgeordneter werden, der nicht die geringste Chance hätte, in einem Wahlkreis die Mehrheit der Stimmen zu erlangen. Das schränkt die Legitimität des Mandats eines auf diese Weise gewählten Volksvertreters ein.

Ein anderer Nachteil ist, dass die Präsenz vieler Parteien im Parlament die Gefahr politischer Instabilität birgt. In Staaten, in denen die Regierung vom Parlament abhängt, ist sie von Mehrheiten im Parlament abhängig. Sie können sich bei einer Vielzahl von Parteien schnell ändern. Das passierte in Frankreich und Italien nach dem Zweiten Weltkrieg häufig, weshalb es dort sehr oft zu Regierungswechseln kam.

2.3 Das Wahlrecht in der Bundesrepublik

Um die Nachteile beider Wahlsysteme – der Verhältniswahl und der Mehrheitswahl – zu minimieren, kombiniert das deutsche Wahlsystem beide. Jeder Wahlberechtigte hat zwei Stimmen. Mit der Erststimme wird ein bestimmter Kandidat direkt – d. h. persönlich – gewählt. Diese Wahl erfolgt nach dem Prinzip der Mehrheitswahl. Mit der Zweitstimme wird eine Partei gewählt. Diese Wahl erfolgt in Form der Verhältniswahl. Die Zweitstimme ist die wichtigere, denn sie entscheidet über die Anzahl der Sitze einer Partei im Bundestag. Das Wahlsystem der Bundesrepublik entspricht also im Wesentlichen dem einer Verhältniswahl.

2.3.1 Die Fünfprozentklausel

Um dennoch ein Minimum an Stabilität zu gewährleisten, wurde die sogenannte Fünfprozentklausel eingeführt. Damit einer Partei Sitze zum Deutschen Bundestag zugeteilt werden können, muss sie mindestens 5 % der gültigen Zweitstimmen auf sich vereinen.[3] An dieser Sperrklausel scheitern kleine Parteien. Das verringert die Anzahl der im Parlament vertreten Parteien. Das wiederum sorgt für stabilere Mehrheitsverhältnisse und allgemein mehr politische Stabilität. Der Preis ist allerdings weniger Demokratie, denn Wähler, die ihre Stimme für eine Partei abgegeben haben, welche weniger als 5 % der Stimmen erhalten hat, werden im Parlament nicht vertreten. Scheitern mehrere Parteien an der Sperrklausel, kann der Prozentsatz der Wähler, die zwar gewählt haben, aber dennoch nicht repräsentiert werden, deutlich höher als 5 % sein.

2.3.2 Die Organisation von Wahlen

Artikel 38 des Grundgesetzes bestimmt:

> „Die Abgeordneten des Deutschen Bundestages werden in allgemeiner, unmittelbarer, freier, gleicher und geheimer Wahl gewählt."

Frei ist eine Wahl, wenn die Wahlberechtigten bei der Abgabe ihrer Stimme nicht gezwungen, unter Druck gesetzt oder über Gebühr beeinflusst werden. Geheim ist eine Wahl, wenn die Wahlberechtigten ihre Stimme abgeben können, ohne beobachtet oder überwacht zu werden, und wenn auch nach Stimmabgabe nicht versucht wird, herauszufinden, wie einzelne Menschen gewählt haben. Beide Erfordernisse können durch praktische Vorkehrungen erfüllt werden. Um den übrigen Anforderungen zu genügen, sind dagegen entsprechende gesetzliche Vorschriften notwendig.

---

[3] § 4 Absatz 2 Satz 2 Nummer 2 BWahlG.

2 Die Anwendung demokratischer Prinzipien

Allgemein heißt, dass alle Staatsangehörigen eines Staates das Stimmrecht besitzen, und zwar ohne Unterschied nach Geschlecht, Vermögen oder Religionszugehörigkeit. Das war nicht immer so. In den frühen Demokratien der Neuzeit hatten meist nur diejenigen Bürger das Wahlrecht, die einen gewissen Besitz nachweisen konnten. Frauen konnten in vielen Staaten erst ab Ende des 19. Jahrhunderts wählen, in Deutschland erst nach dem Ersten Weltkrieg und in Frankreich erst nach dem Zweiten Weltkrieg. Es gab also Demokratien, in denen es keine allgemeinen Wahlen gab.

Unmittelbar ist eine Wahl, wenn Kandidaten direkt gewählt werden, und nicht mittelbar über Wahlmänner, die gewählt werden, um ihrerseits die Kandidaten zu wählen. Letzteres ist zum Beispiel in den USA der Fall. Dort werden bei der Wahl des Präsidenten in jedem Bundesstaat Wahlmänner gewählt, die ihrerseits den Präsidenten wählen. Die Partei, die in einem Bundesstaat die Mehrheit der Wahlkreise für sich entscheidet, erhält alle Wahlmänner. Die Anzahl der Wahlmänner bestimmt sich nach der Zahl der einem Bundesstaat zugewiesenen Mitglieder des Kongresses, nicht nach der Einwohnerzahl. Daher kann es vorkommen, dass ein Kandidat zum Präsidenten gewählt wird, der weniger Stimmen erhalten hat als sein Rivale.[4] Das ist mit den Prinzipien der Demokratie kaum zu vereinbaren. Dennoch hat sich diese Regelung in den USA bis heute erhalten.

Gleich sind Wahlen, wenn niemand über mehr als eine Stimme verfügt. Auch das war nicht immer so. So gab es in Preußen bis 1919 ein Dreiklassenwahlrecht, das die Wahlberechtigten je nach Einkommen bzw. Steuerzahlung in drei verschiedene Klassen einteilte. Die erste Klasse bildeten

---

[4] Das Ergebnis der Abstimmung der Wahlmänner wird *electoral vote*, das Verhältnis der Stimmen der Wähler *popular vote* genannt. Donald Trump gewann 2016 das *electoral vote*, aber nicht das *popular vote*.

die reichsten Bürger, deren gemeinsames Steueraufkommen ein Drittel der staatlichen Einnahmen ausmachte. Die zweite Klasse bildeten die weniger wohlhabenden Bürger, deren gemeinsames Steueraufkommen ein weiteres Drittel der staatlichen Einnahmen betrug. Die übrigen Wahlberechtigten bildeten die dritte Klasse. Jede Klasse hatte die gleiche Anzahl von Stimmen. Auf diese Weise hatten etwa 4 % der Wahlberechtigen, die die erste Klasse bildeten, ebenso viele Stimmen wie die etwa 80 % der Wahlberechtigten, die der dritten Klasse angehörten. Nach heutigen Begriffen ist das alles andere als demokratisch.

2.3.3 Begrenzungen der Amtszeiten und der Anzahl der Mandate

Grundsätzlich hat jeder, der das aktive Wahlrecht hat, also berechtigt ist, seine Stimme abzugeben, auch das passive Wahlrecht, d. h. das Recht, gewählt zu werden. Wer auf einen Posten oder ein Amt gewählt wird, kann dieses in der Regel nur für einen bestimmen Zeitraum ausüben. Am Ende der Amtszeit wird neu gewählt. Auf diese Weise erfolgt nachträglich eine Kontrolle durch die Wähler.

Amtszeiten betragen meist vier oder fünf Jahre. In Deutschland wird der Bundestag gemäß Artikel 39 des Grundgesetzes für vier Jahre gewählt. Da die Regierung vom Bundestag gewählt wird, ist auch deren Amtszeit auf vier Jahre begrenzt. Amtsinhaber können sich zur Wiederwahl stellen.

Das ist nicht in allen Ländern so geregelt. So ist zum Beispiel in manchen lateinamerikanischen Staaten eine Wiederwahl des Präsidenten nicht möglich. Nachdem Franklin D. Roosevelt vier Mal hintereinander zum Präsidenten der USA gewählt worden war, wurde dort eine Regelung getroffen, gemäß der nur eine Wiederwahl stattfinden darf.

Ist eine Begrenzung der Anzahl der Mandate demokratisch? Die Frage ist nicht leicht zu beantworten. Grundsätzlich sollte es möglich sein, jemanden, der sich als Amtsträger bewährt hat, wiederzuwählen. Doch haben Amtsträger bei Wahlen gewissermaßen ein Heimspiel. Je länger sie im Amt sind, umso „normaler" erscheint dies dem Wähler und umso unwirksamer wird die Kontrolle durch Wahlen. Umso leichter fällt es den Amtsinhabern aber auch, sich selbst in einem günstigen Licht erscheinen zu lassen.

Andererseits kann von einer Minderheit nur dann erwartet werden, sich dem Willen der Mehrheit zu beugen, wenn sie eine reelle Chance hat, selbst an die Macht zu kommen. Diese Chance ist größer, wenn Amtsträger nach Ablauf ihrer Amtszeit durch andere ersetzt werden *müssen*. Es spricht also einiges dafür, die Anzahl möglicher Wiederwahlen zu begrenzen.

2.4 Die Parteien

2.4.1 Die Rolle der Parteien

Wie gesagt hat grundsätzlich jeder, der das aktive Wahlrecht hat, auch das Recht, gewählt zu werden. Um gewählt zu werden, muss man den Wählern bekannt sein. Sich allen Wählern bekannt zu machen, ist für einen einzelnen Kandidaten bei einer landesweiten Wahl kaum möglich. Er oder sie braucht daher die Unterstützung einer größeren Organisation. Sie wird gewöhnlich von Parteien gewährt. Menschen, die sich zur Wahl stellen wollen, treten daher regelmäßig Parteien bei, die ihnen beim Wahlkampf behilflich sind. Voraussetzung dafür ist, dass der betreffende Kandidat seine persönlichen politischen Überzeugungen dem Programm der Partei unterordnet. Um Vertreter des Volkes werden zu können, muss er zunächst als Vertreter seiner Partei auftreten.

Daran ändert sich nicht viel, wenn es ihm gelingt, gewählt zu werden. Auch die Arbeit im Parlament bedarf einer gewissen Organisation. Und auch sie wird von den Parteien geleistet.[5] Parteien können die ihnen angehörenden Abgeordneten dazu zwingen, ihre Stimme in bestimmter Weise abzugeben. Auch dann treten sie als Vertreter ihrer Partei auf – und nur mittelbar ihrer Wähler.

In vielen Ländern sind Wahlen so organisiert, dass nicht einzelne Kandidaten, sondern Parteien gewählt werden. Bei Bundestagswahlen erfolgt das mit der Zweitstimme. Eine solche Regelung schafft zwei sich überlagernde Ebenen der Repräsentation. Das Volk wird von Parteien vertreten, und diese werden von ihren Mitgliedern im Parlament und der Regierung vertreten.

Parteien sind keine staatlichen Organe, sondern private Personenvereinigungen, die sich an der Ausübung der Macht im Staat beteiligen dürfen. Artikel 21 Absatz 1 des Grundgesetzes erkennt dies ausdrücklich an:

„Die Parteien wirken bei der politischen Willensbildung des Volkes mit. Ihre Gründung ist frei."

Die Bundeszentrale für politische Bildung beschreibt die Rolle der Parteien folgendermaßen:

„Die Parteien erbringen … nicht nur Vermittlungsleistungen zwischen der politischen Bürgerschaft und den Akteuren des Regierungssystems. Durch ihre Verankerung im Regierungssystem sind sie es, die unmittelbar politische Entscheidungen treffen, also politische Herrschaft ausüben …."[6]

---

[5] Das Wort Partei heißt ursprünglich „Abteilung". Darunter wurde ein Teil des Parlaments verstanden. Heute werden die im Parlament vertretenen Abgeordneten einer Partei als Fraktion bezeichnet. Fraktion heißt ursprünglich „Bruchteil".

[6] https://www.bpb.de/themen/parteien/parteien-in-deutschland/42035/die-rolle-und-funktionen-von-parteien-in-der-deutschen-demokratie/.

Die Beteiligung der Parteien an der Ausübung der Macht im Staate schränkt die Beteiligung des Volkes entsprechend ein. Eine Demokratie, in der die Parteien „politische Herrschaft ausüben", ist noch weniger demokratisch, als es eine repräsentative Demokratie ohnehin ist.

2.4.2 Koalitionen

Mehrheiten im Parlament sollen die Mehrheitsverhältnisse in der Bevölkerung widerspiegeln. Doch können sich Mehrheiten im Parlament bilden, die von den Wahlergebnissen abweichen. Dazu kann es in verschiedenen Situationen kommen.

Findet eine Wahl in der Form einer Verhältniswahl statt, kann es sein, dass keine Partei die Mehrheit im Parlament hat. Dann kann keine Partei alleine die Regierung bilden, es sei denn eine sogenannte Minderheitsregierung, die aber kaum eine praktikable Lösung ist. Die Lösung liegt meist in der Bildung einer Koalitionsregierung, d. h. einer Regierung, an der mehrere Parteien beteiligt sind.

Das gemeinsame Regierungsprogramm einer Koalitionsregierung muss einen Kompromiss zwischen den Parteiprogrammen der beteiligten Parteien machen. Daher enthält es in der Regel auch politische Vorhaben, die nur im Programm der kleineren Partei – dem „Juniorpartner" – enthalten sind. Dadurch erhalten deren Wähler mehr Einfluss auf die Regierungsführung, als ihnen gemäß dem Wahlergebnis zusteht. Koalitionen sind künstliche Mehrheiten. Sie machen Entscheidungen möglich, die nicht von der Mehrheit der Wähler getragen werden.

Das kann auch in Ländern wie den USA passieren, wo aufgrund des Zweiparteiensystems stets eine Partei die einfache Mehrheit hat. Erfordert eine Entscheidung eine qualifizierte Mehrheit und reichen die Stimmen dieser Partei nicht dafür aus, so kann die Partei der Minderheit ihre Unterstützung davon abhängig machen, dass im Gegenzug eine *ihrer* Forderungen von der Mehrheit akzeptiert wird. Auch hier erhalten die Wähler der Minderheit mehr Einfluss auf die Regierungsführung, als ihnen gemäß dem Wahlergebnis zusteht.

2.4.3 Das freie Mandat

In einer repräsentativen Demokratie beteiligt sich das Volk an der Ausübung der Macht im Staat, indem es Volksvertreter wählt, die es dabei repräsentieren. Das kann in verschiedener Weise erfolgen. Entweder wird gleichzeitig mit der Ermächtigung ein Auftrag erteilt, an den der jeweilige Volksvertreter gebunden ist. Oder es wird ihm freigestellt, nach eigenem Wissen und Gewissen zu entscheiden. Letzteres ist die Regel in einer repräsentativen Demokratie.[7] In diesem Sinne bestimmt Artikel 38 Absatz 1 des Grundgesetzes:

> „Die Abgeordneten des Deutschen Bundestages ... sind Vertreter des ganzen Volkes, an Aufträge und Weisungen nicht gebunden und nur ihrem Gewissen unterworfen."

Man nennt dies das „freie Mandat". Das freie Mandat erlaubt dem einzelnen Abgeordneten, auch Entscheidungen zu unterstützen, die nicht dem Willen der Mehrheit entsprechen. Wird es in dieser Weise gebraucht, erfolgt die Repräsentation des Volkes nur in formaler Hinsicht.

---

[7] Die Mitglieder des Bundesrates können nicht frei abstimmen. Die Vertreter desselben Landes dürfen ihre Stimmen gemäß Art. 51 Abs. 3 Satz 2 des Grundgesetzes nur einheitlich abgeben. Sie tun das in der von der Regierung des jeweiligen Landes entschiedenen Weise.

In der Praxis besteht jedoch oft Fraktionszwang, was heißt, dass Abgeordnete ihr „freies Mandat" so gebrauchen müssen, wie ihre Fraktion bzw. Partei es ihnen vorschreibt. Nach herrschender Meinung stellt dies keinen Verstoß gegen den Artikel 38 des Grundgesetzes dar.[8]

2.4.4 Die Opposition

Dass alle Wahlberechtigten für denselben Kandidaten oder dieselbe Partei stimmen, ist undenkbar. Es gibt also immer eine Minderheit. Im Parlament nennt man sie Opposition. Doch sind nicht alle Wahlberechtigten im Parlament vertreten. Diejenigen, die nicht gewählt haben, sind es ebenso wenig wie diejenigen, deren Kandidaten an der Fünfprozentklausel gescheitert sind. Infolgedessen spiegeln die Mehrheitsverhältnisse im Parlament nicht die Mehrheitsverhältnisse der Wahlberechtigten wider. Die Mehrheit ist überrepräsentiert.

Diese Feststellung ist gravierender, als sie auf den ersten Blick erscheint. Denn die Opposition im Parlament hat eine wichtige Funktion. Sie soll nicht nur die Interessen der Minderheit in Erinnerung rufen und die Grenzen der Zumutbarkeit aufzeigen. Sie soll auch die Regierung kontrollieren. Sie soll verhindern, dass die Mehrheit ihre Macht missbraucht.

Um diese Rolle spielen zu können, muss die Opposition ein gewisses Gewicht haben. Kleine Parteien, die nur knapp über 5 % der Stimmen erhalten haben, können diese Funktion nur schwer wahrnehmen. Das war der Fall in der Bundesrepublik während der Jahre, in denen die beiden größten Parteien CDU/CSU und SPD Koalitionen bildeten – sogenannte „große Koalitionen". Die große Koalition

---

[8] https://de.wikipedia.org/wiki/Imperatives_Mandat.

von 1966 vereinigte 86,9 % der Wählerstimmen auf sich, die große Koalition von 2005 69,4 %, diejenige des Jahres 2013 67,2 %, die Koalition von 2017 53,4 % und diejenige von 2025 immerhin noch 45 %.[9] Während der ersten drei der genannten Wahlperioden verfügten die Regierungsparteien über mehr als zwei Drittel der Stimmen. Damit entgingen sie praktisch jeder Kontrolle durch eine Opposition. Wie gesagt: Koalitionen sind künstliche Mehrheiten.

2.5 Der Schutz der Grundrechte

Wie erwähnt, hat ein Staat auf seinem Gebiet theoretisch eine uneingeschränkte Macht. In einer Demokratie sind hingegen staatlichem Handeln Grenzen gesetzt. Die wichtigsten Grenzen ergeben sich aus dem verfassungsrechtlichen Schutz der Grundrechte. Die in dieser Hinsicht wichtigsten Grundrechte sind die Freiheit des Individuums und das Recht auf Gleichbehandlung.

2.5.1 Freiheit

Artikel 2 des Grundgesetzes beschreibt das Grundrecht der Freiheit und seine Grenzen folgendermaßen:

„(1) Jeder hat das Recht auf die freie Entfaltung seiner Persönlichkeit, soweit er nicht die Rechte anderer verletzt und nicht gegen die verfassungsmäßige Ordnung oder das Sittengesetz verstößt.

(2) Jeder hat das Recht auf Leben und körperliche Unversehrtheit. Die Freiheit der Person ist unverletzlich. In diese Rechte darf nur auf Grund eines Gesetzes eingegriffen werden."

---

[9] https://www.bundestag.de/parlament/wahlen/ergebnisse_seit1949-244692.

2 Die Anwendung demokratischer Prinzipien

Der durch das Grundgesetz gewährte Schutz der Freiheit wird in einzelnen Bereichen näher bestimmt. Dazu gehören insbesondere die Religionsfreiheit (Artikel 4 GG), die Freiheit der Meinungsäußerung (Artikel 5 GG), die Versammlungsfreiheit (Artikel 8 GG), die Vereinigungsfreiheit (Artikel 9 GG), die Freizügigkeit (Artikel 11) und die freie Berufswahl (Artikel 12 GG).

Das Grundrecht der Freiheit wird nicht grenzenlos gewährt. Eine Grenze besteht dort, wo mit seiner Inanspruchnahme Rechte anderer verletzt werden oder gegen die verfassungsmäßige Ordnung und das Sittengesetz verstoßen wird. Das wäre ein Missbrauch des Grundrechts der Freiheit. Der Staat hat das Recht, dagegen einzuschreiten.

Abgesehen davon erlaubt Artikel 2 Absatz 2 Einschränkungen der Freiheit nur unter der Voraussetzung, dass sie durch Gesetz oder auf gesetzlicher Grundlage erfolgen. Gesetze, die solche Einschränkungen vorsehen, müssen begründet sein. Das sind sie nur, wenn die fraglichen Maßnahmen einen legitimen Zweck verfolgen und sowohl geeignet wie auch erforderlich sind, um ihn zu erreichen.

Doch sind auch der Möglichkeit, durch Gesetze die Freiheit zu begrenzen, Grenzen gesetzt. Artikel 19 Absatz 2 des Grundgesetzes besagt:

„In keinem Falle darf ein Grundrecht in seinem Wesensgehalt angetastet werden."

Auch wenn alle Abgeordneten dafür wären, darf das Parlament kein Gesetz erlassen, das den Kernbereich der Freiheit verletzt. Allerdings sagt Artikel 19 nicht viel mehr, als dass es einen solchen Kernbereich gibt. Wo seine Grenzen liegen, ist eine Frage, die er offenlässt.

2.5.2 Gleichbehandlung und Gleichberechtigung

Artikel 3 des Grundgesetzes erhebt die Gleichbehandlung und Gleichberechtigung zu einem Grundrecht. Er bestimmt:

„(1) Alle Menschen sind vor dem Gesetz gleich.
(2) Männer und Frauen sind gleichberechtigt …
(3) Niemand darf wegen seines Geschlechtes, seiner Abstammung, seiner Rasse, seiner Sprache, seiner Heimat und Herkunft, seines Glaubens, seiner religiösen oder politischen Anschauungen benachteiligt oder bevorzugt werden."

Art. 3 Abs. 1 GG verpflichtet die öffentliche Gewalt, sachlich übereinstimmende Fälle gleich zu behandeln. Das gilt nicht nur für die Verwaltung, sondern auch den Gesetzgeber. Dagegen verpflichtet das Grundrecht der Gleichbehandlung den Staat nicht, alle natürlichen oder von der Gesellschaft geschaffenen Ungleichheiten abzubauen. Das wäre „Gleichmacherei". Sie wurde in der Sowjetunion und den Staaten des früheren Ostblocks praktiziert. Der Preis war eine empfindliche Einschränkung der Freiheit, wie sie mit einer freiheitlichen demokratischen Grundordnung unvereinbar ist.

Lässt man gesellschaftliche Ungleichheiten bestehen, kann man zumindest versuchen, sie einzudämmen. Das lässt sich erreichen, indem man Chancengleichheit gewährt und Diskriminierung verbietet. Auch lassen sich durch Maßnahmen der nachträglichen Umverteilung Ungleichheiten ausgleichen.

In westlichen Demokratien bedeutet Gleichheit nicht mehr als Gleichheit vor dem Gesetz und Chancengleichheit. Alles andere liegt außerhalb der Grenzen, bis zu denen eine *freiheitliche* demokratische Grundordnung die Forderung nach *Gleichheit* erfüllen kann. Denn alles andere würde Eingriffe in die Individualfreiheit mit sich bringen, die nach herrschender Meinung unzulässig sind.[10]

2.6 Die Gewaltenteilung

2.6.1 Die Trennung der Zuständigkeitsbereiche

In einer repräsentativen Demokratie gibt es mehrere staatliche Institutionen, die damit beauftragt sind, jeweils einen Teil der Macht im Staate auszuüben. In Deutschland sind das folgende Verfassungsorgane:

- der Bundestag,
- der Bundesrat,
- der Bundespräsident,
- die Bundesregierung,
- das Bundesverfassungsgericht.

Der Bundesrat und der Bundestag bilden gemeinsam das Parlament, das in einem Bundesstaat wie Deutschland typischerweise aus zwei Kammern besteht. Die eine – der Bundestag – vertritt das Volk; die andere – der Bundesrat – vertritt die Länder und mittelbar deren Bevölkerung.

Gemäß dem Prinzip der Gewaltenteilung, von dem bereits die Rede war, werden die Aufgaben des Staates in drei Bereiche eingeteilt. Entscheidungen, die grundsätzliche und generelle Fragen betreffen, sind dem Parlament vorbehalten.

---

[10] Mitunter kann es zu einem Konflikt zwischen dem Schutz der Freiheit und der Gleichberechtigung kommen. Ein Beispiel hierfür ist das Tragen von Kopftüchern. Es drückt eine Haltung aus, die die Gleichstellung der Frau ablehnt. Dennoch wird dies im Namen der Freiheit toleriert. Ob letztere diese Priorität verdient, wenn sich ihr Gebrauch gegen die freiheitliche demokratische Grundordnung richtet, ist eine offene Frage.

Das Parlament trifft solche Entscheidungen in der Regel durch den Erlass von Gesetzen. Entscheidungen, die Einzelfragen und solche der Alltagspolitik angehen, können von der Regierung getroffen werden. Die Rechtmäßigkeit der Entscheidungen sowohl des Parlaments als auch der Regierung unterliegen einer Kontrolle durch das oberste Gericht. Dessen Aufgabe ist es, sicherzustellen, dass sich Parlament und Regierung an die Verfassung bzw. die geltenden Gesetze halten. Die Rolle des Bundespräsidenten beschränkt sich auf eine symbolische Repräsentation des Staates.

2.6.2 Die institutionellen Kontrollen

Gewaltenteilung bedeutet eine Aufteilung der Zuständigkeitsbereiche der zur Ausübung der Macht im Staate befugten Organe zum Zwecke gegenseitiger Kontrollen. Die Möglichkeiten solcher Kontrollen schaffen gegenseitige Abhängigkeiten. Diese wiederum schaffen eine Hierarchie der Verfassungsorgane.

An oberster Stelle steht die Judikative. Sowohl das Parlament als auch die Regierung unterliegen richterlicher Kontrolle. Um die Gesetzmäßigkeit der Arbeit des Parlamentes und der Regierung überprüfen zu können, muss sie von beiden unabhängig sein.

In der Mitte steht das Parlament, das Gesetze erlassen kann. Sie binden auch die Regierung. In diesem Sinne kann das Parlament der Regierung Vorschriften machen. Die Regierung steht insofern auf der untersten Stufe.

Doch bestehen auch zwischen Parlament und Regierung gegenseitige Kontrollen. In manchen Ländern kann das Parlament die Regierung absetzen und durch eine andere ersetzen. In anderen kann die Regierung das Parlament auflösen und Neuwahlen beschließen.

Der Grad der Unabhängigkeit der einzelnen Organe hängt in erster Linie davon ab, auf welche Weise diejenigen ernannt werden, die in ihrem Namen zu handeln befugt sind. Grundsätzlich bestehen zwei Möglichkeiten. Entweder werden sie vom Volk selbst oder von einem anderen Verfassungsorgan gewählt.

Theoretisch könnten getrennte Wahlen für die Besetzung der Stellen in allen Verfassungsorganen stattfinden. Das bedeutet grundsätzlich mehr Demokratie. Es verlangt aber auch mehr Aufwand. Und es kann eine gewisse Wahlmüdigkeit bewirken. Daher ist die Wahl der obersten Richter durch das Volk eine recht seltene Ausnahme.[11] In den meisten Ländern werden sie entweder von der Regierung oder dem Parlament oder beiden ernannt.

2.6.3 Die Ernennung der Richter des Bundesverfassungsgerichts

Artikel 94 Absatz 1 Satz 1 des Grundgesetzes bestimmt:

„Das Bundesverfassungsgericht besteht aus Bundesrichtern und anderen Mitgliedern. Die Mitglieder des Bundesverfassungsgerichtes werden je zur Hälfte vom Bundestage und vom Bundesrate gewählt."

Zwar steht das Bundesverfassungsgericht in der Hierarchie der Verfassungsorgane an der Spitze. Doch bewirkt das Verfahren der Ernennung der obersten Richter, dass sie nicht ganz unabhängig sind. Die Gewaltenteilung ist unvollständig. Das kann zur Folge haben, dass die Rechtsprechung

---

[11] In einigen Kantonen der Schweiz werden Richter vom Volk gewählt. Sie werden nur auf Zeit – meist vier oder sechs – Jahre bestimmt. Eine Wiederwahl ist möglich.

politisch gefärbt ist.[12] Mit anderen Worten: Die durch das Gericht ausgeübte institutionelle Kontrolle kann einen Teil ihrer Wirksamkeit verlieren.

2.7 Parlamentarische und Präsidialdemokratie

2.7.1 Die parlamentarische Demokratie

In vielen Ländern werden nur die Parlamentarier direkt vom Volk gewählt. Auch die Regierung wird gewählt, aber nicht vom Volk, sondern vom Parlament. Dieses System wird parlamentarische Demokratie genannt. Die Bundesrepublik Deutschland ist eine parlamentarische Demokratie. Artikel 63 Absatz 1 des Grundgesetzes bestimmt:

> „Der Bundeskanzler wird auf Vorschlag des Bundespräsidenten vom Bundestage ohne Aussprache gewählt."

Wer der Regierung angehört, regelt Artikel 64 Absatz 1 des Grundgesetzes:

> „Die Bundesminister werden auf Vorschlag des Bundeskanzlers vom Bundespräsidenten ernannt und entlassen."

In Deutschland wählt das Volk nur das Parlament. Letzteres wählt den Regierungschef und kann ihn auch absetzen. Der Regierungschef ernennt die Minister, die gemeinsam mit ihm die Regierung bilden. Minister sind befugt, die Macht im Staate auszuüben, weil sie der Regierungschef ernannt

---

[12] Das geht in den USA sehr weit. Man kann nicht Bundesrichter werden, ohne sich als Anhänger einer der beiden Parteien zu erkennen zu geben. Gewöhnlich bleiben Richter in der Rechtsfindung ihren Überzeugungen treu.

hat. Die Beteiligung des Volkes an der Wahl des Regierungschefs und der Ernennung der Mitglieder seines Kabinetts ist also nur mittelbar. Insofern ist es, was die Regierung angeht, beschönigend, von einer „Herrschaft des Volkes" zu sprechen.

2.7.2 Das konstruktive Misstrauensvotum

In einer parlamentarischen Demokratie kann das Parlament die Regierung absetzen. Sind im Parlament viele Parteien vertreten, kann sich möglicherweise leicht eine Mehrheit dafür finden, die Regierung zu stürzen. Der wesentliche Nachteil einer parlamentarischen Demokratie ist die Gefahr politischer Instabilität.

Um dieser Gefahr zu begegnen, enthält das Grundgesetz eine Regelung, die zur Zeit seiner Entstehung neu war. Es wurde das sogenannte „konstruktive Misstrauensvotum" eingeführt. Artikel 67 Absatz 1 Satz 1 des Grundgesetzes besagt:

> „Der Bundestag kann dem Bundeskanzler das Misstrauen nur dadurch aussprechen, dass er mit der Mehrheit seiner Mitglieder einen Nachfolger wählt und den Bundespräsidenten ersucht, den Bundeskanzler zu entlassen."

Eine Regierung kann also nur abgewählt werden kann, wenn gleichzeitig eine neue Regierung eingesetzt wird. Diese Regelung sorgt für politische Stabilität. Der Preis ist eine Einschränkung der Möglichkeiten des Parlamentes, die Regierung zu kontrollieren.

2.7.3 Die Präsidialdemokratie

In vielen anderen Ländern werden getrennte Wahlen für die Exekutive und die Legislative durchgeführt. Eine solche

Regelung wird Präsidialdemokratie genannt. In einer Präsidialdemokratie vereinigt der Präsident die Funktionen des Staatsoberhauptes und des Regierungschefs in einer Person. Er wird vom Volk direkt gewählt. Es finden also zwei verschiedene Wahlen statt, und zwar eine für das Parlament und eine zweite für das Amt des Präsidenten. Das bedeutet grundsätzlich mehr Demokratie.

Aufgrund der Trennung zwischen Präsidentschaftswahlen und Parlamentswahlen kann es allerdings dazu kommen, dass die Partei, der der Präsident angehört, im Parlament nicht über die Mehrheit verfügt. Dann hat die Partei, die im Parlament über die Mehrheit verfügt, die Möglichkeit, dort gegen den Präsidenten zu opponieren. Das kann so weit gehen, dass die Regierungsgeschäfte lahm gelegt werden. Das ist ein wesentlicher Nachteil der Präsidialdemokratie.[13]

In manchen Präsidialdemokratien wie zum Beispiel den USA finden Vorwahlen statt, bei denen die Wähler bestimmen können, wer als Kandidat einer Partei nominiert wird. An solchen Vorwahlen können in einigen Bundesstaaten alle Wahlberechtigten, in anderen nur die Mitglieder der betreffenden Partei teilnehmen. In jedem Falle bedeuten Vorwahlen mehr Demokratie als die Regelung, gemäß der Parteien bestimmen, wer kandidieren darf.

In einer Präsidialdemokratie besteht eine vergleichsweise striktere Gewaltenteilung. Der Präsident kann nicht vom Parlament, sondern nur durch ein prozessähnliches Verfahren seines Amtes enthoben werden.[14] Eine solche Regelung

---

[13] Eines der wenigen europäischen Länder, die eine Präsidialdemokratie sind, ist Frankreich. Artikel 49 Absatz 3 der französischen Verfassung von 1958 erlaubt es der Regierung, ein Gesetz ohne parlamentarische Abstimmung durchzusetzen. Seit 1958 wurde der Artikel mehr als 40 Mal genutzt. Das ist mit demokratischen Prinzipien kaum vereinbar.

[14] In den USA wird dies *Impeachment* genannt.

sorgt für politische Stabilität. Der Preis dafür ist, dass der Präsident so gut wie keiner Kontrolle durch das Parlament unterliegt.[15]

2.8 Zusammenfassung

Eine Herrschaft des Volkes ist, wie gesagt, praktisch nur in der Form einer repräsentativen Demokratie möglich. Ihre Verwirklichung bringt eine Reihe von Problemen mit sich. Ideallösungen dieser Probleme gibt es nicht, denn alle Lösungen haben Vor- und Nachteile. Einige sind demokratischer als andere, gehen aber auf Kosten der politischen Stabilität. Alle Lösungen machen letztlich irgendeinen Kompromiss. Schon das Modell der repräsentativen Demokratie beruht auf einem Kompromiss zwischen der Forderung nach einer Herrschaft des Volkes und den Möglichkeiten ihrer Umsetzung. Die übrigen Kompromisse, die gemacht werden müssen, um dieses Modell anzuwenden, bringen weitere Einschränkungen mit sich. Eine repräsentative Demokratie ist in Wirklichkeit weit weniger demokratisch, als es den Anschein hat.

---

[15] Aus diesem Grunde ist das System der Präsidialdemokratie in Lateinamerika sehr beliebt. Fast alle lateinamerikanischen Staaten sind Präsidialdemokratien. Die Präsidenten mancher dieser Länder sind gewissermaßen „Monarchen auf Zeit".

3

Die Grenzen der repräsentativen Demokratie

Inhaltsverzeichnis

3.1 Partizipation und Repräsentation 50
   3.1.1 Der Fraktionszwang 50
   3.1.2 Die mittelbare Repräsentation 52
   3.1.3 Bürokratie und Technokratie 54
3.2 Partizipation und Transparenz 55
3.3 Partizipation und die Anzahl der Parteien 57
3.4 Gewaltenteilung und Rechtsstaatlichkeit 58
   3.4.1 Die Grenzen der Gewaltenteilung 58
   3.4.2 Die Kontrolle durch Gerichte und der Gerichte 59
   3.4.3 Die Kontrolle der Regierung durch das Parlament 59
   3.4.4 Die Kontrolle durch den Wähler 60
3.5 Der Notstand und die wehrhafte Demokratie 61
   3.5.1 Die Notstandsgesetze 62
   3.5.2 Die wehrhafte Demokratie 63
3.6 Außenpolitik und internationale Beziehungen 64
   3.6.1 Gewaltenteilung und Außenpolitik 64
   3.6.2 Demokratie und die UNO 65

  3.6.3 Das Selbstbestimmungsrecht der Völker 67
  3.6.4 Universelle Menschenrechte 69
  3.6.5 Demokratie und die EU 70
  3.6.6 Demokratie und die NATO 72
 3.7 Demokratie und Krieg 73
 3.8 Zusammenfassung 74

Die Organisation der repräsentativen Demokratie bringt nicht nur Probleme mit sich. Ihre praktische Anwendung stößt auch in mancher Hinsicht auf Grenzen. Sie werden in diesem Kapitel näher untersucht.

3.1 Partizipation und Repräsentation

3.1.1 Der Fraktionszwang

Wie erwähnt, gilt im Bundestag das Prinzip des freien Mandats. Gleichzeitig ist aber auch Fraktionszwang zulässig. Mitunter verpflichten sich Parteien sogar in Koalitionsverträgen, bei bestimmten Entscheidungen Fraktionszwang anzuwenden. Der Deutsche Bundestag sieht darin kein Problem:

> „Einen rechtlichen Fraktionszwang gibt es nicht. Dennoch wird mit der Fraktionsdisziplin erwartet, dass sich die Mitglieder einer Fraktion der nach Diskussion beschlossenen Linie anschließen, auch wenn sie der Position kritisch gegenüberstehen. Zuvor können sie aber auch auf ihre Bedenken und eine mögliche Abweichung aufmerksam machen."[1]

---

[1] https://www.bundestag.de/services/glossar/glossar/F/fraktionsdisziplin-857034: Offenbar ist sich der Deutsche Bundestag über die im letzten Satz enthaltene Ironie nicht im Klaren.

3 Die Grenzen der repräsentativen Demokratie

In der Praxis wird nicht nur *erwartet*, dass sich die Mitglieder einer Fraktion der nach Diskussion beschlossenen Linie anschließen, sondern es wird *verlangt*. Das können Parteien, denn Abgeordnete sind auf die angewiesen. Das gilt insbesondere für die Abgeordneten, die ihr Mandat über die Liste einer Partei erhalten haben. Kann sich die Partei nicht mehr auf sie verlassen, drohen sie ihren Platz auf der Liste zu verlieren. Das gilt aber auch für Abgeordnete, die in ihrem Wahlkreis die meisten Stimmen erhalten haben und über ein Direktmandat ins Parlament eingezogen sind. Auch sie brauchen die Unterstützung ihrer Partei. Müssten sie bei der nächsten Wahl als Parteilose kandidieren, hätten sie weniger Chancen, ihr Direktmandat wiederzuerlangen.

Der Fraktionszwang lässt erkennen, wie weit die Macht der Parteien geht. Parteien sind keine staatlichen Organe, sondern private Personenvereinigungen, die sich an der Ausübung der Macht im Staat beteiligen dürfen. Doch sind nicht alle, die bestimmen, wie diese Beteiligung erfolgt, gewählte Volksvertreter. Ein Teil der Macht innerhalb der Parteien – und damit auch der Macht *der* Parteien – liegt in den Händen von Parteimitgliedern, die kein Mandat haben.

Der Fraktionszwang kann dazu führen, dass im Parlament Entscheidungen getroffen werden, die dem Willen der Mehrheit der Abgeordneten widersprechen. Wenn zum Beispiel die Regierungsfraktion im Parlament eine Mehrheit von 60 % hat, aber nur drei Viertel dieser Fraktion ein bestimmtes Vorhaben unterstützen, sind das nicht mehr als 45 % aller Abgeordneten. Sind die übrigen 15 % gemeinsam mit der Opposition – also 40 % aller Parlamentarier – dagegen, wird es von insgesamt 55 % der Abgeordneten abgelehnt. Werden alle Abgeordneten der Regierungsfraktion gezwungen, dafür zu stimmen, wird es dennoch angenommen. Von einer Beteiligung des Volkes an der Ausübung der Macht im Staat kann in solchen Fällen kaum die Rede sein.

Fraktionszwang setzt voraus, dass offen abgestimmt wird. Geheime Abstimmungen erlauben es Abgeordneten, frei nach ihrem Gewissen abzustimmen. Sie sind jedoch nur bei Personalentscheidungen wie der Wahl des Bundeskanzlers üblich. Bei geheimen Abstimmungen bleibt nicht nur der Partei verborgen, wie sich einzelne Abgeordnete entschieden haben, sondern auch den Wählern. Damit fehlt ihnen eine Information, die von Bedeutung sein kann für ihre Stimmenabgabe bei der nächsten Wahl. Die Vorteile geheimer Abstimmungen wiegen diesen Nachteil kaum auf.

3.1.2 Die mittelbare Repräsentation

Nicht jedes Verfassungsorgan repräsentiert das Volk unmittelbar. Vielmehr bestehen meist mehrere übereinandergeschichtete Ebenen. Jede zusätzliche Ebene der Repräsentation vergrößert den Abstand zwischen Wählern und denen, die tatsächlich die Macht ausüben. Je größer der Abstand ist, umso mittelbarer ist die Partizipation – und je enger sind die Grenzen der „Herrschaft des Volkes".

Von einer zusätzlichen Ebene war bereits die Rede. Sie betrifft die Parteien, für die der Wähler seine Stimme abgibt. Wer Kandidat einer Partei ist, wird von ihr bestimmt. Auch die Ausübung der Macht im Staat durch die Abgeordneten wird vor allem von der Partei bestimmt, der sie angehören. Abgeordnete vertreten unmittelbar ihre Partei, ihre Wähler dagegen nur mittelbar.

In einer parlamentarischen Demokratie wird die Regierung vom Parlament gewählt. In diesem Falle stellt das Parlament eine zusätzliche Ebene zwischen dem Wahlvolk und der Exekutive dar. Der Wähler hat keinen unmittelbaren Einfluss auf die Regierung, sondern nur auf dem

3 Die Grenzen der repräsentativen Demokratie

Umweg über das Parlament. Auch die Regierung ist eher dem Parlament gegenüber verantwortlich als dem Wähler.

Im Bundesrat sind Vertreter der Regierungen der Bundesländer versammelt. Artikel 51 Absatz 1 Satz 1 des Grundgesetzes bestimmt:

„Der Bundesrat besteht aus Mitgliedern der Regierungen der Länder, die sie bestellen und abberufen."

Wer zum Mitglied des Bundesrates ernannt wird, wird von den Regierungen der Länder bestimmt. Wer zu einer dieser Regierungen gehört, wird von dem jeweiligen Landesparlament bestimmt. Wer einem Landesparlament angehört, wird vom Wähler bestimmt. Hier überlagern sich also drei Ebenen der Repräsentation. Darin noch eine Partizipation des Wählers zu sehen, erscheint etwas weit hergeholt. Zumindest mangelt es deutlich an der „Nähe zum Wähler".

Ähnliches lässt sich vom Bundesverfassungsgericht sagen. Nach deutschem Prozessrecht ergehen die Urteile des Bundesverfassungsgerichts „im Namen des Volkes". Damit soll zum Ausdruck gebracht werden, dass auch die richterliche Gewalt „vom Volk ausgeht". Doch werden die Mitglieder des Bundesverfassungsgerichts nicht vom Volk gewählt. Eine Hälfte der Richter wird vom Bundestag gewählt, die andere vom Bundesrat.

Das Volk wählt den Bundestag und dieser wählt die Hälfte der Richter. Hier überlagern sich also zwei Ebenen der Repräsentation, und wenn man die Parteien mit einrechnet, sogar drei. Die andere Hälfte der Richter wird vom Bundesrat gewählt. Hier überlagern sich vier Ebenen der Repräsentation. Das Volk wählt die Abgeordneten der Länderparlamente. Die Länderparlamente wählen die Regierungen der Länder. Diese wählen ihre Vertreter im Bundesrat. Letztere wählen die Hälfte der Richter des Bundesverfassungsgerichtes. Dass die Richter im Namen des Volkes entscheiden, ist also nicht viel mehr als eine Fiktion.

Auch die Mitglieder der Europäischen Kommission werden nicht gewählt. Sie werden von den Regierungen der Mitgliedstaaten ernannt. In Mitgliedstaaten, in denen die Verhältniswahl Anwendung findet, werden die Regierungen vom Parlament gewählt. Nur das Parlament wird direkt gewählt. Der Abstand zwischen einem Kommissar und den Wählern ist also recht groß. Diesem Manko wird teilweise dadurch Abhilfe geschaffen, dass die Ernennung eines Kommissars durch das Europäische Parlament bestätigt werden muss, das seinerseits direkt gewählt wird.

3.1.3 Bürokratie und Technokratie

Noch weiter vom Wähler als die Regierung ist die Verwaltung von ihm entfernt. Sie handelt nach den politischen Vorgaben des jeweilig zuständigen Ministeriums, hat dabei aber einen gewissen Spielraum. Innerhalb dieses Spielraums kann auch sie bestimmen, wie die Macht im Staat ausgeübt wird. Dies wird als Bürokratie, also „Herrschaft der Verwaltung", bezeichnet. Bei ihr ist der Abstand zu den Wählern so groß, dass von einer Partizipation eigentlich nicht mehr die Rede sein kann.

In manchen Bereichen gibt es politische Vorgaben, die von einem Konsens der Parteien oder auch der Gesellschaft getragen werden. Dazu gehört vor allem die Wirtschaftspolitik. Besteht ein solcher Konsensus, ist es möglich, die Politik in dem fraglichen Bereich Technokraten zu überlassen. Deren Aufgabe ist es dann lediglich, herauszufinden, welche die besten Mittel sind, die vorgegebenen Ziele zu erreichen. Ein Großteil der Arbeit der Europäischen Kommission besteht darin. Sie ist ein Beispiel dafür, dass Technokratie Demokratie ersetzen kann.

3.2 Partizipation und Transparenz

Eine wichtige Voraussetzung für die Partizipation des Volkes an der Ausübung der Macht im Staat ist, über alle relevanten Informationen zu verfügen. Das erfordert, dass die Regierungsgeschäfte in transparenter Weise geführt werden. Um für Transparenz zu sorgen, verlangt Artikel 42 des Grundgesetzes, dass der Bundestag „öffentlich verhandelt". Doch können davon Ausnahmen gemacht werden. Artikel 42 Absatz 1 Satz 2 sieht vor:

„Auf Antrag eines Zehntels seiner Mitglieder oder auf Antrag der Bundesregierung kann mit Zweidrittelmehrheit die Öffentlichkeit ausgeschlossen werden. Über den Antrag wird in nichtöffentlicher Sitzung entschieden."

Grundsätzlich erfolgen die Beratungen der Regierung hinter verschlossenen Türen. Allerdings bietet die Geschäftsordnung des Bundestages Fraktionen und Abgeordneten die Möglichkeit, Anfragen an die Bundesregierung zu richten. Mit einer sogenannten Großen Anfrage können Erklärungen der Bundesregierung zu politischen Fragen und Vorhaben verlangt werden. Sie kann von einer Bundestagsfraktion oder mindestens 5 % aller Abgeordneten gestellt werden und ist von der Regierung schriftlich zu beantworten. Wenn die Antragsteller es verlangen, kann über die Antwort im Plenum debattiert werden.

Auch eine Kleine Anfrage setzt voraus, dass sie von mindestens 5 % aller Abgeordneten oder einer Fraktion gestellt wird. Die Regierung muss sie schriftlich beantworten. Eine Diskussion im Plenum des Bundestages findet nicht statt.

Schriftliche Fragen können auch von einem einzelnen Parlamentarier gestellt werden. Jedes Mitglied des Bundestages hat das Recht, bis zu vier Mal im Monat eine Frage an die Regierung zu richten. Diese Fragen sollen binnen einer

Woche nach Eingang beim Bundeskanzleramt beantwortet werden. Veröffentlicht werden die Antworten in der darauffolgenden Woche gesammelt in einer Drucksache. Daneben kann jeder Abgeordnete auch in der wöchentlichen Fragestunde des Bundestages bis zu zwei Fragen zur mündlichen Beantwortung an die Bundesregierung richten.

Doch hat die Auskunftspflicht der Regierung Grenzen. Sie hat das Recht, Informationen geheim zu halten, deren Verbreitung eine Gefahr für die Staatssicherheit darstellt oder eine Verhandlungsposition der Bundesrepublik schwächt. Ist das der Fall, werden die fraglichen Informationen als „Verschlusssachen" behandelt. Die Entscheidung darüber liegt im Ermessen der betreffenden Behörde.

Offenbar wurde von dieser Befugnis sehr ausgiebig Gebrauch gemacht. Das machte es erforderlich, im Jahre 2006 ein Informationsfreiheitsgesetz zu erlassen. Es gewährt einen umfassenden Informationsanspruch, der sich auf alle Verwaltungsbereiche des Bundes erstreckt. Grundsätzlich kann jeder Bürger von einer Bundesbehörde Auskunft verlangen, soweit nicht eine der Ausnahmen vorliegt, die in den Paragrafen 3 bis 6 des Gesetzes aufgezählt sind.

So besteht zum Beispiel kein Anspruch auf Auskunft, wenn sie nachteilige Auswirkungen haben kann auf internationale Beziehungen, militärische und sonstige sicherheitsempfindliche Belange der Bundeswehr, Belange der inneren oder äußeren Sicherheit, oder wenn das Bekanntwerden der Information die öffentliche Sicherheit gefährden kann. Mit anderen Worten: In bestimmten Bereichen der Innen- und Außenpolitik ist Transparenz ausgeschlossen. Eine demokratische Kontrolle ist in diesen Bereichen unmöglich.

3.3 Partizipation und die Anzahl der Parteien

Demokratie verlangt Pluralismus. Damit ist eine offene Gesellschaft gemeint, in der eine Vielzahl von Meinungen und Interessen besteht und toleriert wird. Um ein bestimmtes Interesse im Parlament zu vertreten, muss es eine Partei geben, die dazu bereit ist – was nicht immer der Fall ist. In der Tat können sich viele Wahlberechtigte mit keiner Partei identifizieren.

Ein Teil von ihnen zieht es vor, gar nicht zu wählen. Damit verzichten sie auf eine Beteiligung an der Macht im Staat. Andere wählen eine Partei oder einen Kandidaten, die sie nicht wirklich mögen, vielleicht auch nur um zu vermeiden, dass jemand gewählt wird, den sie noch weniger mögen. Dabei nehmen sie in Kauf, jemanden zu wählen, von dem sie wissen, dass er sie nicht repräsentieren wird. Auf eine eigentliche Beteiligung an der Macht im Staat müssen auch sie verzichten. Darin liegt eine Grenze der repräsentativen Demokratie. Sie ist umso enger, je weniger Parteien es gibt.

Gilt das Mehrheitswahlrecht, gibt es in der Regel nur zwei Parteien. Ein Zweiparteiensystem bietet nur den Wählern, die sich mit einer der beiden Parteien identifizieren können, die Möglichkeit einer Repräsentation. Daher ist die Wahlbeteiligung meist verhältnismäßig gering. Die Situation in einem Zweiparteienstaat wie den USA oder dem Vereinigten Königreich unterscheidet sich weit weniger von einem Einparteienstaat, als diese Länder es wahr haben wollen.

Gilt – wie in Deutschland – das Verhältniswahlrecht, gibt es gewöhnlich mehrere oder sogar viele Parteien, die im Parlament vertreten sind – wie zum Beispiel in den Niederlanden. Doch auch bei uns gibt es eine Grenze der Repräsentation. Sie wird durch die Fünfprozentklausel bestimmt.

Mit weniger als 5 % der Stimmen besteht keine Möglichkeit der Repräsentation der betreffenden politischen Couleur. Da es mehr als eine Partei gibt, die an dieser Hürde scheitert, sind es insgesamt deutlich mehr als 5 % der Wahlberechtigten, die aus diesem Grunde von einer Repräsentation ausgeschlossen sind.

3.4 Gewaltenteilung und Rechtsstaatlichkeit

3.4.1 Die Grenzen der Gewaltenteilung

Eines der Wesensmerkmale der repräsentativen Demokratie ist die Gewaltenteilung. Theoretisch erscheinen die Zuständigkeiten der drei Verfassungsorgane klar voneinander getrennt. In der Praxis hat die Gewaltenteilung jedoch Grenzen. Unter Umständen kann ein Organ staatliche Macht in einem Bereich ausüben, der eigentlich einem anderen vorbehalten ist.

Grundsätzlich ist der Erlass von Gesetzen Aufgabe des Parlaments. Innerhalb gewisser Grenzen kann auch die Regierung Recht setzen, und zwar durch Verwaltungsverordnungen. Sie sind – wie Gesetze – allgemeinverbindlich. Sie zu erlassen, bedarf einer Ermächtigung durch ein Gesetz. Mit einem solchen Gesetz delegiert das Parlament die Gesetzgebungskompetenz an die Regierung.

Unter Umständen kann das oberste Gericht in die Arbeit des Parlaments eingreifen. Es kann Gesetze für verfassungswidrig erklären und Vorschriften zu ihrer Korrektur machen. Und es kann in seinen Entscheidungen den Gesetzgeber oder die Regierung auffordern, die ihnen übertragene Macht in bestimmter Weise auszuüben.

Prinzipiell sind Richter an die Verfassung und die geltenden Gesetze gebunden. Darüber hinaus müssen auch frühere Gerichtsentscheidungen in späteren Prozessen berücksichtigt werden. Dadurch können sie gewissermaßen Gesetzeskraft erlangen. Mit anderen Worten: Auch die richterliche Gewalt kann unter Umständen eine Macht ausüben, die eigentlich dem Gesetzgeber vorbehalten ist.[2]

3.4.2 Die Kontrolle durch Gerichte und der Gerichte

Zweck der Gewaltenteilung sind institutionelle Kontrollen der Ausübung der Macht im Staat. Eines der drei Verfassungsorgane, die richterliche Gewalt, übt grundsätzlich nur Kontrollfunktionen aus. Oberste Gerichte können die Verfassungsmäßigkeit und Gesetzmäßigkeit der durch die Regierung und das Parlament getroffenen Maßnahmen kontrollieren. Dabei unterliegen sie selbst keiner weiteren Kontrolle. Hier stoßen die institutionellen Kontrollen einer Demokratie an ihre Grenze.

3.4.3 Die Kontrolle der Regierung durch das Parlament

In den meisten parlamentarischen Demokratien kann das Parlament die Regierung absetzen. Dieses Recht schafft eine Kontrolle der Regierungsführung durch das Parlament. Der wesentliche Nachteil einer solchen Regelung ist die Gefahr politischer Instabilität. Um ihr zu begegnen, hat das Grundgesetz das sogenannte „konstruktive Misstrauensvotum" eingeführt. Danach kann eine Regierung nur

---

[2] Das ist in den Vereinigten Staaten die Regel. Das Recht der USA beruht auf dem englischen Common Law, welches bis zur Unabhängigkeit galt. In dieser Rechtsordnung binden den Richter nicht nur die vom Parlament angenommenen Gesetze, sondern auch richterliche Entscheidungen über ähnliche Fälle – sogenannte Präzedenzfälle.

abgewählt werden, wenn gleichzeitig eine neue Regierung eingesetzt wird. Diese Regelung schafft zwar politische Stabilität, schränkt jedoch die Wirksamkeit der Kontrolle der Regierung durch das Parlament deutlich ein.

In der Geschichte der Bundesrepublik Deutschland wurde nur zweimal über den Sturz einer Regierung abgestimmt. Im Jahre 1972 scheiterte ein solcher Antrag und Bundeskanzler Willi Brandt blieb im Amt.[3] Im Jahre 1982 wurde Helmut Schmidt nach einem Misstrauensvotum durch Helmut Kohl abgelöst. Die Kontrolle der Regierung durch das Parlament hat also in den 75 Jahren des Bestehens der Bundesrepublik nur einmal Wirksamkeit gezeigt

3.4.4 Die Kontrolle durch den Wähler

Wahlen sind, so heißt es, die höchste Kontrollinstanz der Regierungsführung in einer Demokratie. Zwar waren Anfang 2024 nur noch 19 % der Wahlberechtigten mit der Arbeit von Bundeskanzler Olaf Scholz zufrieden.[4] Doch hatten die Wähler bis zur Bundestagswahl im Februar 2025 keine Möglichkeit, ihn zu entmachten. Das sagt einiges aus über die Funktion von Wahlen als Kontrollen der Regierungsführung.

Die Kontrolle durch den Wähler wird wirksam, wenn Regierungen nicht wiedergewählt werden. Das ist in Deutschland nur selten geschehen. Während der ersten 20 Jahre nach der Gründung der Bundesrepublik, d. h. von 1949 bis 1969, hat die CDU den Kanzler gestellt. Das hatte damals allerdings besondere Gründe.

Aus der Sicht vieler Deutscher wurde ihnen die Demokratie im Jahre 1949 „verordnet". Aus diesem Grunde neigten viele Bundesbürger dazu, nicht von ihr Gebrauch zu

---

[3] Das hatte er allerdings auch dem Umstand zu verdanken, dass sich einer der Abgeordneten bestechen ließ.
[4] ZEIT ONLINE, 4. Januar 2024, 19:08 Uhr.

machen, wie sie selbst es vorgezogen hätten, sondern wie sie meinten, dass es von ihnen erwartet wurde.[5] Viele sahen es als eine Pflicht an, eine bestimmte Partei zu wählen, und nicht ein Recht, die Stimme einer Partei zu geben, die ihre Interessen vertrat.

Offenbar waren die Deutschen mit ihren Regierungen zumeist zufrieden. So wurden die CDU-Kanzler Konrad Adenauer, Helmut Kohl und Angela Merkel jeweils drei Mal wiedergewählt. Insgesamt war die CDU in den 75 Jahren des Bestehens der Bundesrepublik 52 Jahre lang an der Regierung. In Bayern regieren seit 1957 ununterbrochen Ministerpräsidenten der CSU.

Die Wirksamkeit einer Kontrolle durch Wahlen setzt voraus, dass tatsächlich die Arbeit und Leistung der Regierung beurteilt wird, deren Amtszeit zu Ende geht. Das ist jedoch immer weniger der Fall. Parteien investieren immer mehr in den Wahlkampf. Infolgedessen wird die Meinung der Wähler immer weniger durch die Qualität der zurückliegenden Regierungsführung und immer mehr durch den Wahlkampf beeinflusst. Das wiederum hat zur Folge, dass die Funktion von Wahlen als institutionelle Kontrolle der Machtausübung an Wirksamkeit verlieren.[6]

3.5 Der Notstand und die wehrhafte Demokratie

Es gibt Situationen, in denen der Anwendung demokratischer Prinzipien aus praktischen Gründen Grenzen gesetzt werden müssen. Sie werden als Notstand bezeichnet.

---

[5] https://www.bpb.de/kurz-knapp/lexika/handwoerterbuch-politisches-system/202206/waehlerverhalten/.

[6] Dazu bemerkte Kurt Tucholski bereits vor 100 Jahren: „*Wenn Wahlen etwas ändern würden, dann wären sie längst verboten*".

Darunter wird eine Situation verstanden, in der ein Staat in einer Gefahr ist, der mit den in der Verfassung vorgesehenen „normalen" Mitteln nicht begegnet werden kann.

3.5.1 Die Notstandsgesetze

Im Mai 1968 verabschiedete der Bundestag die Notstandsgesetze. Sie waren gemäß dem im Jahre 1955 mit den Besatzungsmächten geschlossenen Deutschlandvertrag notwendig, um die volle Souveränität der Bundesrepublik zu erlangen. Das gelang erst 1968, nach dreizehn Jahren. Offenbar waren die Bedenken gegen eine Einschränkung der Grundrechte im Falle eines Notstandes größer als die Bedenken gegen die weiterbestehende Einschränkung der Souveränität des Landes.

Die Notstandsgesetze sollen die Handlungsfähigkeit des Staates in Situationen der Bedrängnis sichern. Dabei wird zwischen drei Fällen unterschieden:

- dem äußeren Notstand. Dazu gehören der Spanungsfall und der Verteidigungsfall. Als Spannungsfall wird die Lage einer drohenden militärischen Auseinandersetzung, als Verteidigungsfall der Kriegszustand bezeichnet.[7]
- dem inneren Notstand. Er bezeichnet die Gefährdung oder Störung der verfassungsmäßigen Ordnung durch Aufruhr.
- dem Katastrophennotstand. Darunter fallen die Gefahr von oder Gefährdung durch Naturkatastrophen oder technische Unglücksfälle.

Die Notstandsgesetze sehen vor, dass im Falle eines Notstandes ein Gemeinsamer Ausschuss aus Mitgliedern des

---

[7] Siehe Artikel 115a des Grundgesetzes.

Bundestages und des Bundesrates als Notparlament die Arbeit des Gesetzgebers provisorisch fortführt, falls und solange dieser daran gehindert ist. Erforderlichenfalls darf die Bundeswehr zur „Bekämpfung militärisch bewaffneter Aufständischer" – also auch gegen die eigene Bevölkerung – eingesetzt werden. Darüber hinaus können die Grundrechte beschränkt werden, nämlich

- das Brief-, Post- und Fernmeldegeheimnis (Artikel 10 GG);
- die Freizügigkeit (Artikel 11 GG);
- die Berufsfreiheit (Artikel 12 GG).

Erfreulicherweise war es seit Erlass der Notstandsgesetzgebung noch nie erforderlich, sie anzuwenden. Doch zeigt ihre Existenz, dass die Anwendbarkeit demokratischer Prinzipien in Ausnahmesituationen Grenzen hat.

3.5.2 Die wehrhafte Demokratie

Das Bundesverfassungsgericht bezeichnet das politische System der Bundesrepublik als „streitbare, wehrhafte Demokratie". Damit wird zum Ausdruck gebracht, dass es Regelungen zum Schutz der freiheitlichen demokratischen Grundordnung enthält. Diese Regelungen legen bestimmte Grundsatzentscheidungen als unabänderlich fest. Sie können auch nicht durch einen Mehrheitsbeschluss des Parlaments geändert werden. Darüber hinaus kann gegen verfassungsfeindliche Personen oder Parteien präventiv vorgegangen werden. Das bedeutet eine Einschränkung der demokratischen Rechte der Betroffenen – nicht unähnlich den Einschränkungen, die ein Notstand rechtfertigt.

Das Konzept der wehrhaften Demokratie soll verhindern, dass eine Mehrheit auf formal legalem Wege eine Diktatur errichten kann, wie das 1933 geschehen ist. Der

Preis ist, wie gesagt, eine Einschränkung der demokratischen Rechte. Geht sie zu weit, trägt sie nicht mehr zum Schutz der Demokratie bei, sondern schwächt sie.

3.6 Außenpolitik und internationale Beziehungen

3.6.1 Gewaltenteilung und Außenpolitik

Ein Bereich, in dem der Anwendung demokratischer Prinzipien enge Grenzen gesetzt sind, ist die Außenpolitik. Sie sind eine Folge der Gewaltenteilung. Die meisten außenpolitischen Entscheidungen regeln Einzelfälle und Fragen, die von der Regierung allein entschieden werden können. Daher ist die Mitwirkung des Parlaments an der Ausübung der Macht des Staates im Bereich der Außenpolitik allgemein recht eingeschränkt. Aus dem gleichen Grunde sind auch den Möglichkeiten einer Kontrolle der Regierung durch das Parlament in diesem Bereich engere Grenzen gesetzt.

Einer Kontrolle durch das Parlament unterliegen internationale Verträge, die Fragen betreffen, für die es als Gesetzgeber zuständig ist. Solche Verträge müssen vom Parlament ratifiziert werden. Andererseits kann die Regierung auch Verwaltungsverordnungen erlassen, die ähnlich wie Gesetze wirken. Trifft sie internationale Absprachen, die innerstaatlich durch Verwaltungsverordnungen umgesetzt werden können, kann sie das ohne Mitwirkung des Parlamentes tun. Diese Fälle häufen sich, denn immer mehr Entscheidungen dieser Art werden auf internationaler Ebene getroffen.

Und auch in den Fällen, in denen das Parlament zustimmen muss, ist das oft nur eine Formsache. Ein Beispiel hierfür sind die ratifizierungsbedürftigen Entscheidungen der

EU. Meist segnen die Parlamente der 27 Mitgliedstaaten die vom Ministerrat getroffenen Beschlüsse anstandslos ab. Nur wenn Volksentscheide notwendig sind, lässt sich von einer wirksamen institutionellen Kontrolle sprechen.

An ihr scheiterte die Annahme des Vertrages über eine Verfassung für Europa im Jahre 2004. Sowohl in Frankreich wie auch in den Niederlanden wurde der Vertrag in Volksbefragungen abgelehnt. Daraufhin einigten sich die europäischen Staats- und Regierungschefs auf einen neuen Text, den Vertrag von Lissabon, der die wesentlichen Bestimmungen der gescheiterten Verfassung enthält. Ein erneutes französisches oder niederländisches Referendum fand nicht statt. Daher wurde der Vertrag von Lissabon von allen Mitgliedstaaten ratifiziert und konnte am 1. Dezember 2009 in Kraft treten. In der Tat besitzen die Regierungen demokratischer Staaten im Bereich der Außenpolitik und internationalen Zusammenarbeit eine Machtfülle, die an vordemokratische Zeiten erinnert.

3.6.2 Demokratie und die UNO

Seit dem Zweiten Weltkrieg gibt es eine Organisation, in der fast alle Staaten der Welt zusammenarbeiten. Sie ist die UNO, die auf eine Initiative der USA zurückgeht. Als älteste Demokratie der Welt waren die USA darauf bedacht, diese Organisationen in einer Weise zu gestalten, die den Prinzipien der Demokratie entspricht. Es gibt eine Art Gewaltenteilung zwischen Generalversammlung, Sicherheitsrat und dem internationalen Gerichtshof, und es werden bestimmte Grundrechte anerkannt. Es gelten das Mehrheitsprinzip und das Prinzip der Gleichberechtigung aller Staaten.

Bei Abstimmungen verfügt jeder Staat über eine Stimme. Die Folge ist, dass ein Staat wie Tuvalu mit etwa 11.000

Einwohnern bei Abstimmungen in der Generalversammlung der UNO ebenso viel Gewicht hat wie die Volksrepublik China mit etwa 1,4 Mrd. Menschen. Das erscheint absurd, ist aber unerheblich, weil die Generalversammlung ohnehin kaum Entscheidungen treffen kann, die spürbare Folgen haben.

Das kann dagegen der Sicherheitsrat der UNO. Er besteht aus fünf ständigen und zehn nichtständigen Mitgliedern. Jedes Jahr wird die Hälfte der nichtständigen Mitglieder durch die Generalversammlung für zwei Jahre neu gewählt. Auch im Sicherheitsrat wird abgestimmt. Doch haben die fünf ständigen Mitglieder dort ein Vetorecht. Das widerspricht dem Prinzip der Gleichheit.

Da es sich bei der Ausübung des Vetorechts im Sicherheitsrat der UNO um Entscheidungen im Bereich der Außenpolitik handelt, haben die Regierungen der fünf ständigen Mitglieder des Sicherheitsrates praktisch freie Hand, zu entscheiden, wie sie von ihrem Vetorecht Gebrauch machen. Tun sie das, üben sie mehr Macht aus als ein absoluter Monarch wie Ludwig XIV. je hatte.

Ähnlich undemokratisch sieht es in den spezialisierten Organisationen der UNO aus, vor allem der Weltbank und dem Internationalen Währungsfonds. Dort hängen die Stimmrechte von der Größe der Einlagen und Anteile der einzelnen Mitgliedstaaten ab. Damit haben sich die USA einen wesentlichen Einfluss auf die Aktivitäten dieser Organisationen gesichert. Die älteste Demokratie der Neuzeit, die USA, hat eine Weltordnung geschaffen, die undemokratisch ist, weil sie die Völker fremder Staaten einer Macht ausliefert, die sie nicht kontrollieren können.

3.6.3 Das Selbstbestimmungsrecht der Völker

Die Charta die UNO enthält kein explizites Bekenntnis zur Demokratie. Zumindest aber wird das Recht auf Selbstbestimmung der Völker in den Artikeln 1, 2 und 55 erwähnt. Dieses Recht wird ebenfalls im Internationalen Pakt über bürgerliche und politische Rechte und im Internationalen Pakt über wirtschaftliche, soziale und kulturelle Rechte von 1966 anerkannt.

Das Selbstbestimmungsrecht der Völker beruht auf dem Prinzip der staatlichen Souveränität. Sie begründet die Unabhängigkeit eines Staates von anderen Staaten (Souveränität nach außen) und die freie Wahl der eigenen Staatsform (Souveränität nach innen). Letztere entspricht der Volkssouveränität. Sie umfasst das Selbstbestimmungsrecht das Recht eines Volkes, selbst über seine Staats- und Regierungsform und seine wirtschaftliche, soziale und kulturelle Entwicklung zu entscheiden. Das erlaubt jedoch nur eine einzige Staatsform, nämlich die Demokratie. Implizit enthält das Selbstbestimmungsrecht der Völker also ein Bekenntnis zu demokratischen Grundsätzen. Das bringt das bereits erwähnte Urteil des Bundesverfassungsgerichtes aus dem Jahre 1952 klar zum Ausdruck:

> „Freiheitliche demokratische Grundordnung im Sinne des Art. 21 II GG ist eine Ordnung, die unter Ausschluss jeglicher Gewalt und Willkürherrschaft eine rechtsstaatliche Herrschaftsordnung auf der Grundlage der Selbstbestimmung des Volkes nach dem Willen der jeweiligen Mehrheit und der Freiheit und Gleichheit darstellt."[8]

---

[8] BVerfGE 2, 1.

Das Selbstbestimmungsrecht der Völker erlaubt es dem Volk eines Staates, sich in freier Willensentscheidung einem anderen Staat anzuschließen. Dagegen erlaubt es nach herrschender Meinung nicht einem Teil des Staatsgebietes, aus einem bestehenden Staatsverband auszuscheiden.[9] Offenbar hat das Recht der Selbstbestimmung der Völker hier seine Grenze.

Diese Erfahrung mussten die Staaten des Südens der USA machen, als sie sich im Jahre 1860 zu einer Konföderation zusammenschlossen und aus der Union ausschieden. Der Norden hinderte sie daran unter Berufung darauf, dass die Union ein Bündnis darstelle, das für alle Zeiten geschlossen worden war – ein Argument, das der Ewigkeitsklausel entspricht. Dem Norden gelang es, in einer blutigen militärischen Auseinandersetzung die Spaltung zu vermeiden. Damit war ein für alle Mal klargestellt: Das Selbstbestimmungsrecht der Völker schließt das Recht auf Abspaltung nicht mit ein.

Das hat auch die spanische Regierung in jüngster Zeit noch einmal unterstrichen, als es in Katalonien Bestrebungen gab, die Unabhängigkeit von Spanien zu erlangen. Zwar wurden die Katalanen in Anwendung demokratischer Prinzipien dazu befragt. Doch kamen diejenigen, die diese Befragung organisiert hatten, ins Gefängnis, denn nach spanischem Recht ist eine solche Initiative strafbar.

Das Prinzip der territorialen Unverletzlichkeit hat auch in Demokratien Vorrang vor dem Recht auf Selbstbestimmung der Völker. Dieser Vorrang ist ein Relikt aus vordemokratischen Zeiten. Früher betrachteten Monarchen ihr Staatsgebiet als ihr Eigentum. Von einer ähnlichen Überlegung ließ sich der Norden der USA während des Bürgerkrieges leiten. Hätte er ihn verloren, so hätte er damit den Süden als Markt für den Absatz der Produkte verloren,

---

[9] https://de.wikipedia.org/wiki/Selbstbestimmungsrecht_der_Völker.

die er im Zuge der Industrialisierung in immer größerer Menge herstellte. Die Unnachgiebigkeit der spanischen Regierung gegenüber den Autonomiebestrebungen Kataloniens hat gewiss auch damit etwas zu tun, dass diese Provinz die reichste des Landes ist und mehr als alle anderen zum gemeinsamen Haushalt beiträgt.

3.6.4 Universelle Menschenrechte

Die Charta der Vereinten Nationen wurde bereits 1948 ergänzt durch eine – rechtlich nicht verbindliche – „Universelle Deklaration der Menschenrechte". Sie enthält alle wesentlichen Grundrechte, die zu einer freiheitlichen demokratischen Grundordnung gehören. Eine Verpflichtung der Vertragsstaaten zur Einhaltung dieser Rechte besteht seit dem Inkrafttreten der Menschenrechtspakte der Vereinten Nationen im Jahre 1977. Sie garantieren Individualrechte, die Menschen gegen staatliche Übergriffe schützen und die Voraussetzungen für ein menschenwürdiges Leben sichern sollen. Mittelbar schreiben die Menschenrechtspakte eine demokratische Verfassung vor.

Gleichzeitig bedeuten sie jedoch eine Einschränkung des Selbstbestimmungsrechts der Völker und der Volkssouveränität, denn sie lassen keine abweichenden Regelungen zu. Das wird damit begründet, dass die in ihnen anerkannten Werte vorstaatliche und universelle Gültigkeit haben. Gäbe es solche Rechte, so wären sie nicht nur universell, sondern auch ewig. Daran bestehen insofern Zweifel, als die Vorstellung des Bestehens solcher Rechte nur ein paar Jahrhunderte, ihre vertragliche Formulierung erst ein paar Jahrzehnte alt ist.

Auch in den Staaten, die sich vorbehaltslos zu den Menschenrechten bekennen, gibt es Diskussionen über ihren Geltungsbereich, zum Beispiel im Zusammenhang mit der Abtreibung. In den USA wird immer noch die Todesstrafe angewandt. Nach Auffassung aller anderen westlichen Demokratien widerspricht das den Menschenrechten. Allerdings sind auch einige dieser Staaten erst vor wenigen Jahren zu dieser Überzeugung gelangt. Das zeigt, dass man recht verschiedener Meinung darüber sein kann, was eigentlich zu den universellen Menschenrechten gehört. Daher verbietet es sich, sie anderen vorzuschreiben.

3.6.5 Demokratie und die EU

Wir alle sind nicht nur Bürger der Bundesrepublik Deutschland, sondern auch der Europäischen Union. Die EU ist eine supranationale Organisation, an die die Mitgliedstaaten bestimmte souveräne Rechte übertragen haben, die sie in den Institutionen der EU gemeinsam ausüben.[10] Ihre Befugnisse reichen sowohl in den Bereich der Innenpolitik wie auch der Außenpolitik.[11] Das wirft die Frage auf, ob die Arbeit der EU demokratischen Prinzipien entspricht.

Dieser Frage sind amerikanische Politologen zur Jahrtausendwende nachgegangen. Sie kamen zu dem Schluss, dass demokratische Prinzipien in der Arbeitsweise der EU nicht genügend berücksichtigt werden. Sie meinten, ein „Demokratiedefizit" entdeckt zu haben. Dabei machten sie den Fehler, die EU an den Kriterien eines Bundesstaates zu messen, der sie nicht ist. Andere sahen kein Demokratiedefizit, weil sie in der EU eine „normale" internationale Organisa-

---

[10] Grundlage dafür sind die Artikel 23 Absatz 1 Satz 2 und Artikel 24 des Grundgesetzes.
[11] Manche Beobachter sehen darin eine Aufgabe der Souveränität. Das trifft nicht zu. Nur souveräne Staaten können die Pflichten auf sich nehmen, die eine Mitgliedschaft in der EU mit sich bringt. Sie bedeutet eine Verpflichtung zur Ausübung ihrer Macht nach Regeln, auf die man sich zuvor geeinigt hat.

3 Die Grenzen der repräsentativen Demokratie 71

tion sahen[12] – die sie auch nicht ist. Mitunter wird auch hierzulande die EU als undemokratisch hingestellt, indem gesagt wird, „Brüssel habe dies oder jenes entschieden". Nicht Brüssel entscheidet, sondern *in* Brüssel wird entschieden, und zwar durch die Institutionen der EU.

Entscheiden kann im Grunde nur der Ministerrat. In ihm treffen sich Vertreter der Regierungen der Mitgliedstaaten. Im Ministerrat wird in der Regel Einstimmigkeit angestrebt, auch wenn sie nicht erforderlich ist. Zu bestimmten Fragen können Beschlüsse auch von einer qualifizierten Mehrheit gefasst werden. Dafür ist eine „doppelte Mehrheit" erforderlich, nämlich die Mehrheit der Mitgliedstaaten und die Mehrheit der Bevölkerung der Union. Es müssen mindestens 55 % der Mitglieder des Rates (das heißt 15 Mitgliedstaaten) einen Beschluss unterstützen und diese 15 Mitgliedstaaten müssen mindestens 65 % der gesamten Bevölkerung der EU repräsentieren. Um einen Beschluss zu verhindern, sind mindestens 4 Mitgliedstaaten erforderlich, die zusammen mindestens 35 % der EU-Gesamtbevölkerung stellen. Mehrheitsentscheidungen im Ministerrat der EU sind ebenso demokratisch wie Mehrheitsentscheidungen in einer Länderkammer wie der Bundesrat.

Entscheidungen des Ministerrates, die die Wirkung von Gesetzen haben, müssen vom Europäischen Parlament bestätigt werden. Dessen Mitglieder werden von den Staatsbürgern aller Mitgliedstaaten unmittelbar gewählt. Es besteht also kein Zweifel an der demokratischen Legitimation dieser Institution.

In bestimmten Bereichen kann auch die Europäische Kommission Verordnungen erlassen und Entscheidungen treffen. Diese Befugnisse entsprechen denen der Verwaltung

---

[12] Moravcsik, Andrew, *The choice for Europe: Social purpose and state power from Messina to Maastricht*, 2013.

eines Mitgliedstaates. Auch insofern besteht kein Grund für die Annahme eines „Demokratiedefizits".

3.6.6 Demokratie und die NATO

Die gleichen Fragen, die hinsichtlich der Berücksichtigung demokratischer Grundsätze im Zusammenhang mit der Arbeit der EU gestellt werden, stellen sich auch im Zusammenhang mit der NATO.

Auf ihrer Homepage stellt sich die NATO selbst als „politische und militärische Allianz" vor.[13] In der Tat ist sie beides. Die NATO ist ein Militärbündnis, mit dem sich die Vertragsstaaten im Falle eines militärischen Angriffes durch einen anderen Staat gegenseitigen Beistand zusichern. Gleichzeitig ist sie eine zwischenstaatliche Organisation, innerhalb der die Mitgliedstaaten politisch zusammenarbeiten. Doch haben sie der NATO – anders als die Mitgliedstaaten der EU – keine Hoheitsrechte übertragen. In rechtlicher Hinsicht haben sie ihre volle Souveränität und Unabhängigkeit behalten. Die NATO ist in diesem Sinne eine „normale" internationale Organisation.

Gleichwohl räumt ihr das Grundgesetz eine Sonderstellung ein. Artikel 24 Absatz 2 besagt:

> „Der Bund kann sich zur Wahrung des Friedens einem System gegenseitiger kollektiver Sicherheit einordnen; er wird hierbei in die Beschränkungen seiner Hoheitsrechte einwilligen, die eine friedliche und dauerhafte Ordnung in Europa und zwischen den Völkern der Welt herbeiführen und sichern."

---

[13] https://www.nato.int/nato-welcome/index.html.

Zwar sind der NATO keine Hoheitsrechte übertragen worden, doch wird die Beschränkung dieser Rechte grundsätzlich gestattet.

Die NATO hat mehr Mitgliedstaaten – nämlich 32 – als die EU, die nur 27 hat. Dennoch gelingt es der NATO, mehr und weiter reichende außenpolitische Entscheidungen zu treffen als der EU, an die die Mitgliedstaaten immerhin einen Teil ihrer Souveränität übertragen haben. Dabei folgt die NATO im Wesentlichen den Vorgaben der USA. Das erklärt sich aus der Struktur des Bündnisses, das keineswegs eine Gemeinschaft gleichberechtigter Staaten ist. Vielmehr nehmen die USA in der NATO eine Position ein, die dem Verhältnis der militärischen Kräfte der Partner entspricht. So wurden zum Beispiel die Waffenlieferungen an die Ukraine nicht von der NATO, sondern von den USA im Rahmen der sogenannten Ramstein-Unterstützungsgruppe koordiniert.[14]

Wo es den USA gelingt, ihren Verbündeten im Bereich der Verteidigungs- und Sicherheitspolitik Vorschriften zu machen, haben diese Staaten faktisch ihre Souveränität verloren – und ihre Bevölkerung die Möglichkeit einer Beteiligung an der Ausübung der Macht. Wenn es also irgendwo ein demokratisches Defizit gibt, dann in der NATO. Doch wird dies kaum zur Kenntnis genommen.

3.7 Demokratie und Krieg

Manche Autoren sind der Ansicht, Demokratien seien weniger geneigt, Kriege zu beginnen, als autoritäre Regime es sind.[15] Diese Ansicht beruht auf der Annahme, dass die für

---

[14] Bayern 2 Nachrichten, 03.04.2024 09:00 Uhr.
[15] https://www.pm-wissen.com/richtig-oder-falsch/a/demokratien-fuehrten-keine-kriege-gegeneinander/5011/.

eine Demokratie typischen institutionellen Kontrollen eine Entscheidung für einen Krieg verhindern oder zumindest erschweren. Wenn eine Regierung, die plant, ein anderes Land anzugreifen, dafür das Einverständnis des Parlamentes braucht, dürfte sich in der Tat nur schwer eine Mehrheit dafür finden. Es wäre also zu erwarten, dass Demokratien keine Kriege vom Zaun brechen. Bedauerlicherweise ist das nicht der Fall. Kriege werden auch von demokratischen Staaten begonnen.

3.8 Zusammenfassung

Wie in Kap. 2 erläutert, ist eine repräsentative Demokratie schon in ihrer Anlage weniger demokratisch, als es den Anschein hat. Wie hier näher dargelegt, trifft auch ihre praktische Anwendung auf Grenzen. Eine Grenze ergibt sich daraus, dass Abgeordnete und Minister Entscheidungen treffen können, ohne an Weisungen gebunden zu sein. Zudem erfolgt die Repräsentation des Volkes durch die Verfassungsorgane in vielen Fällen nur mittelbar. Eine weitere Grenze ergibt sich daraus, dass Regierungsgeschäfte geheim gehalten werden können. Schließlich stößt die repräsentative Demokratie dort an eine Grenze, wo eine politische Ansicht oder Forderung von keiner Partei vertreten wird.

Auch die institutionellen Kontrollen haben Grenzen. Weil die Regierung in weiten Bereichen der Außenpolitik von der Kontrolle des Parlaments unabhängig ist, können hier Ausnahmen von der Anwendung demokratischer Prinzipien gemacht werden. Gleiches gilt für Ausnahmesituationen wie den Notstand oder Krieg. Zusammenfassend lässt sich sagen. *Eine repräsentative Demokratie bietet nicht die Gewähr einer demokratischen Repräsentation.*

4

Demokratie und Good governance

Inhaltsverzeichnis

4.1 Die Erfordernisse einer guten Regierungsführung 76
4.2 Partizipation 78
    4.2.1 Mangelnde Partizipation 78
    4.2.2 Wahlkampfspenden 79
    4.2.3 Parteispenden 80
    4.2.4 Privatinitiativen 80
    4.2.5 Lobbying 81
    4.2.6 Der außenparlamentarische Konsens 82
4.3 Transparenz 84
    4.3.1 Die Coronapandemie 85
    4.3.2 Der Militäreinsatz in Afghanistan 86
    4.3.3 Der Anschlag auf die Nord-Stream-Pipelines 87
4.4 Rechtsstaatlichkeit 89
    4.4.1 Die Flüchtlingskrise 89
    4.4.2 Die strafrechtliche Kontrolle der Volksvertreter 91

4.5 Kompetenz 93
    4.5.1   Der mündige Bürger 93
    4.5.2   Die Kompetenz der Volksvertreter 94
4.6 Verantwortlichkeit 96
    4.6.1   Kurzfristigkeit 96
    4.6.2   Korruption 98
4.7 Effizienz 100
    4.7.1   Die Effizienz gesetzlicher Maßnahmen 100
    4.7.2   Effizienz in der Verwaltung 101
4.8 Gerechtigkeit 102
4.9 Zusammenfassung 103

Eine „Herrschaft des Volkes" verlangt die Beachtung demokratischer Prinzipien in der politischen Praxis. Das betrifft einerseits die Frage, *wie* Politik gemacht werden soll, und andererseits die Frage, *welche* Politik gemacht werden soll. Einer der ersten Versuche, dies näher zu bestimmen, wurde Anfang der 1990er-Jahre von der Regierung der USA, der Weltbank und dem Internationalen Währungsfonds unternommen. Die Idee wurde von mehreren anderen Organisationen aufgegriffen. Auf diese Weise entstand eine Liste der „Prinzipien der guten Regierungsführung" (engl.: *Good Governance*). Sie hat seitdem viele Nachahmer gefunden.

4.1 Die Erfordernisse einer guten Regierungsführung

Eine ausführliche Definition der „verantwortungsvollen Staatsführung" findet sich in Artikel 9 Absatz 3 des AKP-EG-Partnerschaftsabkommen von Cotonou aus dem Jahre 2000:

> „In einem politischen und institutionellen Umfeld, in dem die Menschenrechte, die demokratischen Grundsätze und das Rechtsstaatsprinzip geachtet werden, ist verantwor-

tungsvolle Staatsführung die transparente und verantwortungsbewusste Verwaltung der menschlichen, natürlichen, wirtschaftlichen und finanziellen Ressourcen und ihr Einsatz für eine ausgewogene und nachhaltige Entwicklung. Sie beinhaltet klare Beschlussfassungsverfahren für Behörden, transparente und verantwortungsvolle Institutionen, den Vorrang des Gesetzes bei der Verwaltung und Verteilung der Ressourcen und Qualifizierung zur Ausarbeitung und Durchführung von Maßnahmen insbesondere zur Verhinderung und Bekämpfung der Korruption."[1]

Andere Definitionen stimmen im Wesentlichen mit dieser überein. In der Regel werden an eine gute Regierungsführung folgende Anforderungen gestellt:

- Partizipation,
- Transparenz,
- Rechtsstaatlichkeit,
- Kompetenz,
- Verantwortlichkeit,
- Effizienz und
- Gerechtigkeit.

Diese Kriterien sind recht verschiedener Natur. Die ersten beiden – Partizipation und Transparenz – sind Voraussetzungen für eine Beteiligung des Volkes an der Ausübung der Macht im Staate. Ohne sie gibt es keine Demokratie. Das dritte Erfordernis – Rechtsstaatlichkeit – setzt wirksame institutionelle Kontrollen voraus. Auch hier gilt: Ohne sie gibt es keine Demokratie. Die nächsten beiden Erfordernisse – Kompetenz und Verantwortlichkeit – verlangen, dass die Regierenden fachkundig sind und gewissenhaft handeln. Sie betreffen die Art des Regierens. Die

---

[1] https://eur-lex.europa.eu/legal-content/DE/TXT/?uri=celex%3A22000A1215%2801%29.

letzten beiden Kriterien beziehen sich auf die Ergebnisse der Regierungsführung. Effizienz betrachtet das Verhältnis zwischen Aufwand und Erreichtem. Nur das Erfordernis von Gerechtigkeit ist eine *inhaltliche* politische Vorgabe.

Die Frage, die hier untersucht werden soll, ist, ob und wie weit es repräsentativen Demokratien gelingt, diese Erfordernisse zu erfüllen.

4.2 Partizipation

4.2.1 Mangelnde Partizipation

Partizipation bedeutet eine Beteiligung des Volkes an der Macht im Staat. Doch kann sich die Mehrheit der Wähler nicht sicher sein, dass die von ihr gewählten Amtsträger sie so vertreten, wie sie es wünscht. Denn Volksvertreter sind nicht an den Willen der Wähler gebunden. Sie können Entscheidungen treffen, die davon abweichen. Tun sie das, so bedeutet dies im materiellen Sinne einen Mangel an Partizipation.

Wie weit er in der Praxis geht, hängt in erster Linie davon ab, wie sehr sich Abgeordnete denen gegenüber verpflichtet fühlen, die sie gewählt haben. Offenbar wird diese Verpflichtung von vielen Volksvertretern kaum ernst genommen. Zwar sprechen Politiker nach Wahlen gern vom „Auftrag des Wählers zur Regierungsbildung", doch ist von einem „Auftrag des Wählers zu einer *bestimmten* Regierungsführung" nie die Rede. Wahlversprechen werden oft vergessen und nicht selten missachtet. Das hat für den betreffenden Volksvertreter in der Regel keine Konsequenzen – zumindest bis zur nächsten Wahl.

Mitunter wird es nicht einmal bemerkt. Nur wenige Wahlversprechen sind konkret und eindeutig. Die Programme von Parteien nehmen gewöhnlich zu einer Vielzahl von Fragen Stellung. Kaum ein Wähler wird mit jedem einzelnen Vorschlag des Kandidaten oder der Partei einverstanden sein, für den bzw. für die er seine Stimme abgibt. Kein Wähler macht sich die Mühe, die Position jeder Partei zu jeder Frage zu kennen. Was die Mehrheit der Bevölkerung über Einzelfragen denkt, lassen Wahlen nicht erkennen. Daher lässt sich meist nur schwer sagen, ob und wie weit Volksvertreter im Einzelfall davon abweichen.

Letztlich bestimmen Wahlen nur die Amtsträger, nicht aber die Politik. Weichen Amtsträger vom Willen der Mehrheit der Wähler ab, vertreten sie zwar das Volk, aber nur im formalen Sinne. Entscheiden sie anders, als die Mehrheit der Bevölkerung es wünscht, wird die Partizipation zu einer Fiktion.

4.2.2 Wahlkampfspenden

Nicht nur ein Mangel an Partizipation kann ein Problem sein. Partizipation kann auch zu weit gehen. In der Tat erlauben Demokratien Bürgern, über ihre Teilnahme an Wahlen hinaus Einfluss auf die Ausübung der Macht im Staat zu nehmen. Die wirksamsten Mittel sind Wahlkampfspenden, Parteispenden und Lobbying.

Wahlkampfspenden sind mit dem Gebot freier und *gleicher* Wahlen kaum vereinbar. Menschen, denen es gelingt, durch Spenden Wähler für den von ihnen bevorzugten Kandidaten zu gewinnen, verfügen faktisch über mehr als eine Stimme. Die Zulässigkeit von Wahlkampfspenden ist eine der größten Schwächen der repräsentativen Demokratie. Je weiter sie geht, umso weniger Legitimität können Wahlen staatlichem Handeln verleihen – und umso weniger demokratisch ist es.

4.2.3 Parteispenden

Ähnliches lässt sich von Parteispenden zu sagen. In Deutschland dürfen sowohl natürliche als auch juristische Personen Parteispenden in unbegrenzter Höhe zahlen.[2] Es gibt lediglich gewisse Offenlegungspflichten, die für ein Minimum an Transparenz sorgen sollen. Einer der großzügigsten Spender ist die Deutsche Vermögensberatung AG, die im Jahre 2024 insgesamt 1.250.000 € spendete – an *fünf verschiedene* Parteien.[3] Offenbar geht es weniger darum, einer bestimmten Partei zum Sieg zu verhelfen, als vielmehr darum, gute Beziehungen zu allen herzustellen.

Nicht der Offenlegungspflicht unterliegt das sogenannte „Parteiensponsoring". Es besteht darin, gegen Entgelt bestimmte Vergünstigungen – zum Beispiel einen Platz neben einem prominenten Politiker – zu erhalten. Für Unternehmen sind diese Ausgaben in der Regel steuerlich absetzbar.

Repräsentative Demokratien bieten die – legale – Möglichkeit, durch Spenden mehr Einfluss auf die Politik zu nehmen, als es andere tun können. Das ist in Bezug auf das Verfahren undemokratisch. Hat es zur Folge, dass in der Politik Minderheitsinteressen Vorrang vor den Interessen der Mehrheit erhalten, ist es auch inhaltlich undemokratisch.

4.2.4 Privatinitiativen

Mitunter versuchen Privatinitiativen gezielt auf bestimmte politische Entscheidungen Einfluss zu nehmen. Nicht selten agieren sie unerkannt, indem sie private Unternehmen

---

[2] https://lobbypedia.de/wiki/Parteispenden.
[3] https://donation.watch/de/germany/2024/donors.

damit beauftragen, Wähler gezielt anzusprechen. Dabei wird die Botschaft am Profil derjenigen ausgerichtet, die sie anspricht. Dieses Profil wird durch eine Sammlung persönlicher Daten erstellt, die durch die Teilnahme der Betroffenen an den sozialen Netzwerken oder anhand der Benutzung des Internets gesammelt werden – was mitunter auch den Datenschutz verletzt.

Die Wirksamkeit dieser Methoden zeigte sich im Zusammenhang mit dem Referendum, das im Vereinigten Königreich über den Austritt des Landes aus der Europäischen Union abgehalten wurde. Ein von den Befürwortern des Brexit bezahltes Unternehmen namens *Cambridge Analytica* trug entscheidend zu dem Wunschergebnis seiner Auftraggeber bei.[4] Daher fehlt dem Volksentscheid über den Brexit letztlich die Legitimität. Das ist angesichts seiner Folgeschwere eine fatale Erkenntnis.

4.2.5 Lobbying

Eine andere, weit verbreitete Form der ungebührlichen Einflussnahme ist Lobbying. Lobbyisten sind bemüht, im Interesse ihrer Auftraggeber Einfluss auf politische Entscheidungen zu nehmen.[5] Um dies zu erreichen, bieten sie an, Entscheidungsträgern gefällig zu sein. Eigentlich ist es erstaunlich, dass so etwas erlaubt ist. Entscheiden Volksvertreter weder nach dem Willen der Mehrheit noch nach ihrem eigenen Urteil, sondern unter dem Einfluss von Lobbyisten, handelt es sich um eine milde Form der Korruption.

Man schätzt, dass in Deutschland 5000 Menschen hauptberuflich als Lobbyisten tätig sind. In Brüssel sind es

---

[4] Einer der einflussreichsten war der amerikanische Multimilliardär Robert Leroy Mercer.
[5] Ich habe viele Jahre in der Generaldirektion für Handel der Europäischen Kommission gearbeitet und dort erfahren, was Lobbying in der Praxis bedeutet.

etwa 12.500.[6] Insgesamt investieren die größten zehn Unternehmen mehr als 42 Mio. Euro in die Tätigkeit von Lobbyisten.[7]

Die Schwierigkeit, dem Lobbying Grenzen zu setzen, wurde deutlich während der Diskussion um die Einführung eines Lobbyregisters. Es stieß auf erheblichen Widerstand seitens vieler Volksvertreter. Wer ein solches Register ablehnt, erregt den Verdacht, aus der Arbeit von Lobbyisten mehr Nutzen zu ziehen, als erlaubt ist. Es gibt in der Tat gute Gründe für die Annahme, dass viele Politiker eben das tun. Deshalb gibt es auch gute Gründe für die Annahme, dass eine Politik ohne den Einfluss von Lobbyisten demokratischer wäre.

4.2.6 Der außenparlamentarische Konsens

Mitunter werden politische Entscheidungen getroffen, die die Gesellschaft als ganze betreffen, ohne dass sie in irgendeiner Weise daran beteiligt ist. Diese Möglichkeit bieten private Treffen von Vertretern der Wirtschaft, der Politik, des Militärs, der Medien, der Hochschulen und der Geheimdienste. Zweck dieser Treffen ist nicht, formale Beschlüsse oder verbindliche Entscheidungen zu treffen. Vielmehr geht es darum, durch einen Gedankenaustausch einen Konsens über grundsätzliche Fragen der Wirtschaft und Politik herzustellen.

---

[6] BR24 Nachrichten, 16.04.2024, 20:00 Uhr *„Lobbyisten können noch immer unbemerkt auf EU-Gesetzgeber Einfluss nehmen. Das geht aus einem Bericht des Europäischen Rechnungshof hervor, der heute veröffentlicht wird. Demnach weist das eigens geschaffene Transparenzregister zu viele blinde Flecken und Umgehungsmöglichkeiten auf. So kritisieren die Prüfer, dass sich Lobbyisten nur für Treffen mit den ranghöchsten Mitarbeitern anmelden müssen, nicht aber für Gespräche mit untergeordneten Beamten. Spontane Begegnungen, Telefonate oder E-Mails müssten gar nicht dokumentiert werden. Im Transparenzregister der EU sind aktuell rund 12.500 Lobbyisten verzeichnet."*
[7] Bayern 2 Nachrichten, 03.01.2023 08:00 Uhr.

4 Demokratie und Good governance

Einmal im Jahr wird dieser Konsens festlich und feierlich besiegelt, und zwar beim Treffen des Weltwirtschaftsforums (World Economic Forum, WEF) in Davos. Das WEF ist eine in der Schweiz ansässige Stiftung und Lobbyorganisation, die es sich zur Aufgabe gestellt hat, „den Zustand der Welt zu verbessern". Zu diesem Zwecke werden seit 1971 alljährlich Treffen mit Firmenchefs, Wirtschaftsexperten, Politiker, Wissenschaftlern und Journalisten veranstaltet. Kritische Medien erhalten keinen Zugang.

Dem WEF gehören rund 1000 Unternehmen an, von denen die meisten einen Jahresumsatz von mehr als fünf Milliarden US-Dollar haben. Sie sind typischerweise Marktführer mit einem erheblichen Einfluss auf die Gestaltung der Zukunft ihrer Branche oder Region – und damit mittelbar auch auf die gesellschaftliche Entwicklung. Das WEF war und ist einer der wichtigsten Unterstützer der Globalisierung.[8] Ihm wird vorgeworfen, die Interessen einer wohlhabenden Elite zu vertreten.

Dem WEF fehlt jegliche demokratische Legitimation. Ob das, was es als „Verbesserung des Zustands der Welt" ansieht, dies auch nach Ansicht der Mehrheit ist, ist mehr als fraglich. Natürlich ist das Volk bei den Treffen in Davos durch Abgeordnete und Regierungsmitglieder vertreten. Doch treffen sie sich dort auf Augenhöhe mit Vertretern von Partikularinteressen. Zwar können letztere Regierungsvertretern keine Anweisungen erteilen. Sie können aber darlegen, was nach ihrer Ansicht die beste Politik wäre. Das nehmen Regierungsvertreter nicht nur gern zur Kenntnis. Oft richten sie sich auch danach.

---

[8] Ich hatte im Jahre 1991 Gelegenheit, mich als Teilnehmer des Forums davon zu überzeugen.

4.3 Transparenz

Ein weiteres Erfordernis guter Regierungsführung ist Transparenz. Um sich an der Ausübung der Macht im Staat beteiligen zu können, müssen Bürger in der Lage sein, die fraglichen Zusammenhänge zu verstehen und die Tragweite der einen oder anderen Entscheidung abzuschätzen. Das wiederum setzt voraus, dass sie über alle relevanten Informationen verfügen. Transparenz ist also eine Voraussetzung für demokratisches Regieren. Das wird auch vom Europarat anerkannt. Sie wird als eines der *„Zwölf Prinzipien einer guten, demokratischen Regierungsführung auf lokaler Ebene"* folgendermaßen definiert:

> „Es gibt einen öffentlichen Zugang zu allen Informationen, die nicht aus berechtigten und gesetzlich festgelegten Gründen der Geheimhaltung unterliegen (wie z. B. im Hinblick auf Datenschutz oder zur Sicherstellung der Fairness von Vergabeverfahren). Informationen über Entscheidungen, Umsetzungen von politischen Maßnahmen und Ergebnisse werden auf eine Weise öffentlich zugänglich gemacht, die es ermöglicht, diesen effektiv zu folgen."[9]

Dieses Erfordernis ist keineswegs immer erfüllt. Nicht selten verbergen Regierungen Informationen vor der Öffentlichkeit. Das fällt nicht auf, wenn es um Aktionen geht, deren Existenz geheim gehalten wird. Das ist dagegen schwieriger, wenn es um Fragen geht, die von der Bevölkerung gestellt werden.

---

[9] Bayern 2 Nachrichten, 12.03.2025 22:00 Uhr: *„FDP-Vizechef Kubicki machte der damaligen Regierung schwere Vorwürfe. Diese habe die deutsche Öffentlichkeit und das Parlament nachweislich im Ungewissen gelassen."*

4.3.1 Die Coronapandemie

Eine derartige Frage wurde der bayrischen Staatsregierung gestellt. Drei Jahre nach der Coronapandemie wurde sie aufgefordert, *„die einschlägigen Akten des Kabinetts, des Gesundheitsministeriums und des Landesamts für Gesundheit und Lebensmittelsicherheit offenzulegen."* Doch lehnte sie das strikt ab.[10]

Offenbar hatte der Bundesnachrichtendienst schon im Jahre 2020 Hinweise darauf, dass das Corona-Virus in einem Labor in China entstanden war und sich durch einen Unfall verbreitet hatte. Das Labor soll angeblich riskante Experimente durchgeführt und dabei gegen Sicherheitsvorschriften verstoßen haben. Darüber hatte der Chef des Bundesnachrichtendienstes Bruno Kahl seinerzeit das Kanzleramt persönlich informiert. Doch entschied die damalige Bundeskanzlerin Angela Merkel, die Sache unter Verschluss zu halten.[11]

Den Antrag eines Presseverlages, den Bundesnachrichtendienst im Wege der einstweiligen Anordnung zu verpflichten, ihm diesbezüglich Auskünfte zu erteilen, hat das Bundesverwaltungsgericht im April 2025 abgelehnt. In der Begründung heißt es, dass

> „…die Auskünfte die auswärtigen Interessen der Bundesrepublik Deutschland beeinträchtigen können… Eine Auskunftserteilung könne auch in wirtschaftlicher und politischer Hinsicht erhebliche Auswirkungen auf die diplomatischen Beziehungen zur Volksrepublik China und damit auf auswärtige Belange der Bundesrepublik Deutschland haben." [12]

---

[10] https://www.sueddeutsche.de/bayern/corona-massnahmen-dokumente-transparenz-offenlegung-kritik-soeder.
[11] https://rm.coe.int/0900001680687bdf.
[12] https://www.bverwg.de/pm/2025/31.

Was die auswärtigen Interessen und Belange der Bundesrepublik Deutschland sind, muss der Wähler entscheiden. Dafür muss er über alle wichtigen Informationen verfügen, einschließlich derer, die die Beziehungen zu anderen Staaten beeinträchtigen können. Doch liegt es weitgehend im Ermessen der Amtsträger, zu entscheiden, was sie offenlegen und was sie geheim halten wollen. Daher kann eine repräsentative Demokratie nicht den Grad an Transparenz gewährleisten, der nötig ist, um ihre Mission zu erfüllen.[13]

4.3.2 Der Militäreinsatz in Afghanistan

Das wurde besonders deutlich im Zusammenhang mit dem Militäreinsatz in Afghanistan. Nach dem Rückzug der Bundeswehr aus Afghanistan im August 2021 hat der Bundestag eine Enquete-Kommission eingesetzt, die *„das gesamte deutsche außen-, sicherheits- und entwicklungspolitische Handeln in Afghanistan zwischen 2001 und 2021 aufarbeiten und Lehren für das künftige vernetzte Engagement in der Außen- und Sicherheitspolitik"* ziehen sollte. Die Kommission hat ihren Bericht im Februar 2024 vorgelegt. Er zeigt, dass die Regierung der Bundesrepublik jahrelang den Bundestag und die deutsche Bevölkerung unvollständig und teilweise sogar falsch über die Lage in Afghanistan unterrichtet hat:

> „Seit 2006 erfuhren die Obleute des Verteidigungsausschusses bei Afghanistan-Besuchen in Briefings von den beunruhigenden Lageverschärfungen landesweit und auch

---

[13] Bayern 2 Nachrichten, 25.01.2025, 14:00 Uhr: *„Fünf Jahre nach den ersten Corona-Fällen in Deutschland hat Bundespräsident Steinmeier eine Aufarbeitung der Maßnahmen gefordert. Sollte die neue Bundesregierung nicht dafür sorgen, werde er eine eigene Kommission berufen. Es eilt, sagte Steinmeier dem Stern. Nach seinem Eindruck sei die Erwartung in der Öffentlichkeit groß. Es gehe darum, im Interesse aller Transparenz herzustellen."*

in der Nordregion. ... In Berlin erhielten die Obleute auf diese alarmierenden Berichte von Seiten der Bundesregierung nur abwiegelnde Antworten. Der ehemalige Wehrbeauftragte Hellmut Königshaus erinnert sich, dass der Öffentlichkeit und auch den Abgeordneten „die Verschärfung der Situation (...) nicht vermittelt" wurde und die Bundesregierung versuchte, „die Entwicklungen im Einsatzgebiet besser darzustellen als sie waren." Der ehemalige Kanzleramts-, Innen- und Verteidigungsminister Thomas de Maizière erklärte zum Widerspruch zwischen Regierungskommunikation und meist geheimen BND-Berichten zur Sicherheitslage: „Bestimmte besorgniserregende Entwicklungen konnte man nicht zum Gegenstand einer öffentlichen Berichterstattung machen. Und wenn man für die Fortsetzung des Einsatzes wirbt, dann wird man natürlich so beschreiben, dass die Fortsetzung des Einsatzes Sinn macht."[14]

Die Art und Weise, wie die Bundesregierung über den Einsatz in Afghanistan die Öffentlichkeit informiert hat, war alles andere als transparent. Damit hat sie sich nicht nur der Kontrolle durch das Parlament entzogen. Sie hat auch jede Beteiligung des Volkes an der Ausübung der Macht im Staat unmöglich gemacht. Die Berichterstattung über die Lage in Afghanistan war ein eklatanter Verstoß gegen demokratische Prinzipien.

4.3.3 Der Anschlag auf die Nord-Stream-Pipelines

Am 26. September 2022 zerstörten mehrere Unterwasserexplosionen in der Ostsee Teile der Pipelines Nord Stream 1 und Nord Stream 2. Diese Vorfälle sind politisch von

---

[14] S. 69 des Berichts der Enquete-Kommission.

größter Bedeutung, denn die Identität der Urheber kann ein wichtiges Element für die Beurteilung der Außenpolitik anderer Staaten und des Kriegs in der Ukraine sein. Doch beschloss die Bundesregierung, dass die Ermittlungen strenger Geheimhaltung unterliegen. Auch Bundestagsabgeordneten wurde keine Auskunft erteilt.

Anfang Oktober 2022 hielt das Bundeskriminalamt *„vor dem Hintergrund der hohen Komplexität der Tatausführung sowie einer entsprechenden Vorbereitung das Agieren staatlicher Akteure [für] wahrscheinlich"*. Dagegen äußerte die Bundesanwaltschaft im März 2023 den Verdacht, dass auf der von einer polnischen Firma in Rostock gecharterten Segeljacht *Andromeda* Sprengstoff transportiert worden sei.[15] Mehr wissen wir bis heute nicht. Das ist unverständlich, denn mit der heutigen Technologie lässt sich leicht feststellen, wo eine Segelyacht wann war. Unverständlich ist auch, was der Öffentlichkeit als Erklärung angeboten wurde, denn die Vermutungen des Bundeskriminalamtes und der Bundesanwaltschaft passen kaum zusammen.

Inzwischen sind die Untersuchungen eingestellt wurden. Daher bleibt die Frage, wer verantwortlich ist, ungeklärt. Angesichts ihrer Bedeutung ist das unverständlich. Das nährt die Vermutung, dass man mehr weiß, als man sagen möchte, weil man befürchtet, dies könne unsere Beziehungen zu anderen Staaten belasten.

Eine recht plausible Erklärung für die Anschläge lieferte im Februar 2023 der Journalist Seymour Hersh, der behauptete, dass die USA hinter ihnen steckten und Norwegen geholfen habe.[16] Diese Behauptung wurde von den betreffenden Regierungen einschließlich der Bundesregierung als Verschwörungstheorie abgetan. Mit diesem Einwand

---

[15] https://www.ndr.de/nachrichten/info/Nord-Stream-Anschlaege-Neue-Spuren-von-Rostock-in-die-Ukraine,nordstream924.html.

[16] https://www.welt.de/politik/deutschland/plus243827313/Nord-Stream-Ein-Journalist-beschuldigt-die-USA-aber-das-grosse-Schweigen-haelt-an.html.

wird gewöhnlich versucht, jeden von der offiziellen Version abweichenden Erklärungsversuch zu diskreditieren. Ihn als Verschwörungstheorie abzutun, ist umso leichter, je unvorstellbarer und unglaublicher er ist. Unglaublichkeit wird damit zu einem Schutzschild für diejenigen, die für das Unglaubliche verantwortlich sind.

Allgemein nimmt die Zahl von Verschwörungstheorien zu. Der Grund dafür ist keineswegs ein Hang der Menschen zum Mystischen oder Exotischen. Der Grund ist, dass die offiziellen Erklärungen mancher Ereignisse wenig glaubwürdig erscheinen. Der Grund ist ein Mangel an Transparenz.

4.4 Rechtsstaatlichkeit

Ein drittes Erfordernis guter Regierungsführung ist Rechtsstaatlichkeit. Sie verlangt einerseits eine Rechtsordnung, die den Schutz der Grundrechte gewährt. Andererseits erfordert sie, dass der Gesetzgeber sich an die Verfassung hält und dass die Regierung und Verwaltung die Verfassung und die Gesetze beachten.

Freilich gibt es Situationen, in denen Ausnahmen gemacht werden müssen. Dazu zählen vor allem Krisen und der Notstand. In solchen Situationen kann es erforderlich sein, die Anwendung demokratischer Prinzipien einzuschränken. Allerdings können sie auch als Vorwand dafür missbraucht werden, demokratische Prinzipien ohne Notwendigkeit außer Kraft zu setzen.

4.4.1 Die Flüchtlingskrise

Bedauerlicherweise ist das in Deutschland in jüngerer Zeit geschehen, nämlich im Jahre 2015. Seit Beginn des Jahres hatte die Zahl der nach Europa und Deutschland drängenden Menschen drastisch zugenommen. Während es in den Jahren zuvor nie mehr als 200.000 Menschen gewesen waren, versuchten 2015 mehr als 1 Mio. Menschen, Zuflucht in Deutschland zu finden. Darauf war das Land in keiner Weise vorbereitet. Es kam zur sogenannten Flüchtlingskrise.

Um sie zu bewältigen, beschloss Kanzlerin Angela Merkel im September 2015 ohne Konsultation des Deutschen Bundestages, Flüchtlinge ohne Registrierung und Prüfung des Asylanspruchs nach Deutschland einreisen zu lassen.[17] Danach wurde die gesetzlich vorgeschriebene Registrierung von Personen beim Betreten Deutschlands nicht mehr vorgenommen. So konnte die Regierung auch keine Angaben darüber machen, wie viele Flüchtlinge und Asylbewerber sich in Deutschland befanden. Das Bundesamt für Migration und Flüchtlinge schätzt die Anzahl der Personen, die 2015 unkontrolliert eingereist sind, auf rund 150.000.

Die Entscheidung, nach September 2015 die Gesetze nicht mehr anzuwenden, war ohne Zweifel rechtswidrig. Sie passt nicht zu dem Anspruch, dass die Bundesrepublik Deutschland ein Rechtsstaat ist. Der Auffassung war offenbar auch die bayrische Landesregierung, die im Jahre 2016 monatelang laut darüber nachdachte, ob es angebracht wäre, gegen die Flüchtlingspolitik der Bundesregierung eine Verfassungsklage zu erheben.[18] Doch schließlich gab sie nach und verzichtete darauf. Damit verstummte die letzte Opposition gegen diese Politik aus den Reihen der etablierten Parteien. Die Flüchtlingskrise hat gezeigt, dass eine Krise einen Vorwand liefern kann, den Rechtsstaat außer Kraft zu setzen.

---

[17] https://www.bpb.de/shop/zeitschriften/apuz/312832/vor-dem-5-september/.
[18] https://taz.de/Fluechtlingspolitik-in-Bayern/!5300420/.

4.4.2 Die strafrechtliche Kontrolle der Volksvertreter

Rechtsstaatlichkeit erfordert wirksame richterliche Kontrollen. Sie umfassen nicht nur eine Überprüfung der Konformität staatlichen Handelns mit der Verfassung und den Gesetzen, sondern auch eine Anwendung des Strafrechts auf Volksvertreter, die gegen die Gesetze verstoßen haben.

Während ihrer Amtszeit sind Parlamentarier und Regierungsmitglieder vor Strafverfolgung geschützt, denn sie genießen Immunität. Der Zweck ist einerseits, sie vor willkürlichen Festnahmen zu schützen, die sie daran hindern könnten, an Abstimmungen teilzunehmen, und andererseits die Redefreiheit in vollem Umfang zu garantieren. Geht es dagegen um Vorwürfe wie etwa solche der Korruption, wird die Immunität des betreffenden Amtsträgers in der Regel aufgehoben.

Doch ist Bestechung von Abgeordneten erst seit 1994 in Deutschland strafbar.[19] § 108e des Strafgesetzbuches besagt:

„(1) Wer als Mitglied einer Volksvertretung des Bundes oder der Länder einen ungerechtfertigten Vorteil für sich oder einen Dritten als Gegenleistung dafür fordert, sich versprechen lässt oder annimmt, dass er bei der Wahrnehmung seines Mandates eine Handlung im Auftrag oder auf Weisung vornehme oder unterlasse, wird mit Freiheitsstrafe von einem Jahr bis zu zehn Jahren, in minder schweren Fällen mit Freiheitsstrafe von sechs Monaten bis zu fünf Jahren bestraft.

---

[19] Nach der Wiedervereinigung und der Öffnung der Staatsarchive der DDR stellte sich heraus, dass sich Abgeordnete des Bundestages beim Misstrauensvotum des Jahres 1972 von der Regierung der DDR bestechen ließen; siehe https://de.wikipedia.org/wiki/Misstrauensvotum.

(4) … Keinen ungerechtfertigten Vorteil stellen dar:
…2. eine nach dem Parteiengesetz oder entsprechenden Gesetzen zulässige Spende."

Offenbar kann in der Vorstellung des Gesetzgebers klar zwischen Spenden und Bestechung unterschieden werden. Ob das in der Praxis immer der Fall ist, erscheint dagegen recht fraglich.

Stellt sich in einem Prozess heraus, dass die Vorwürfe begründet sind, muss das nicht heißen, dass der betreffende Politiker auch bestraft wird. Denn Amtsträger sind Vertreter des Volkes bzw. des Staates. Sie als Kriminelle zu entlarven und zu bestrafen, schadet unweigerlich auch dem Image des Landes, das sie vertreten.

Aus diesem Grunde zögerte die französische Justiz lange, den früheren Staatspräsidenten Nicolas Sarkozy zu verurteilen.[20] Aus dem gleichen Grunde wird George W. Bush nicht der Prozess gemacht, obwohl er Lügen über angebliche Massenvernichtungswaffen im Irak verbreitet hat, um einen völkerrechtswidrigen Angriff gegen das Land zu rechtfertigen, bei dem Tausende zu Tode gekommen sind.[21] Selbst schwerwiegende Kriegsverbrechen werden nicht

---

[20] https://de.wikipedia.org/wiki/Nicolas_Sarkozy#Strafverfahren: *„Anfang 2021 wurde Sarkozy zu drei Jahren Haft verurteilt; zwei Jahre davon sind zur Bewährung ausgesetzt. Das Urteil wurde im Mai 2023 im Berufungsverfahren bestätigt und ist noch nicht rechtskräftig, weil Sarkozy den Kassationsgerichtshof angerufen hat… Am 30. September 2021 wurde Sarkozy wegen illegaler Wahlkampffinanzierung zu einem Jahr Haft ohne Bewährung verurteilt. Das Gericht entschied, dass die Strafe die Form eines elektronisch überwachten Hausarrests haben soll. Auch dieses Urteil ist nicht rechtskräftig, da Sarkozy wiederum in Berufung ging… Im März 2021 verurteilte das Pariser Tribunal correctionnel Sarkozy wegen Korruption und Vorteilsgewährung zu einer Freiheitsstrafe von drei Jahren, von denen zwei Jahre zur Bewährung ausgesetzt wurden und ein Jahr als Hausarrest mit elektronischer Fußfessel vollstreckt werden soll …. Am 14. Februar 2024 wurde er in der Berufung zu einer einjährigen Haftstrafe verurteilt – sechs Monate davon auf Bewährung… Er ist der erste ehemalige Staatspräsident Frankreichs, der zu einer unbedingten Freiheitsstrafe verurteilt wurde."*

[21] § 2441 des Strafgesetzbuches der USA (USC) stellt Kriegsverbrechen unter Strafe.

geahndet, wenn das dem Ansehen des betreffenden Staates schaden würde. Mit anderen Worten: Auch die strafrechtliche Kontrolle der Machtausübung hat recht enge Grenzen.

4.5 Kompetenz

Kompetenz als Erfordernis einer guten Regierungsführung betrifft vor allem die Qualifikation der Regierenden. Da in einer Demokratie das Volk an der Ausübung der Macht beteiligt ist, stellt sich die Frage der Kompetenz auch diesbezüglich.

4.5.1 Der mündige Bürger

Auch ein informierter Bürger ist kaum in der Lage, alle Probleme zu verstehen und Fragen zu beantworten, die sich im Bereich der Politik stellen. Oft weiß der normale Bürger nicht, was gut und richtig für ihn ist. Dieser Umstand liefert – neben der praktischen Unmöglichkeit einer direkten Demokratie – die wesentliche Rechtfertigung der repräsentativen Demokratie.

Er ist aber auch Grund einer ihrer wesentlichen Schwächen. Denn dem Bürger, dem die Kompetenz und Expertise fehlen, um die richtigen Entscheidungen treffen zu können, fehlen auch die Kompetenz und Expertise, um überprüfen zu können, ob die Entscheidungen richtig sind, die die Vertreter des Volkes für ihn treffen. Das seit Jahren ständig sinkende allgemeine Bildungsniveau macht das nur noch schlimmer.[22] Die Vorstellung eines „mündigen Bürgers", der in verantwortungsvoller Weise informierte Entscheidungen trifft, ist nicht viel mehr als eine Illusion.

---

[22] Das machen die alle drei Jahre von der OECD durchgeführten PISA-Studien der Schulleistungen deutlich.

4.5.2 Die Kompetenz der Volksvertreter

Dies wäre weniger gravierend, wenn sachkundige und verantwortungsvolle Abgeordnete und Minister Entscheidungen für die Bevölkerung treffen, wo sie dazu selbst nicht in der Lage ist. Das wirft die Frage auf, wie es mit der Qualifikation und Kompetenz (manchmal auch Kapazität genannt) derjenigen bestellt ist, die befugt sind, das Volk bei der Ausübung der Macht im Staat zu vertreten.

Früher rekrutierten sich die meisten Politiker aus der Elite der Gesellschaft. Das waren in vordemokratischen Zeiten der Adel und in frühdemokratischen Zeiten das Besitzbürgertum und der akademische Mittelstand. Heute kommen Politiker aus nahezu allen Schichten der Bevölkerung. Diese Entwicklung ist erfreulich, denn sie ist im wahrsten Sinne des Wortes demokratisch.

Weniger erfreulich ist die Art der Auslese. Sie geschieht erst in zweiter Instanz durch die Wahlberechtigten. Bevor sich ein Politiker zur Wahl stellen kann, muss er Erfolg innerhalb seiner eigenen Partei haben. Die Qualitäten, die man mitbringen muss, um ein Land zu regieren, sind jedoch keineswegs dieselben wie die, über die man verfügen muss, um in einer Partei voranzukommen.

Sowohl im Parlament wie auch in der Regierung finden sich Leute, die nicht einmal die fachliche Eignung für die Laufbahn eines mittleren Verwaltungsbeamten besitzen. Das wird mitunter mit dem Hinweis darauf gerechtfertigt, es sei wünschenswert, dass alle Teile der Bevölkerung im Parlament vertreten seien. Das sei „demokratisch". Dieses Argument macht wenig Sinn. Dann müsste auch der Teil der Bevölkerung, der nicht ausreichend lesen und schreiben kann, durch Abgeordnete vertreten werden, die einen entsprechend niedrigen Bildungsstand haben.

4 Demokratie und Good governance

Grundsätzlich würde es im Interesse der Wähler liegen, sich durch Menschen vertreten zu lassen, die dafür besonders gut geeignet sind.[23] Genau unter diesem Gesichtspunkt sucht man sich zum Beispiel einen Rechtsanwalt aus. Fachkenntnisse nachzuweisen, wird dagegen von keinem Berufspolitiker verlangt. Daher ist es durchaus möglich, dass jemand nacheinander Ressortchef von zwei oder drei verschiedenen Ministerien wird, ohne in einem davon Erfahrung zu haben.[24]

Freilich kann sich ein Minister oder Abgeordneter auf seine Mitarbeiter stützen, die in der Regel so ausgewählt werden, dass sie die nötigen Kompetenzen mitbringen. Aber er hängt von ihnen und ihrem Rat ab, ohne selbst deren Qualität überprüfen zu können. Genau genommen ist das eine weitere Ebene der Repräsentation: Nicht der Minister, sondern seine Berater haben das letzte Wort. Mit Demokratie hat das nicht mehr viel zu tun.

---

[23] Den Weltrekord politischer Einfältigkeit hält das kanadische Parlament. Im September 2023 wurde ein 98 Jahre alter kanadischer Staatsbürger ukrainischer Abstammung von den Abgeordneten eingeladen, weil er gegen die Russen gekämpft hatte. Das allein war der Grund für minutenlange stehende Ovationen der Abgeordneten. Offenbar hatte sich keiner die Frage gestellt, welche Gelegenheit ein heute 98 Jahre alter Mann in seinem Leben hatte, gegen die Russen zu kämpfen. Diese Gelegenheit bot sich in seiner Jugend während des Zweiten Weltkriegs, und zwar auf der Seite von Nazideutschland. Darauf hätte jeder Abgeordnete alleine kommen müssen. Als es bekannt wurde, sah sich der Vorsitzende des Parlaments gezwungen, zurückzutreten.

[24] Ursula von der Leyen war von 2003 bis 2005 niedersächsische Ministerin für Soziales, Frauen, Familie und Gesundheit, von 2005 bis 2009 Bundesministerin für Familie, Senioren, Frauen und Jugend, von 2009 bis 2013 Bundesministerin für Arbeit und Soziales und von 2013 bis 2019 Bundesministerin der Verteidigung.

4.6 Verantwortlichkeit

Der Begriff Verantwortlichkeit kann Verschiedenes bedeuten. Damit kann gemeint sein, dass jemand für sein Tun und Handeln zur Rechenschaft gezogen werden kann. Als Prinzip einer guten Regierungsführung hat der Begriff eine weitere Bedeutung, nämlich die einer Rechenschaftspflicht.[25] Amtsträger sollen im Bewusstsein einer Pflicht gegenüber denjenigen handeln, die sie vertreten. Das verlangt, dass sie sich nicht von persönlichen Interessen leiten lassen.

4.6.1 Kurzfristigkeit

Politiker haben ein Interesse daran, ihre Popularität hoch zu halten. Der Prototyp des heutigen Politikers ist Berufspolitiker und denkt vor allem an seine Chancen, gewählt oder wiedergewählt zu werden. Diese Chancen steigen, wenn sich Erfolge vorzeigen lassen. Daher ziehen Politiker gewöhnlich Entscheidungen mit kurzfristigen Vorteilen solchen vor, die erst langfristig Vorteile hätten, auch wenn letztere überwiegen. Treffen sie Entscheidungen in der Absicht, ihre Macht zu erhalten, mangelt es an Verantwortlichkeit.

Daran mangelt es ebenfalls, wenn Amtsträger ihren Aufgaben nicht nachkommen, d. h. wenn Maßnahmen, die notwendig sind, *nicht* getroffen werden. Ein Bereich, in dem das der Fall ist, ist der Umwelt- und Klimaschutz. Seit mehr als einer Generation leben wir auf Kosten zukünftiger Generationen. Der Raubbau an nicht erneuerbaren Ressourcen, die Belastung und Verschmutzung der Umwelt

---

[25] Rechenschaftspflicht kommt im dem Englischen verwendeten Begriff *accountability* näher, ist jedoch weniger griffig als Verantwortlichkeit.

und die Beschleunigung des Klimawandels durch ständig zunehmende Produktion und zügellosen Konsum nehmen unseren Kindern die Möglichkeit, in Zukunft ebenso komfortabel zu leben, wie wir das heute tun können. Das ist nicht nur ein Mangel an Nachhaltigkeit,[26] sondern auch eine verantwortungslose Benachteiligung der kommenden Generationen.

Dagegen können sie sich nicht wehren, weil sie noch nicht im wahlfähigen Alter oder noch gar nicht geboren sind. Daher kann sie eine Demokratie nur schwer dagegen schützen. Sie tut es so gut wie gar nicht. Die notwendigen Regelungen werden nicht getroffen, weil sich keine Mehrheit dafür findet. Sie findet sich nicht, weil die Vertreter des Volkes ihre Verantwortung nicht wahrnehmen.

Regieren heißt vorausschauen, sagte der französische Publizist Emile de Girardin. Vorausschauen heißt, die Maßnahmen zu treffen, die nötig sind, um zukünftige Probleme und Krisen zu vermeiden. Offenbar sind unsere Politiker zu lange und zu oft untätig geblieben. Das zeigt sich daran, dass wir von einer Krise in die nächste taumeln. „Dauerkrise" war 2022 in England das Wort des Jahres, in Deutschland im Jahr darauf das Wort „Krisenmodus".[27] Wie es scheint, hat die Regierung wenig Hoffnung, aus der Dauerkrise herauszukommen, denn sie sieht die Notwendigkeit, *„junge Menschen auf Krisen vorzubereiten"*.[28]

---

[26] Nachhaltige Entwicklung wird im Brundtland-Bericht „Unsere gemeinsame Zukunft" der Weltkommission für Umwelt und Entwicklung aus dem Jahr 1987 definiert als *„Entwicklung, die die Bedürfnisse der Gegenwart befriedigt, ohne die Fähigkeit zukünftiger Generationen zu gefährden, ihre eigenen Bedürfnisse zu befriedigen"*.

[27] https://www.t-works.eu/woerter-des-jahres/.

[28] BR24 Nachrichten, 16.03.2024 07:15 Uhr: *Bundesbildungsministerin Stark-Watzinger sieht die Schulen in der Verantwortung, junge Menschen auf Krisen vorzubereiten.*

4.6.2 Korruption

Macht korrumpiert, sagte der britische Historiker Lord Acton. Solange man sie nicht hat, kann man sich bezahlen lassen, von wem man will. Das tun Parteien und andere nichtstaatliche Institutionen, die Geld dafür ausgeben, die Karriere junger Nachwuchspolitiker zu fördern. Das vom WEF gegründete *Forum of Young Global Leaders* versucht, auf diese Weise nicht nur die Auslese zu beeinflussen, sondern auch zu einem frühen Zeitpunkt Einfluss auf die Auserlesenen zu gewinnen. Sind sie schließlich in Amt und Würden, wird erwartet, dass sie sich an diejenigen erinnern, die zuvor ihrer Karriere behilflich waren.

Auch Parteispenden und Wahlkampfspenden sind geeignet, gute Beziehungen zu schaffen und zu verbessern. Gewöhnlich unterstützen Spender Parteien, die versprechen, ihre Interessen wahrzunehmen. Und Politiker neigen dazu, sich nach den Wünschen derjenigen zu richten, denen sie sich aufgrund früherer Gefälligkeiten verbunden fühlen.

Solcherart gute Beziehungen können konkret Entscheidungen beeinflussen. Ist das der Fall, lassen es die Entscheidungsträger zumindest an Verantwortlichkeit fehlen. Ab einer gewissen Grenze können sie dafür auch zur Verantwortung gezogen werden.

Besteht eine Verbindung zwischen der Annahme eines Vorteils und dem Versprechen eines Amtsträgers, eine bestimmte Entscheidung zu treffen, so ist gemäß § 334 des Strafgesetzbuches der Tatbestand der Bestechung erfüllt. Doch sind die Grenzen des Erlaubten weit gezogen. Die Vermittlung von Maskenkäufen gegen Millionenbeträge während der Coronapandemie war nicht strafbar. Denn erst seit 2021 bestimmt § 44a des Abgeordnetengesetzes, dass eine *„entgeltliche Interessenvertretung für Dritte gegen-*

über … der Bundesregierung unzulässig" ist. Und erst seit Juni 2024 ist es strafbar, dass Abgeordnete in Ausnutzung ihrer Stellung oder ihres Mandats Geschäfte machen.[29]

Es ist nicht immer leicht festzustellen, ob der Tatbestand der Bestechung bzw. Bestechlichkeit erfüllt ist. Es ist schwer in Fällen, in denen Vorteile nicht an Amtsträger, sondern an deren Familienmitglieder gewährt werden. Es ist noch schwerer in Fällen der „nachträglichen Belohnung".

Sie besteht darin, dass Politikern Vorteile in Aussicht gestellt werden, die sie erst nach Beendigung ihres Mandats erhalten, wenn sie sich während des Mandats so verhalten, wie erwartet wird. Als Belohnung winkt typischerweise ein Beratervertrag, das Honorar für ein Manuskript, das als Buch veröffentlich wird, oder für die Teilnahme an einem Film, wobei die Belohnung gewöhnlich ein Mehrfaches der üblichen Vergütung darstellt. Derjenige, der sich auf diese Weise bestechen lässt, braucht sich keine Sorgen zu machen, dass die Sache auffliegt, denn er enthält die Belohnung ja erst nachträglich. Er braucht sich auch keine Sorgen zu machen, dass er die Belohnung nicht erhält. Denn nur wenn derjenige, der ihn besticht, sein Wort hält, wird auch der Nachfolger des Bestochenen wiederum bereit sein, das gleiche Spielchen mitzumachen.

Da die Belohnung erst nachträglich erfolgt, ist der Tatbestand der Korruption nur schwer nachzuweisen. Doch ist das Missverhältnis zwischen erbrachter Leistung und Ver-

---

[29] BR24 Nachrichten, 20.02.2024 06:15 Uhr: *„Die Parteien der Ampelkoalition wollen die Bestechung und Bestechlichkeit von Abgeordneten härter bestrafen. Der entsprechende Gesetzentwurf wird heute in den Fraktionen von SPD, Grünen und FDP beraten. Vorgesehen sind demnach bis zu drei Jahre Haft oder eine Geldstrafe, wenn Parlamentarier unter Ausnutzung ihrer Stellung und ihres Mandats Geschäfte machen. Dafür soll das Strafgesetzbuch entsprechend ergänzt werden. Hintergrund sind vor allem die Geschäfte früherer Unions-Abgeordneter, die in der Frühphase der Corona-Pandemie Millionenprovisionen für die Vermittlung von Maskengeschäften kassierten. Sie konnten dafür nach der bisher geltenden Rechtslage nicht bestraft werden"*.

gütung in manchen Fällen so eklatant, dass kaum eine andere Erklärung möglich erscheint. So hat zum Beispiel der frühere britische Premierminister Boris Johnson, der für seine harte Linie im Brexit bekannt war, in den ersten fünf Monaten nach seinem Rücktritt im September 2022 Vergütungen in Höhe von insgesamt fast 5 Mio. Pfund allein für Vorträge erhalten. Wert waren sie das mit Sicherheit nicht.

4.7 Effizienz

Ein weiteres Kriterium einer guten Regierungsführung ist Effizienz. Effizienz bedeutet, dass ein bestimmtes Ziel mit möglichst wenig Mitteln oder mit den vorhandenen Mitteln möglichst viel erreicht wird. Anders als die zuvor genannten Kriterien bezieht sich Effizienz nicht auf die Art, sondern auf die Ergebnisse der Regierungsführung. Eigentlich sollte sie in jeder Staatsform selbstverständlich sein. Bedauerlicherweise ist sie das nicht, und zwar auch in Demokratien. Vermutlich deswegen steht sie auf der Liste der Kriterien einer guten Regierungsführung.

4.7.1 Die Effizienz gesetzlicher Maßnahmen

Effizienz ist ein Teil dessen, was im Zusammenhang mit Gesetzen als „Verhältnismäßigkeit" bezeichnet wird. Verhältnismäßigkeit erfordert, dass gesetzliche Maßnahmen zielgerichtet und angemessen – also effizient – sind.[30] Diese Voraussetzungen werden beim Erlass von Gesetzen ausdrücklich geprüft und in der Gesetzesbegründung erläutert.

---

[30] https://www.bmj.de/DE/rechtsstaat_kompakt/rechtsstaat_grundlagen/verhaeltnismaessigkeit/.

Doch ist die Frage der Effizienz gesetzlicher Maßnahmen nicht immer eindeutig zu beantworten. So wurden während der Coronakrise einige recht drastische Maßnahmen ergriffen. Manche Beobachter meinten, dass mit Kanonen auf Spatzen geschossen wurde.[31] Andere bezweifelten die Tauglichkeit der Mittel.[32] Im Rückblick wird klar, dass erhebliche Fehler gemacht wurden. Das ist kein Einzelfall. Nur ist der Mangel an Effizienz nicht immer so offenkundig.

4.7.2 Effizienz in der Verwaltung

Einen Mangel an Effizienz kann es auch in der Verwaltung geben. Das lässt sich überprüfen, denn Artikel 91d des Grundgesetzes bestimmt:

„Bund und Länder können zur Feststellung und Förderung der Leistungsfähigkeit ihrer Verwaltungen Vergleichsstudien durchführen und die Ergebnisse veröffentlichen."

Bund und Länder können zwar die Effizienz ihrer Verwaltungen überprüfen, müssen das aber nicht. Zudem sind solche Studien nicht unabhängig. Daher bestehen Zweifel, und zwar nicht nur an den Ergebnissen der Untersuchungen, sondern grundsätzlich an der Effizienz der Verwaltung. Das aber ist keine Schwäche der Demokratie,

---

[31] https://www.lpb-bw.de/grundrechte-und-corona.
[32] BR24 Nachrichten, 08.03.2024 04:15 Uhr: *„Der ehemalige Kanzleramtsminister Braun sagte dem „Spiegel", die Bundesregierung habe anfangs die Wirkmächtigkeit der Impfstoffe zu hoch eingeschätzt und damit Erwartungen geschürt, die man am Ende nicht habe erfüllen können. Auch der damalige Bundesinnenminister Seehofer räumte ein, Entscheidungen getroffen zu haben, denen er heute nicht mehr zustimmen würde. Konkret nannte er die nächtlichen Ausgangssperren. Die größten Fehler sieht Bundesgesundheitsminister Lauterbach im Umgang mit Kindern: Hier sei man zum Teil zu streng gewesen, sagte er. Wahrscheinlich habe man mit den Lockerungen etwas zu spät angefangen."*

denn es gehört nicht zu ihren Zielen, für Effizienz zu sorgen. Möglicherweise besteht gerade darin eine Schwäche der Demokratie.

4.8 Gerechtigkeit

Ein letztes Kriterium guter Regierungsführung ist Gerechtigkeit. Zwar gehört auch sie nicht zu den Prinzipien der repräsentativen Demokratie im engeren Sinne. Doch sollte erwartet werden, dass „eine Herrschaft des Volkes" zu gerechten Ergebnissen führt. Die Frage ist, inwieweit die Anwendung demokratischer Prinzipien dies gewährleistet.

Gerechtigkeit lässt sich nicht objektiv definieren. Ob eine Regierungsführung gerecht ist, lässt sich daher nicht eindeutig beantworten. Überprüft werden kann nur das Verfahren, gemäß dem Beschlüsse getroffen und Gesetze erlassen werden. Erfolgt dies in Anwendung des Mehrheitsprinzips, erscheinen sie insofern „gerecht". Das muss aber nicht heißen, dass sie auch inhaltlich gerecht ist. In der Tat werden viele Regelungen und deren Ergebnisse als ungerecht empfunden. Umfragen haben ergeben, dass in Deutschland weniger als die Hälfte der *„Menschen die Verteilung der Güter in der Gesellschaft als gerecht ansehen und sich gerecht behandelt fühlen"*.[33]

Gemäß der von Abraham Lincoln formulierten Definition ist Demokratie *„die Regierung des Volkes, durch das Volk, für das Volk."*[34] Entscheidungen „für das Volk" sind solche,

---

[33] Die Studie der Bertelsmann-Stiftung „Gesellschaftlicher Zusammenhalt in Deutschland 2020", die dieser Frage nachgeht, kommt zu dem Ergebnis: *„Wie bereits beim letzten Mal ist das Gerechtigkeitsempfinden durch die niedrigsten Werte gekennzeichnet, auch wenn es sich gering von 38 auf 41 Punkte verbessert."* https://www.bertelsmann-stiftung.de/de/publikationen/publikation/did/gesellschaftlicher-zusammenhalt-in-deutschland-2020.

[34] https://www.zitate7.de/8028/Demokratie-ist-die-Regierung-des-Volkes.html.

die im Interesse der Mehrheit liegen, und zwar nicht der Mehrheit der Volksvertreter, sondern der Mehrheit *des Volkes*. Entscheidungen oder Gesetze, die wirtschaftliche und soziale Ungleichheiten schaffen oder verstärken, sind offensichtlich ungerecht. In einer Demokratie sollte es sie nicht geben. Das ergibt sich im Übrigen auch aus dem Grundgesetz. Die wichtigsten diesbezüglichen Bestimmungen sind Artikel 3, der die Gleichberechtigung verlangt, und Artikel 20, der die Schaffung eines Sozialstaates verlangt.

Diese Bestimmungen entsprechen den Forderungen der Französischen Revolution nach Gleichheit und Brüderlichkeit. Beide finden ihre Grenze in der Forderung nach Freiheit, deren Schutz Artikel 2 des Grundgesetzes gewährt. Sie gilt, wie erwähnt, als der höchste Wert in einer „freiheitlichen demokratischen Grundordnung" (siehe Abschn. 1.5). Die Priorität der Freiheit setzt den Möglichkeiten, Ungerechtigkeiten zu vermeiden, verhältnismäßig enge Grenzen. Mit anderen Worten: Eine Demokratie, die der Freiheit unbedingten Vorrang einräumt, ist wenig geeignet, für Gerechtigkeit zu sorgen.

4.9 Zusammenfassung

Die Beachtung demokratischer Prinzipien bleibt in der politischen Praxis in vieler Hinsicht hinter dem zurück, was diese Prinzipien verlangen. Der wachsende Einfluss, den eine wohlhabende Minderheit auf die Politik nimmt, reduziert die Partizipation der anderen entsprechend. Nicht selten fehlt es auch an der Transparenz, die für eine wirksame Partizipation Voraussetzung ist.

In vielen Fragen der Politik sind die Wähler heute überfordert. Das sollte in einer repräsentativen Demokratie eigentlich kein Problem sein, wird aber zu einem Problem, wenn die Politiker es auch sind. Offenbar ist das immer häufiger der Fall.

In einem politischen System, in dem es ein freies Mandat gibt, kommt der Verantwortlichkeit der Volksvertreter eine besondere Bedeutung zu. Sie hat ihre Grenzen dort, wo Entscheidungen in der Absicht getroffen werden, an der Macht zu bleiben. Sie fehlt, wo Volksvertreter keine Antwort auf die dringenden Fragen des Überlebens der Menschheit finden. An ihr mangelt es, wenn sich Politiker durch die Annahme von Vorteilen beeinflussen lassen.

Was die Rechtsstaatlichkeit betrifft, so mehren sich die Krisen, die es – scheinbar – rechtfertigen, Ausnahmen von ihr zu machen. Auch an der Effizienz vieler Maßnahmen bestehen Zweifel. Schließlich ist ein guter Teil der Politik, die heute gemacht wird, im Ergebnis ungerecht. *Eine repräsentative Demokratie bietet in der Tat keine Garantie für eine gute Regierungsführung.*

5

Demokratie und Wirtschaft

Inhaltsverzeichnis

5.1	Demokratie und Marktwirtschaft	106
	5.1.1 Die Marktwirtschaft	106
	5.1.2 Der Kapitalismus	107
	5.1.3 Marktwirtschaft, Kapitalismus und Demokratie	109
	5.1.4 Der Wirtschaftsliberalismus	109
	5.1.5 Die soziale Marktwirtschaft	110
5.2	Die Wirtschaftspolitik	112
	5.2.1 Wirtschaftswachstum als oberstes Ziel	112
	5.2.2 Der Neoliberalismus	114
	5.2.3 Die Priorität der Wirtschaftspolitik	115
5.3	Das Wachstum der Wirtschaft und die Zunahme der Ungleichheiten	116
	5.3.1 Das Wachstum der Wirtschaft	116
	5.3.2 Die Zunahme der wirtschaftlichen und sozialen Ungleichheiten	117
5.4	Wirtschaftspolitik im Interesse einer Minderheit	119
	5.4.1 Gastarbeiter und Löhne	119

5.4.2	Privatisierungen	121
5.4.3	Die Möglichkeit der Enteignung	123
5.4.4	Freihandel und Globalisierung	124
5.4.5	Der Abbau des Sozialstaates	126
5.4.6	Deregulierung und Mieten	127
5.4.7	Die Bankenkrise	128
5.4.8	Die Übernahme privater Schulden durch den Staat	129
5.4.9	Schulden statt Steuern	130
5.5	Die Idealisierung der Marktwirtschaft	131
5.5.1	Die Fixierung auf das Wirtschaftswachstum	131
5.5.2	Der Zwang zum Wachstum	132
5.6	Der Siegeszug der freien Marktwirtschaft	133

5.1 Demokratie und Marktwirtschaft

Das Grundgesetz bezeichnet die Staatsform der Bundesrepublik als „freiheitliche demokratische Grundordnung". Sie bestimmt einen Teil unserer Gesellschaftsordnung. Ein anderer, ebenso wichtiger Teil wird durch die Wirtschaftsordnung bestimmt. Das wirft die Frage auf, wie sich Demokratie und Marktwirtschaft zueinander verhalten.[1]

5.1.1 Die Marktwirtschaft

Unsere Wirtschaftsordnung wird gewöhnlich als „freie Marktwirtschaft" bezeichnet. Im Grunde genommen handelt es sich dabei um einen Pleonasmus. Denn es gibt keine „unfreie" Marktwirtschaft – ebenso wenig, wie es eine unfreie Demokratie geben kann. Beide setzen Freiheit

---

[1] Dieses Thema habe ich in meinem 2023 erschienenen Buch *Der totalitäre Kapitalismus, Vom Missbrauch der Freiheit, nach Gewinn zu streben* näher untersucht.

voraus. Das wirft die Frage auf, was Marktwirtschaft und Demokratie miteinander zu tun haben. Um sie zu beantworten, bedarf es einer Klärung dessen, was unter Marktwirtschaft zu verstehen ist.

Als Marktwirtschaft bezeichnet die Wirtschaftswissenschaft das freie Zusammentreffen von Angebot und Nachfrage von bzw. nach Gütern und Dienstleistungen. Voraussetzung dafür ist die Freiheit wirtschaftlicher Betätigung. Dazu gehören vor allem die Freiheit des Einsatzes von Kapital, die Vertragsfreiheit, die Freiheit der Berufswahl und -ausübung sowie die Gewerbefreiheit. Eine Wirtschaftsordnung, die diese Freiheiten gewährt, kann als marktwirtschaftlich bezeichnet werden. Das gilt auch für unsere Wirtschaftsordnung.

Die für das Bestehen einer Marktwirtschaft erforderlichen Freiheiten der wirtschaftlichen Betätigung sind Teil der Individualfreiheit, deren Garantie zu den Wesensmerkmalen einer Demokratie gehört. Insofern „passt" die Marktwirtschaft zur Demokratie. Beide führen ihre Legitimität darauf zurück, dass jeder einzelne durch freie Entscheidungen daran beteiligt ist, die Geschicke der Gemeinschaft bzw. der Wirtschaft zu lenken.

5.1.2 Der Kapitalismus

Unsere Wirtschaftsordnung wird sowohl als marktwirtschaftlich wie auch als kapitalistisch bezeichnet. Das wirft die Frage auf, ob auch der Kapitalismus etwas mit der Demokratie zu tun hat. Um sie zu beantworten, bedarf es ebenfalls einer Klärung des Begriffes.

Kapitalismus leitet sich von dem Wort Kapital ab. Kapital im volkswirtschaftlichen Sinne entsteht, wenn Geld- oder Sachvermögen dauerhaft in Produktionsmittel für die Herstellung von Gütern oder die Erbringung von Dienstleistungen investiert wird. Im Kapitalismus befinden sich die Produktionsmittel im Eigentum von Privaten. Das ist sein erstes Prinzip.

Um etwas herzustellen, müssen die Produktionsfaktoren Arbeit und Kapital zusammenkommen. Dabei können die Produktionsmittel im Eigentum derer stehen, die mit ihnen arbeiten. Doch schon zu Zeiten des Feudalismus war es zu einer Trennung gekommen. Damals ließen der Adel und die Kirche ihre Ländereien durch Leibeigene oder Pächter bestellen. Die Situation, in der Arbeiter nicht Eigentümer der Produktionsmittel sind, während die Eigentümer der Produktionsmittel selbst keine Arbeit verrichten, ist seitdem die Regel. Sie ist das zweite Prinzip des Kapitalismus.

Ebenfalls schon zu Zeiten des Feudalismus galt die Regelung, dass die Ernte den Grundbesitzern gehörte. Auch dieser Grundsatz gilt noch heute: Das Eigentum an den durch das Zusammenkommen von Kapital und Arbeit hergestellten Gütern fällt den Kapitaleignern zu. Diese Regelung ist das dritte Prinzip des Kapitalismus.

Unter Kapitalismus ist somit eine Wirtschaftsordnung zu verstehen, in der

- die Produktionsmittel im Eigentum von Privaten stehen,
- die sie in Verbindung mit Arbeit einsetzen, welche sie nicht selbst verrichten, und
- die das Eigentum an den hergestellten Sachen und den Gewinn erlangen.

Jede Wirtschaftsordnung, in der diese Prinzipien gelten, kann als kapitalistisch bezeichnet werden. Das gilt auch für die Wirtschaftsordnung der Bundesrepublik Deutschland.

5.1.3 Marktwirtschaft, Kapitalismus und Demokratie

Moderne Wirtschaftsordnungen verbinden typischerweise die Prinzipien des Kapitalismus mit denjenigen der Marktwirtschaft. Die Freiheit der Eigentümer der Produktionsmittel, über deren Verwendung zu entscheiden, ist das Element, das Kapitalismus und Marktwirtschaft teilen. Diese Freiheit sowie die übrigen für eine Marktwirtschaft erforderlichen Freiheiten der wirtschaftlichen Betätigung sind Teil der Individualfreiheit, die zu den Wesensmerkmalen einer Demokratie gehört. In diesem Punkte – der Gewährung bestimmter Freiheiten – laufen die kapitalistische Marktwirtschaft und die freiheitliche Demokratie zusammen.[2]

Eine Wirtschaftsordnung in der Form der kapitalistischen Marktwirtschaft hat sich in der Bundesrepublik verwirklicht, weil das Grundgesetz – ohne sie ausdrücklich zu nennen – mit der Gewährung der Grundrechte der Gewerbefreiheit, der Eigentumsgarantie und der Vertragsfreiheit die rechtlichen Voraussetzungen dafür geschaffen hat. Unausgesprochen enthält es eine Entscheidung zugunsten der kapitalistischen Marktwirtschaft.

5.1.4 Der Wirtschaftsliberalismus

Die Marktwirtschaft basiert auf den Lehren des Wirtschaftsliberalismus. Sie besagen, dass das individuelle Streben nach Gewinn dem Gemeinwohl dient. Daher solle jedermann die Freiheit wirtschaftlicher Betätigung gewährt

---

[2] Mitunter wird die Marktwirtschaft auch als Element einer guten Regierungsführung betrachtet. Das macht keinen Sinn, denn sie ist eine Wirtschaftsordnung, keine Politik. Offenbar ist eine marktwirtschaftliche *Wirtschaftspolitik* gemeint. In der Tat verfolgen die meisten Demokratien eine solche Wirtschaftspolitik.

werden und die Wirtschaft sich selbst überlassen bleiben. Wie durch eine „unsichtbare Hand" geordnet würde sich das Wirtschaftsleben dann von selbst und zum Vorteil aller Beteiligten regeln. Daher ist die elementare Forderung des Wirtschaftsliberalismus die Freiheit wirtschaftlicher Betätigung.

Diese Forderung enthält Vorgaben nicht nur für die Wirtschaftsordnung, sondern auch für die Wirtschaftspolitik. Der Staat solle nur dann in das Wirtschaftsleben eingreifen, wenn ein Eingriff unumgänglich ist. Darüber hinaus solle er diejenige Maßnahme wählen, die den geringsten Eingriff bedeutet. Auch als Unternehmer solle sich der Staat Beschränkungen auferlegen. Er solle auf alles verzichten, was ihm Wettbewerbsvorteile verschaffen könnte.

Diese Forderungen werden bei uns respektiert, als wären sie im Grundgesetz verankert. Das geht so weit, dass sich Regierung und Parlament gewissermaßen ein Verbot der Verbote vorschreiben lassen. Es wird nicht selten auch dort beachtet, wo die Notwendigkeit staatlicher Eingriffe außer Frage steht – und sie verfassungsrechtlich durchaus möglich wären.

Dazu zählen zum Beispiel Eingriffe in die Wirtschaft zur Verwirklichung der Ziele der Klimapolitik. Es besteht kein Zweifel an der Notwendigkeit solcher Maßnahmen, die sich dennoch sowohl das Parlament wie auch die Regierung weigern zu ergreifen. Die Enthaltsamkeit des Staates in diesem Bereich ist vermutlich die folgenschwerste Beschränkung, die er sich bei der Ausübung der ihm übertragenen Macht selbst auferlegt.

5.1.5 Die soziale Marktwirtschaft

Etwa gleichzeitig mit der Industrialisierung konnten sich die Lehren des Wirtschaftsliberalismus durchsetzen. Eine der Folgen war einer Verelendung weiter Kreise der Bevölkerung im 19. Jahrhundert. Die Väter des Grundgesetzes waren sich dieser Gefahr bewusst. Aus diesem Grunde bestimmt Artikel 20 des Grundgesetzes, das die Bundesrepublik Deutschland ein Sozialstaat ist, d. h. ein Staat, der soziale Ungerechtigkeiten verhindern oder ausgleichen will. Zur Erreichung dieses Ziels wurde die soziale Marktwirtschaft geschaffen. Sie soll das Minimum an wirtschaftlicher Sicherheit bieten, das Voraussetzung für ein menschenwürdiges Leben ist.

Eigentlich ist die Bezeichnung „soziale Marktwirtschaft" ein Widerspruch in sich. Denn eine Marktwirtschaft produziert, solange sie sich selbst überlassen bleibt, Ergebnisse, die alles andere als sozial sind. Zwar können sie durch Eingriffe des Staates begrenzt oder korrigiert werden. Doch lassen derartige Maßnahmen die Marktwirtschaft nicht selbst sozial werden. Vielmehr schaffen sie in Verbindung mit einer marktwirtschaftlichen Wirtschaftsordnung eine *freiheitliche und soziale Gesellschaftsordnung.*

Sie wird von einem gesellschaftlichen und überparteilichen Konsens getragen, der zur Zeit des Wirtschaftswunders entstand. In den Jahren von 1950 bis 1960 wuchs die deutsche Wirtschaft im Durchschnitt jährlich um 8,2 %.[3] Dieses Wachstum machte es *möglich*, die sozialpolitischen Maßnahmen zu finanzieren, die im Rahmen einer Marktwirtschaft *nötig* waren. Damit wurde sowohl den Bestimmungen des Grundgesetzes Genüge getan, die eine *freiheitliche* Wirtschaftsordnung verlangen, wie auch den Bestimmungen, die das Bestehen eines *Sozialstaats* fordern.

---

[3] https://www.destatis.de/DE/Presse/Pressemitteilungen/2023/06/PD23_N032_81.html.

5.2 Die Wirtschaftspolitik

5.2.1 Wirtschaftswachstum als oberstes Ziel

Nach den Entbehrungen der 1940er-Jahre war das Wirtschaftswunder der 1950er-Jahre eine willkommene Überraschung. Viele Menschen konnten es kaum glauben und wünschten sich nichts mehr, als dass es dabei bliebe. Zu diesem Zwecke wurde im Jahre 1967 das Stabilitäts- und Wachstumsgesetz erlassen. Paragraf 1 dieses Gesetzes nennt vier Ziele, die öffentliche Haushalte bei ihren Entscheidungen verfolgen sollen:

- die Preisniveaustabilität,
- einen hohen Beschäftigungsstand,
- ein außenwirtschaftliches Gleichgewicht und
- ein stetiges und angemessenes Wirtschaftswachstum.

Diese Ziele werden als „magisches Viereck" der Wirtschaftspolitik bezeichnet. Die Magie beruht darauf, dass sie sich gegenseitig beeinflussen, aber auch behindern können. Im Zweifel haben zwei Ziele Vorrang, nämlich Wirtschaftswachstum und Vollbeschäftigung. Da Wirtschaftswachstum als Voraussetzung für Vollbeschäftigung angesehen wird, ist es zur Priorität geworden. Nach und nach entstand ein weiterer gesellschaftlicher Konsens, der das Wirtschaftswachstum als vorrangiges Ziel der Wirtschaftspolitik und schließlich der Politik überhaupt ansieht. Dieses Credo fasst das Bundesfinanzministerium in folgende Worte:

> „Durch gezielte Investitionen in Zukunftsthemen schafft der Bundeshaushalt die finanziellen Voraussetzungen für mehr Wachstum und Fortschritt sowie die Gestaltung der bevorstehenden Transformationsprozesse."[4]

---

[4] https://www.bundeshaushalt.de/DE/Home/home.html.

Davon stimmt allerdings nur die erste Hälfte, nämlich die Schaffung der Voraussetzungen für mehr Wachstum. Was Fortschritt ist, weiß das Bundesfinanzministerium nicht, denn diese Frage stellt es sich nicht. Und was die Gestaltung der bevorstehenden Transformationsprozesse angeht, so überlässt es diese bedenkenlos der Marktwirtschaft, deren Wachstum sie vorantreibt. Ob sie als Fortschritt anzusehen sind, ist eine Frage der Betrachtungsweise.

Besagte Transformationsprozesse sind in jedem Falle eine Weiterentwicklung in derselben Richtung. Diese Entwicklung wird nicht gestaltet, sondern hingenommen. Denn keine politische Partei hat noch ein Programm, das die Vision einer bestimmten gesellschaftlichen Entwicklung erkennen lässt. Vielmehr beschränkt man sich auf Vorschläge, wie man am besten mit den Folgen der Entwicklung fertig werden kann, der wir machtlos ausgesetzt sind.

Gleichzeitig wurde das Wirtschaftswachstum zum hauptsächlichen Kriterium, an dem der Erfolg einer Regierung gemessen wird. Eigentlich macht das keinen Sinn, denn wenn der Staat die Lehren des Wirtschaftsliberalismus befolgt und sich aus der Wirtschaft heraushält, kann er nicht für deren Entwicklung verantwortlich gemacht werden. Tatsächlich hält sich der Staat nur dort heraus, wo dies der Wirtschaft gelegen kommt. Kränkelt sie, ruft sie den Staat zu Hilfe. Braucht sie Hilfe, ist er bereit, sie zu leisten. So wurde im März 2024 ein Gesetz mit dem bezeichnenden Namen „Wachstumschancengesetz" beschlossen, mit dem der Staat zugunsten der Wirtschaft auf mehrere Milliarden Euro Steuern verzichtet – mit dem Ziel, „die Wirtschaft anzukurbeln".[5] Denn Wirtschaftswachstum ist und bleibt das höchste Ziel.

---

[5] https://www.bundesregierung.de/breg-de/aktuelles/wachstumschancengesetz-2216866.

5.2.2 Der Neoliberalismus

Dieses Ziel zu erreichen, wurde bereits in den 1970er-Jahren schwierig. Ölpreiskrisen und Inflation führten zu einer Rezession in den meisten Industriestaaten. Auch die USA waren nicht von dieser Krise verschont geblieben. Um ihrer Wirtschaft auf die Sprünge zu helfen, griffen sie auf die Lehre des klassischen Wirtschaftsliberalismus zurück, die sie in ein neues Gewand kleideten, welches Neoliberalismus genannt wird.[6]

Neoliberalismus behauptet, es würde das Wachstum der Wirtschaft fördern, wenn sie sich selbst überlassen bleibt. Grundsätzlich solle und könne alles durch das freie Spiel von Angebot und Nachfrage geregelt werden. Daher wird die Aufhebung gesetzlicher Vorschriften verlangt, die wirtschaftliche Tätigkeiten behindern. Eine weitere Forderung betrifft die Privatisierung staatlicher Unternehmen und den Abbau staatlicher Subventionen. Auch sozialpolitische Maßnahmen und solche des Arbeitnehmerschutzes sollen verringert werden. Vor allem aber werden niedrige Steuern gefordert. Sie würden zu vermehrten Investitionen, höherem Wirtschaftswachstum, mehr Stabilität und mehr Wohlstand führen.[7]

Die Einzelheiten einer neoliberalen Wirtschaftspolitik wurden Ende der 1980er-Jahre zwischen dem Finanzministerium der Vereinigten Staaten, dem Internationalen Währungsfonds, der Weltbank und mehreren in Washington angesiedelten Think-Tanks diskutiert. Dabei wurde eine Liste von 10 Punkten aufgestellt, die als *Washington Consensus* bezeichnet wird und für die die Vereinigten Staaten eine weltweite Werbekampagne führten. Damit hatten

---

[6] insbesondere Milton Friedman, Arthur Laffer und Robert Mundell.
[7] https://www.bpb.de/kurz-knapp/lexika/lexikon-der-wirtschaft/18622/angebotspolitik/.

sie auch in Europa Erfolg. Die EU und ihre Mitgliedstaaten nahmen die Idee einer neoliberalen Wirtschaftspolitik bereitwillig auf. Angesichts der anhaltenden Konjunkturschwäche der deutschen Wirtschaft entschied sich auch die 1982 gewählte CDU-Regierung unter Helmut Kohl für eine solche Wirtschaftspolitik.

Bis dahin hatte die SPD gemeinsam mit den Gewerkschaften die Vision einer Organisation der Wirtschaft als „Gemeinwirtschaft" verfolgt. Darunter wurde eine Wirtschaftsform verstanden, bei der nicht das private Gewinnstreben, sondern das Gemeinwohl im Vordergrund steht. Ziel war, möglichst viele Menschen mit wichtigen Gütern und Dienstleistungen zu erschwinglichen Preisen zu versorgen. Nach dem Konkurs des gemeinwirtschaftlichen Wohnungsbauunternehmens „Neue Heimat" wurden auch die übrigen gemeinwirtschaftlichen Unternehmen verkauft. Ende der 1980er-Jahre wurde das Konzept der Gemeinwirtschaft aufgegeben.

Um die internationale Wettbewerbsfähigkeit der deutschen Wirtschaft zu verbessern, bereitete die SPD-Regierung unter Gerhard Schröder die Agenda 2010 vor, die im Jahre 2003 angenommen wurde. Sie bestätigt und ergänzt die von der CDU-Regierung initiierte neoliberale Wirtschaftspolitik. Seitdem wird sie von einem überparteilichen Konsens getragen.

5.2.3 Die Priorität der Wirtschaftspolitik

Wirtschaftswachstum ist das höchste Ziel, nicht nur der Wirtschaftspolitik, sondern der Politik allgemein. Das wirkt sich auch auf andere Politiken aus, die vor allem unter dem Gesichtspunkt entschieden werden, welchen Beitrag sie zum Wirtschaftswachstum leisten können.

Bildung ist ein Wert an sich, aber auch eine Voraussetzung für produktive Arbeit und für Forschung. Bildung und Forschung werden nicht mehr um ihrer selbst willen betrieben, sondern als Mittel zum Zweck der Steigerung des Wirtschaftswachstums.

Gesundheit ist ebenfalls ein hoher Wert, doch treten die Belange einer Gesundheitspolitik hinter den Interessen der Wirtschaft zurück. Das Verbot der Werbung für Zigaretten bietet dafür ein beschämendes Beispiel. Seit 2007 verbietet eine Richtlinie der EU Tabakwerbung im Internet, in Zeitungen und Zeitschriften.[8] Aber erst seit 2022 sind Werbeplakate auf öffentlichen Plätzen verboten.

Auch die Sozialpolitik ist keine Priorität mehr. Wo sie als Bremse des wirtschaftlichen Wachstumes angesehen wird, zieht sie den Kürzeren. Darauf wird in Abschn. 5.4.4. näher eingegangen.

5.3 Das Wachstum der Wirtschaft und die Zunahme der Ungleichheiten

5.3.1 Das Wachstum der Wirtschaft

Wirtschaftswissenschaftler nennen eine neoliberale Wirtschaftspolitik „angebotsorientiert", denn sie bevorzugt die Angebotsseite, d. h. die Unternehmen.[9] In der Tat hängt das Wachstum einer kapitalistischen Marktwirtschaft maßgeblich von der Höhe der Unternehmergewinne ab. Dieser Zusammenhang beruht auf dem Prinzip des Kapitalismus, gemäß dem die Kapitaleigner das Eigentum an den hergestellten Sachen und den Gewinn erlangen. Diese Regelung

---

[8] 2003/33/EG.
[9] https://www.bpb.de/kurz–knapp/lexika/lexikon–der–wirtschaft/18622/angebotspolitik/.

motiviert Unternehmer, nach Gewinn zu streben. Meist verwenden sie einen Teil der Gewinne für neue Investitionen, um weitere Gewinne zu machen. Infolgedessen wird die Menge produzierter Güter ständig größer, und die Wirtschaft wächst.

Dabei handelt es sich um einen sich selbst beschleunigenden Prozess, denn jede Zunahme trägt ihrerseits zum Wachstum bei. Auch bei einer konstanten Wachstumsrate wächst die Wirtschaft exponentiell. Infolgedessen hat sich das Bruttoinlandsprodukt Deutschlands in den letzten 50 Jahren nominal verzehnfacht. In den letzten 30 Jahren hat es sich beinahe verdreifacht. Freilich sind beim realen Wachstum gewisse Abzüge zu machen, über deren Höhe man sich streiten kann. Doch besteht kein Zweifel, dass die Wirtschaft Deutschlands enorm gewachsen ist.

5.3.2 Die Zunahme der wirtschaftlichen und sozialen Ungleichheiten

Ebenso besteht kein Zweifel, dass der Segen des wirtschaftlichen Wachstums recht ungleich verteilt ist. Im Jahre 2024 besaßen 249 Deutsche jeweils mehr als € 1 Mrd.[10] Der reichste deutsche Staatsbürger besitzt mehr als 40 Mrd. €.[11] Mehr als 30 deutsche Familien haben jeweils mehr als 5 Mrd. €. Die reichsten 10 % der Bevölkerung verfügen über 65 % des Gesamtnettovermögens. Auf das reichste Prozent der Bevölkerung entfallen 35 % des

---

[10] https://www.blick.ch/wirtschaft/top-10-der-neuen-rangliste-phantom-an-der-spitze-kuehne-vorne-mit-dabei-die-deutschen-milliardaere-werden-immer-reicher-id20191603.html : *„249 Deutsche sind Milliardäre. Das sind 23 mehr als im Vorjahr – ein neuer Rekord. Total nahmen die Vermögen der Top 500 um 53 Mrd. Euro zu, auf ein neues Total von 1,1 Billionen Euro. Auch das ein Rekord".*

[11] https://de.statista.com/statistik/daten/studie/162320/umfrage/die–reichsten–deutschen/.

Gesamtvermögens.[12] Es besitzt so viel wie 87 % aller Bundesbürger zusammen.[13]

Auf der anderen Seite ist ein ständig größerer Anteil der Menschen in Deutschland von Armut betroffen. Im Jahre 2017 betrug die Armutsquote 15,7 % der Bevölkerung. Im Jahre 2021 lag sie bei 16,6 %. Damit hatten fast 14 Mio. Menschen kein sicheres Auskommen. Besonders hoch war die Armutsquote bei Rentnern (18 %) und bei Kindern und Jugendlichen (21 %).[14]

Ohne Zweifel haben sowohl die Armutsquote wie auch die wirtschaftlichen und sozialen Ungleichheiten in den vergangenen Jahrzehnten enorm zugenommen. Diese Entwicklung ist zum Teil auf eine vergleichsweise höhere Entlohnung des Kapitals zurückzuführen.[15] Der eigentliche Grund liegt jedoch tiefer.

Wer über ein gewisses Vermögen verfügt, hat gute Chancen, es zu vermehren. Denn Vermögen ermöglicht es, ein sogenanntes passives Einkommen zu erzielen, d. h. ein solches, das keine Arbeit erfordert. Übersteigt es den für die Lebenshaltung erforderlichen Betrag, lässt es das Vermögen wachsen – und damit auch das weitere passive Einkommen. Die Möglichkeit, auf diese Weise reich zu werden, hat jedoch nur wer über ein gewisses Startkapital verfügt. Wer auf den Lohn seiner Arbeit angewiesen ist, hat diese Möglichkeit kaum. Reicher wird daher nur eine Minderheit.

Der Vermögenszuwachs des wohlhabenderen Teils der Bevölkerung ist – wie das Wirtschaftswachstum – ein sich

---

[12] https://www.merkur.de/wirtschaft/deutschland–super–reiche–unternehmen–vermoegen–bmw–boehringer.
[13] DGB_Verteilungsbericht%202021.
[14] BR24 Nachrichten, 29.06.2022 13:45 Uhr.
[15] Dazu hat der französische Wirtschaftswissenschaftler Thomas Piketty 2013 eine ausführliche und gründlich belegte Untersuchung vorgelegt: Piketty, Thomas, *Le capital au XXIe siècle*.

selbst beschleunigender Prozess.[16] Er ist seinerseits der wesentliche Grund der Zunahme der wirtschaftlichen Ungleichheiten. Und auch sie ist ein sich selbst beschleunigender Prozess. Insofern sind besagte Entwicklungen keine Überraschung.

Dennoch sind sie erstaunlich. Denn in einer Demokratie gilt das Mehrheitsprinzip. Daher wäre zu erwarten, dass eine Politik verfolgt wird, die die Interessen der Mehrheit berücksichtigt. Die Mehrheit besteht aus den Menschen der unteren und mittleren Einkommensgruppen. Eine von der Mehrheit bestimmte Politik müsste also bemüht sein, die sozialen und wirtschaftlichen Ungleichheiten zu vermindern oder zumindest zu bremsen. Das ist ausgeblieben. Politik ist vor allem im Interesse einer Minderheit gemacht worden. Das zeichnete sich bereits in den 1960er-Jahren ab.

5.4 Wirtschaftspolitik im Interesse einer Minderheit

5.4.1 Gastarbeiter und Löhne

Der damalige Wirtschaftsminister Ludwig Erhard war der festen Überzeugung, der von einer Marktwirtschaft zu erwartende wirtschaftliche Erfolg würde sich auch in sozialer Hinsicht positiv auswirken. Er entwarf die Utopie einer Gesellschaft, in der es kein Proletariat mehr gäbe. Mit dem sogenannten Volkskapitalismus sollte eine breite Vermögensbildung gefördert werden.[17]

Allerdings reichte die Bevölkerung Deutschlands schon damals nicht aus, die steigende Nachfrage nach Lohnarbeit zu befriedigen. Daher wurden seit Mitte der 1950er-Jahre

---

[16] Die Wirtschaftswissenschaft nennt ihn Akkumulation.
[17] https://library.fes.de/fulltext/fo-wirtschaft/00965002.htm.

ausländische Arbeitnehmer angeworben. Das erste sogenannte Anwerbeabkommen wurde 1955 mit Italien geschlossen. Es ermöglichte deutschen Unternehmen, Italiener legal zu beschäftigen. Dagegen gab es zunächst heftigen Widerstand, doch Ludwig Erhard setzte das Abkommen schließlich gegen Widerstand aus den eigenen Reihen durch.[18] Es folgten weitere ähnliche Vereinbarungen: 1960 mit Spanien und Griechenland, 1961 mit der Türkei. 1963 mit Marokko, 1964 mit Portugal, 1965 mit Tunesien und 1968 mit Jugoslawien.

Die offizielle Begründung dieser Abkommen hieß „Die deutsche Wirtschaft braucht mehr Arbeitskräfte".[19] Gebraucht haben sie jedoch nur deutsche Unternehmen bzw. deren Eigner. Damals hieß es, eine Anwerbung ausländischer Arbeitnehmer sei notwendig, denn nur sie wären bereit, Arbeiten zu verrichten – wie zum Beispiel in der Müllabfuhr -, „die deutsche Arbeiter nicht machen wollten". Richtig ist, dass deutsche Arbeiternehmer sie nicht für die geringe Bezahlung machen wollten, mit der sich Gastarbeiter zufrieden gaben.

Ohne den Zuzug von Gastarbeitern hätte es eine Verknappung des Angebots an Lohnarbeit gegeben, die die Verhandlungsposition der Arbeitnehmer gestärkt hätte. Die Löhne wären entsprechend gestiegen – und möglicherweise hätte es am Ende tatsächlich kein Proletariat mehr gegeben. Die Politik, die den Zuzug ausländischer Arbeitnehmer erleichterte, war zweifellos nicht im Interesse der deutschen Arbeitnehmer – d. h. der Mehrheit der Bevölkerung. Sie war insofern nicht demokratisch.

---

[18] https://www.bpb.de/kurz-knapp/hintergrund-aktuell/324552/erstes-anwerbeabkommen-vor-65-jahren.

[19] https://www.auswaertiges-amt.de/de/aussenpolitik/anwerbeabkommen-2493338.

5.4.2 Privatisierungen

Eine Forderung der neoliberalen Wirtschaftspolitik ist die Privatisierung der Staatsbetriebe. Sie betrifft nicht nur Unternehmen, die vom Staat in der Absicht betrieben werden, Einnahmen zu erzielen. Sie umfasst auch staatliche Unternehmen, die Dienstleistungen der Grundversorgung erbringen, damit sie überall zur Verfügung stehen. Traditionellerweise erbringt der Staat auch Dienstleistungen im Bereich der inneren und äußeren Sicherheit, des Erziehungs- und Gesundheitswesens, der Altersfürsorge und des Verkehrs.

Theoretisch kann fast jede dieser Dienstleistungen auch von der Privatwirtschaft erbracht werden. Doch bestehen Zweifel, ob sich dies mit den Prinzipien der Demokratie vereinbaren lässt. Werden Aufgaben vom Staat, also durch Staatsbetriebe, wahrgenommen, so hat der Bürger die Möglichkeit, zumindest mittelbar Einfluss darauf zu nehmen. Werden dieselben Aufgaben von privaten Unternehmen wahrgenommen, besteht diese Möglichkeit nicht. Privatisierung bedeutet also nicht nur weniger Staat, sondern auch weniger Demokratie.

Das wäre allerdings nur dann ein Grund zur Kritik, wenn die fraglichen Aufgaben vom Staat wahrgenommen werden *müssen*. Da die Legitimität des Staates auf der Notwendigkeit seiner Existenz beruht, könnte man der Meinung sein, der Staat müsse alle Aufgaben wahrnehmen, die für die Befriedigung der Grundbedürfnisse bzw. für die Allgemeinheit *notwendig* sind. Die Frage ist also, welche Aufgaben das sind.

Zweifellos ist es eine Aufgabe des Staates, für Sicherheit zu sorgen. Doch schafft er das offenbar nicht mehr alleine. Es werden in Deutschland immer mehr private Sicherheitskräfte beschäftigt. Im Jahre 2010 waren es 170.000,[20] inzwischen sind es mehr als 260.000.[21] Das sind nicht viel weniger, als es Polizisten im Lande gibt.[22] Dieser Anstieg erklärt sich sicherlich zum Teil damit, dass es auch mehr zu überwachen gibt. Zum Teil ist aber auch das Risiko gestiegen, einem Angriff auf Leben oder Vermögen ausgesetzt zu sein. Das ist nicht zuletzt eine Folge der wachsenden Ungleichheiten. Der Umstand, dass der Staat nicht mehr das Monopol des Personen- und Objektschutzes hat – ja nicht einmal mehr beansprucht – bedeutet das Ende der Anwendung demokratischer Prinzipien in einem der wichtigsten Bereiche des gesellschaftlichen Zusammenlebens.

Noch in einem anderen Kernbereich des Staates macht die Privatwirtschaft dem Staat Konkurrenz, nämlich in der Rechtspflege. Manche Großunternehmen, die den Markt beherrschen, zwingen den Verbraucher zu einem Verzicht auf sein Grundrecht, im Falle eines Rechtsstreites ordentliche Gerichte anrufen zu können. Der Schutz der Grundrechte ist, wie erwähnt, ein Wesensmerkmal der Demokratie. Eine Einschränkung dieses Grundrechts bedeutet daher eine Einschränkung der Demokratie.

Die Privatwirtschaft ist nicht nur in Bereiche eingedrungen, in denen dies unbedenklich erscheint. Sie übt inzwischen auch Funktionen aus, die zum Kernbereich staatlicher Aufgaben gehören. Dabei ist sie nicht daran gehalten, demokratische Prinzipien zu beachten. Diese Entwicklung ist recht bedenklich.

---

[20] https://www.bpb.de/themen/innere-sicherheit/dossier-innere-sicherheit/76663/private-sicherheitsdienste/.
[21] https://de.statista.com/themen/1543/wach-und-sicherheitsdienste/#topicHeader__wrapper.
[22] https://testhelden.com/polizei-in-zahlen/.

5.4.3 Die Möglichkeit der Enteignung

Im Jahre 2020 kam es zu einer Krise aufgrund der Coronapandemie. Die wohl wichtigste Maßnahme zur Bewältigung der Krise war die der Bevölkerung gebotene Möglichkeit, sich unentgeltlich impfen zu lassen. Der Impfstoff wurde von der Europäischen Union und den Regierungen bezahlt. Daran haben die Hersteller Milliarden verdient.[23] Sie haben die Notsituation, in der sich die gesamte Bevölkerung fand, weidlich ausgenutzt.

Das hätte vermieden werden können, und zwar durch eine Enteignung. Die Möglichkeit einer Enteignung ist in Artikel 14 Absatz 3 des Grundgesetzes vorgesehen. Sie ergibt sich aus der sogenannten Sozialverpflichtung des Eigentums, die Absatz 2 folgendermaßen definiert:

„(2) Eigentum verpflichtet. Sein Gebrauch soll zugleich dem Wohle der Allgemeinheit dienen.

(3) Eine Enteignung ist nur zum Wohle der Allgemeinheit zulässig. Sie darf nur durch Gesetz oder auf Grund eines Gesetzes erfolgen, das Art und Ausmaß der Entschädigung regelt. Die Entschädigung ist unter gerechter Abwägung der Interessen der Allgemeinheit und der Beteiligten zu bestimmen. …"

Es wäre durchaus möglich gewesen, den Schutz des geistigen Eigentumes am Impfstoff aufzuheben. Das wäre einer Enteignung gleichgekommen. Sie wäre notwendig und daher auch zulässig gewesen, denn sie hätte zweifellos dem

---

[23] Verdient haben vor allem die Brüder Andreas und Thomas Strüngmann, die in die Firma Biontech investiert hatten, welche eine der ersten war, die einen Impfstoff entwickelte. Jeder von ihnen besaß vor der Coronapandemie ein Vermögen von etwa 3 Mrd. Euro. 2021 sind daraus für jeden 24 Mrd. Euro geworden. Das Vermögen des Gründers von Biontech, Uğur Şahin, betrug im Dezember 2020 etwa 5 Mrd. Euro und stieg bis November 2021 auf etwa 12 Mrd. Euro; https://de.wikipedia.org/wiki/Biontech.

Wohle der Allgemeinheit gedient. Zwar hätte eine Entschädigung gezahlt werden müssen, doch wäre sie mit Sicherheit geringer ausgefallen als das, was die Eigentümer der Patente mit dem Verkauf des Impfstoffs verdient haben.

Eine weniger drastische Maßnahme wäre gewesen, die Hersteller des Impfstoffes zu verpflichten, ihn in ausreichenden Mengen zu produzieren und zu Gestehungskosten abzugeben. Keine dieser Möglichkeiten ist in Betracht gezogen worden. Vielmehr ist allein den Interessen der Hersteller Rechnung getragen worden, und das auf Kosten der Allgemeinheit.

Dieses Beispiel zeigt, dass sich eine Demokratie schwer tut, das Eigentum und die Freiheit wirtschaftlicher Betätigung einzuschränken, auch wenn es dafür gute Gründe gibt und die in der Verfassung vorgesehenen Voraussetzungen erfüllt sind. Im Zweifel haben die Prinzipien der Marktwirtschaft Vorrang vor den Prinzipien der Demokratie.

5.4.4 Freihandel und Globalisierung

Ein Teil des Feldzuges der USA zur Verbreitung neoliberaler Ideen war eine Initiative zur Liberalisierung des Welthandels und ausländischer Investitionen. Ein entscheidender Beitrag hierzu wurde durch die achte Verhandlungsrunde der Mitgliedsstaaten des *„General Agreement on Tariffs and Trade"* (GATT; Allgemeines Zoll- und Handelsabkommen), der Uruguayrunde, geleistet, die 1994 abgeschlossen wurde. Als Ergebnis dieser Runde wurden die meisten noch bestehenden Handelsschranken des Warenverkehrs aufgehoben und auch der Dienstleistungsverkehr in vielen Bereichen liberalisiert. Zudem wurde ein weltweites System des Schutzes des geistigen Eigentums geschaffen. Das begünstigte eine Entwicklung, die als Globalisierung bezeichnet wird.

Auch sie wurde damit gerechtfertigt, dass sie das wirtschaftliche Wachstum begünstigt. Das hat sie getan, allerdings vor allem zugunsten von Unternehmen bzw. deren Eigentümern. Die Liberalisierung des Welthandels war eine Politik, die einseitig an Unternehmerinteressen ausgerichtet war.

Dank der Liberalisierung des Handels und ausländischer Investitionen begann in verschiedenen Entwicklungsländern eine erste Phase der Industrialisierung. Sie konzentrierte sich auf arbeitsintensive Sektoren wie die Herstellung von Textilwaren, denn der Produktionsfaktor Arbeit ist in diesen Ländern billig. Damit wiederholte sich dort, was in der Geschichte der Industrialisierung Europas im 19. Jahrhundert geschehen war: Es kam zu einer Ausbeutung der Lohnarbeiter.

Zwar hatte man bei der Vorbereitung der Uruguayrunde im Jahre 1986 versucht, auch Fragen des Arbeitnehmerschutzes und des Umweltschutzes einzubeziehen, doch scheiterte dieser Vorschlag am Widerstand der USA und der Entwicklungsländer. Das Gleiche wiederholte sich bei der Vorbereitung der nächsten Verhandlungsrunde in Doha im Jahre 2000. Wieder gab man den Interessen des Kapitals Vorrang vor denen der Arbeit.

Die Folge war eine Abwanderung ganzer Branchen in Billiglohnländer. Damit gingen Arbeitsplätze verloren. Das führte zu einer Schwächung der Position der Arbeitnehmer auf dem Arbeitsmarkt der Industrienationen. Aus diesem Grunde kam es zu einer Stagnation der Lohnentwicklung in den meisten Industriestaaten. Mit anderen Worten: Arbeitnehmer (die Mehrheit) zahlen für die Vergünstigungen, die die Globalisierung den Kapitaleignern (der Minderheit) beschert.

5.4.5 Der Abbau des Sozialstaates

Infolge der Globalisierung verschärfte sich der Wettbewerb, und zwar nicht nur zwischen Unternehmen, sondern auch zwischen Ländern und System. Weil mit der sozialen Marktwirtschaft höhere Kosten verbunden sind, zog sie den Kürzeren. In der Tat sank die Wettbewerbsfähigkeit der deutschen Wirtschaft Ende der 1990er-Jahre auf einen zuvor nie erreichten Tiefstand.

Um aus dem Tief herauszukommen, wurde im Jahre 2003 die Agenda 2010 beschlossen. Sie enthält eine Reihe arbeitgeberfreundlicher Maßnahmen, nämlich eine Lockerung des Kündigungsschutzes, eine Senkung der betrieblichen Lohnnebenkosten durch Erhöhung der Sozialabgaben der Mitarbeiter und Erleichterungen für die Beschäftigung von Leiharbeitern und auf Basis von Werkverträgen.

Diese Änderungen haben viele Unternehmen veranlasst, Stammpersonal zu entlassen und Leiharbeiter dauerhaft zu beschäftigen. Infolgedessen wurden Niedriglöhne in vielen Bereichen die Regel. Gleichzeitig wurde aufgrund der Lockerung des Kündigungsschutzes und der Ausweitung von Leiharbeit und Werkverträgen die Position von Gewerkschaften deutlich schwächer. Infolgedessen wurde es 2014 erforderlich, einen gesetzlichen Mindestlohn einzuführen.

Die Agenda 2010 war der Beginn des Abbaus des Sozialstaates. Der Sozialstaat liegt im Interesse der Mehrheit, sein Abbau dagegen kaum. Um ihn mehrheitsfähig zu machen, wurde behauptet, dass er Voraussetzung für wirtschaftliches Wachstum sei, welches allen zugutekommen würde. Die Annahme, dass der Abbau des Sozialstaates das wirtschaftliche Wachstum begünstigen würde, hat sich bestätigt, dass er allen zugutekommen würde, hingegen nicht.

Während Unternehmen von der Globalisierung profitierten, wurden die Kosten den Arbeitnehmern – d. h. der Mehrheit – aufgebürdet. Wie gesagt: Politik wird vor allem im Interesse einer Minderheit gemacht.[24]

5.4.6 Deregulierung und Mieten

Ein wesentliches Element der neoliberalen Wirtschaftspolitik ist die Deregulierung, d. h. die Aufhebung von Bestimmungen, die wirtschaftliche Betätigungen einschränken oder erschweren.[25] Im Zuge der Deregulierung wurden wichtige Vorschriften über Geschäfte von Banken und Börsen aufgehoben. Gleichzeitig wuchsen die Einkünfte aus Investitionen. Da die praktischen Möglichkeiten einer Kapitalanlage nicht unbegrenzt sind, verlegte man sich immer mehr auf Spekulationsgeschäfte, die dank der Deregulierung erlaubt waren. Es entstand der Finanzkapitalismus.

Mit ihm stiegen die Preise für Aktien und Immobilien rasant an. Der reale Wert dieser Objekte war jedoch nicht entsprechend gestiegen. Es handelte sich im Grunde um eine Inflation riesigen Ausmaßes, die jedoch unbemerkt vonstattenging, weil Aktienkurse, Immobilienpreise und Mieten in den offiziellen Statistiken zur Berechnung der Inflation nicht berücksichtigt werden.

---

[24] Ein Beispiel hierfür ist der vom FDP-Parteitag im April 2024 verabschiedete Leitantrag zur „Wirtschaftswende", die bewirken soll, *das Wirtschaftswachstum in Deutschland anzutreiben. Vorgesehen sind eine Reform des Bürgergelds mit Sanktionen für Arbeitsverweigerer, ein Ende der abschlagsfreien Rente mit 63, die Abschaffung des Solidaritätszuschlags und eine Steuerbefreiung von Überstunden*: Bayern 2 Nachrichten, 27.04.2024 17:00 Uhr.

[25] Diese Politik wird immer noch verfolgt. Bayern 2 Nachrichten, 01.03.2024 07:00 Uhr: „*Bundeskanzler Scholz hat zur Entlastung der deutschen Wirtschaft ein weiteres Bürokratieentlastungsgesetz in Aussicht gestellt. Es werde der Wirtschaft bald erhebliche Erleichterungen in Milliardenhöhe bringen*".

Nicht nur der Preis von Immobilien stieg an, sondern auch deren Miete. Seit 2010 stiegen die Mieten in Deutschland um 50 %. Das liegt weit über der Erhöhung des allgemeinen Preisniveaus (+19,7 %).[26] Etwa ein Drittel der zur Miete wohnenden Deutschen zahlen 42 % ihres Einkommens für die Miete. Für die von Armut betroffenen und bedrohten Menschen bedeutet dies, dass ihnen von dem Wenigen, das sie haben, noch weniger fürs Leben bleibt.

5.4.7 Die Bankenkrise

Besonders in den USA hatte die Stagnation der mittleren und unteren Einkommen verheerende Folgen. Die ohnehin seit langem hohe Verschuldung der privaten Haushalte in diesen Einkommensgruppen stieg deutlich weiter an. Um sich zu helfen, nahmen viele Familien Kredite auf, die sie durch Hypotheken auf ihre Häuser absicherten. Verbraucherkredite in dieser Weise zu gewähren, widerspricht den Grundsätzen seriöser Bankgeschäfte. Amerikanische Banken taten es dennoch, obwohl sie sich sagen mussten, dass von Menschen, die Kredite aufnehmen, weil sie ihren Lebensunterhalt nicht mehr bezahlen können, kaum zu erwarten ist, dass sie sie zurückzahlen können. Das konnten in der Tat immer weniger Schuldner. Infolgedessen musste die Investmentbank *Lehman Brothers* im September 2008 Insolvenz beantragen. Dies war der Beginn einer weltweiten Finanz- und Wirtschaftskrise, wie es sie seit 1929 nicht gegeben hatte. Sie machte deutlich, dass man mit der Deregulierung des Finanzsektors zu weit gegangen war – auf Kosten der Mehrheit der Bevölkerung.

---

[26] https://www.momentum–institut.at/grafik/mieten–im–privaten–bereich–um–die–haelfte–teurer–als–2010.

5.4.8 Die Übernahme privater Schulden durch den Staat

Um zu vermeiden, dass die Krise in ein Chaos mündete, übernahm die amerikanische Regierung die Schulden angeschlagener Banken, deren Insolvenz Schäden für die gesamte Wirtschaft nach sich gezogen hätte. *Too big to fail* lautet die Devise, was recht zutreffend die Macht dieser Finanzinstitute beschreibt.

Auch die Regierungen der Europäischen Union setzten zwischen 2008 und 2010 1,6 Billionen Euro ein, um Banken zu retten. Es wurden sogenannte Eurorettungsschirme geschaffen, die in Wirklichkeit Bankenrettungsschirme waren. Etwa 1,2 Billionen € dieser Hilfen wurden für Garantien oder Liquiditätshilfen verwendet, die restlichen 400 Mrd. € für Kapitalhilfen. In Deutschland erwarb der Staat für 18 Mrd. € ein Drittel der Anteile an der Commerzbank.

Das kam in erster Linie den Aktionären und Gläubigern zugute, die andernfalls ihr Geld verloren hätten. Gerechtfertigt wurde dies mit der Befürchtung, dass es ohne eine Bankenrettung zu einer globalen Wirtschaftskrise mit unkontrollierbaren Schäden für die ganze Wirtschaft kommen würde. Diese Befürchtung ist sicherlich berechtigt. Aber sie reicht nicht, um zu rechtfertigen, dass Aktionäre und Gläubiger vor größeren Schäden bewahrt wurden.

Diese Politik wird zutreffend als „die Privatisierung der Gewinne und die Sozialisierung der Verluste" beschrieben. Es mag gute Gründe für sie geben. Doch macht auch sie deutlich, dass Politik vor allem im Interesse einer wohlhabenden Minderheit gemacht wird.

5.4.9 Schulden statt Steuern

Eine der Forderungen des Neoliberalismus ist, wie gesagt, die Steuern niedrig zu halten. Sie wurde von den meisten westlichen Demokratien befolgt. Dafür waren sie bereit, sich immer mehr zu verschulden.

Die Staatsverschuldung in Deutschland beträgt inzwischen etwa 30.000 € pro Kopf der Bevölkerung. Jedes neugeborene Kind ist mit diesem Betrag daran beteiligt, ob es will oder nicht. In früheren Zeiten waren die Menschen darauf bedacht, ihren Nachkommen etwas zu hinterlassen. Heute hinterlassen wir unseren Nachkommen Schulden.

Schulden macht man, wenn das Einkommen für die Ausgaben nicht reicht. Um das zu vermeiden, gibt es zwei Möglichkeiten. Entweder richtet man die Ausgaben nach den Einnahmen, wie das private Haushalte gewöhnlich tun. Oder man versucht, die Einnahmen auf die Höhe zu steigern, in der man Ausgaben für erforderlich hält. Auch der Staat könnte beides tun, kann sich aber weder zu dem einen noch dem anderen entschließen. Obwohl er nicht das Geld dafür hat, macht er gewisse Ausgaben, weil er sie als notwendig erachtet. Und er verzichtet darauf, die entsprechenden Einkünfte zu erzielen, obwohl er das durch Steuererhöhungen könnte. Lieber macht er Schulden.

Weil die Steuern zu niedrig sind, fehlt dem Staat Geld. Er borgt es sich von den Leuten, die es ihm leihen können, weil sie zu wenig Steuern zahlen. Statt diesen Leuten Steuern aufzuerlegen, zahlt der Staat ihnen Zinsen. Um sie zu bezahlen, wird das Steueraufkommen aller verwendet – zugunsten der Minderheit derjenigen, die zu wenig Steuern zahlen.

5.5 Die Idealisierung der Marktwirtschaft

Die seit der Gründung der Bundesrepublik verfolgte liberale Wirtschaftspolitik hat nicht nur das Wachstum der Wirtschaft begünstigt, sondern auch eine Minderheit der Bevölkerung. Wie gesagt, angesichts des Prinzips, dass in einer Demokratie die Mehrheit entscheidet, ist diese Entwicklung erstaunlich. Denn man hätte Maßnahmen treffen können, sie zugunsten der Mehrheit zu korrigieren. Das wurde unterlassen. Vielmehr wurde sie durch konkrete Maßnahmen und Politiken wie die zuvor erwähnten begünstigt. Das ist noch erstaunlicher. Es stellt sich daher die Frage, wie es dazu kommen konnte.

5.5.1 Die Fixierung auf das Wirtschaftswachstum

Die kurze Antwort lautet: Weil die Regierung machen kann, was sie will. Zwar unterliegt sie der Kontrolle des Parlaments, das der Regierung das Vertrauen entziehen kann. Da dies aber nur dann zum Sturz der Regierung führt, wenn sich gleichzeitig eine Mehrheit für eine neue Regierung findet, ist die Wirksamkeit dieser Kontrolle recht beschränkt (siehe Abschn. 3.4.3).

Aber auch das Parlament kann machen, was es will, denn Abgeordnete sind nicht an ihre Wahlversprechen gebunden. Das erlaubt es ihnen, sich von jedermann beeinflussen zu lassen. Dabei steht es ihnen frei, die Vertreter bestimmter Interessen zu bevorzugen und sie bei ihren Entscheidungen zu berücksichtigen. Solange dies nicht mit einer Vorteilsannahme verbunden ist, liegt es im Rahmen des Erlaubten.

Allerdings unterliegen auch Parlamentarier einer Kontrolle, und zwar durch die Wähler. Wie wirksam diese Kontrolle ist, zeigen die Wahlergebnisse. Nur selten wurde in der Geschichte der Bundesrepublik eine Regierung „abgewählt" (siehe Abschn. 3.4.4). Offenbar sind die Deutschen zumeist mit der Arbeit ihrer Volksvertreter zufrieden. Das liegt nicht zuletzt daran, dass Wirtschaftswachstum zum vorrangigen – ja nahezu alleinigen – Ziel der Politik geworden ist. Dieses Ziel wird zumeist erreicht. Die Fixierung auf dieses Ziel hat dazu geführt, dass dem Wähler manches entgeht und vieles hingenommen wird.

Auch über die Mittel zur Erreichung dieses Ziels ist man sich einig. Seit mehr als 30 Jahren besteht ein überparteilicher Konsens darüber, die beste Politik, um das Wachstum der Wirtschaft zu fördern, sei, ihr freien Lauf zu lassen. Zweifel daran werden in der Regel mit einem scheinbar unwiderlegbaren Argument zurückgewiesen. Es wird behauptet, dass Wirtschaftswachstum *notwendig* sei.

5.5.2 Der Zwang zum Wachstum

In der Tat warnen viele Wirtschaftswissenschaftler vor den Folgen eines negativen Wirtschaftswachstums. Sie fürchten, dass weniger Produktion zu Unternehmensschließungen und Massenarbeitslosigkeit und schließlich zu einem Kollaps der Wirtschaft führen würde. Daher gäbe es einen *Zwang zum Wachstum*.[27] Ohne Wachstum würde eine Marktwirtschaft in eine Abwärtsspirale münden. Daher seien Maßnahmen zur Förderung des wirtschaftlichen Wachstums unausweichlich und alternativlos.

---

[27] Binswanger, Mathias, *Der Wachstumszwang: Warum die Volkswirtschaft immer weiter wachsen muss, selbst wenn wir genug haben,* S. 13.

Diese Befürchtungen sind grundsätzlich falsch. Es gibt immer Alternativen. Und Sachzwänge gibt es nur dort, wo bestimmte Vorgaben akzeptiert werden – die, zu akzeptieren, kein Zwang besteht. Wir akzeptieren – ohne Notwendigkeit – die Vorgabe, dass das Wirtschaftswachstum vorrangiges Ziel aller Politik sein muss und dass zur Erreichung dieses Ziels der Wirtschaft freier Lauf gelassen werden muss. Damit legen wir uns selbst besagte Zwänge auf. Mit anderen Worten: Wir haben eine grundlegende Entscheidung getroffen und akzeptieren unbesehen alle weiteren Entscheidungen, die sie nach sich zieht.

Mittlerweile beschränkt sich die politische Debatte nur mehr auf die Wahl der Mittel, die sich allein danach bestimmt, wie geeignet sie erscheinen, das vorgegebene Ziel des Wirtschaftswachstums zu erreichen. Die Weigerung, Alternativen in Betracht zu ziehen, widerspricht demokratischen Prinzipien.

5.6 Der Siegeszug der freien Marktwirtschaft

Schon zum Zeitpunkt der Gründung der Bundesrepublik fiel eine klare Entscheidung zu Gunsten einer kapitalistischen Marktwirtschaft. Jede andere Entscheidung wäre ohnehin am Veto der Besatzungsmächte gescheitert. Zum Ende der 1960er-Jahre verengte sich das politische Spektrum weiter. Wirtschaftswachstum wurde zum übergeordneten Ziel der Wirtschaftspolitik und der Politik überhaupt. In den 1980er-Jahren verengte sich schließlich auch die Bandbreite der Wirtschaftspolitik. Es kommen nur mehr solche Maßnahmen in Frage, die „angebotsorientiert" – d. h. unternehmensfreundlich – sind.

Die Folgen sind eine stete Zunahme der wirtschaftlichen und sozialen Ungleichheiten und des in Armut lebenden Teils der Bevölkerung. Doch steht die Mehrheit der Bevölkerung dieser Entwicklung ohnmächtig gegenüber. Denn die Republik ist keine *res publica*, keine „öffentliche Sache" mehr, sondern wird von Privatinteressen beherrscht. Dabei handelt es sich um die Interessen einer wohlhabenden Minderheit, die den Löwenanteil des wirtschaftlichen Wachstums für sich beansprucht. Ihr ist es gelungen, dem Staat ihren Willen aufzuzwingen. Der Siegeszug der Marktwirtschaft geht einher mit einer Niederlage der Demokratie.

6
Demokratie und Außenpolitik

Inhaltsverzeichnis

6.1 Die Rahmenbedingungen der deutschen Außenpolitik 136
    6.1.1 Die Wiedererlangung der staatlichen Souveränität 136
    6.1.2 Die Einbindung in das westliche Lager 138
6.2 Die europäische Einigung 139
    6.2.1 Die Europapolitik 140
    6.2.2 Die EU und die Flüchtlingspolitik 142
6.3 Die transatlantische Partnerschaft 144
    6.3.1 Die Abhängigkeit von den USA 145
    6.3.2 Der Führungsanspruch der USA 147
    6.3.3 Wirtschaftssanktionen 149
    6.3.4 Sanktionen gegen Deutschland 150
6.4 Menschenrechte und Demokratie 151
    6.4.1 Die Verteidigung der Menschenrechte 151
    6.4.2 Einmischung in fremde Staaten 153
6.5 Deutschland und die NATO 154
    6.5.1 Die NATO-Mitgliedschaft Deutschlands 155
    6.5.2 Die Militäreinsätze der NATO 156
    6.5.3 Der Militäreinsatz in Afghanistan 157

6.6 Der Krieg in der Ukraine 159
    6.6.1 Die Unterstützung der Ukraine 159
    6.6.2 Die Demokratie in der Ukraine 160
    6.6.3 Das Ziel der Unterstützung der Ukraine 162
    6.6.4 Die Rolle der USA 164
    6.6.5 Die Kriegsbereitschaft 166
6.7 Zusammenfassung 168

Wie in Kap. 3 erwähnt, sind den institutionellen Kontrollen im Bereich der Außenpolitik Grenzen gesetzt. Infolgedessen verfügen Regierungen in diesem Bereich über einen weit größeren Spielraum als in der Innen- und Wirtschaftspolitik. Er wächst ständig, denn immer mehr Themen werden von der Innenpolitik in die Außenpolitik verlagert. Ein Grund dafür ist die Globalisierung und der Freihandel. Ein anderer Grund ist die zunehmende internationale Zusammenarbeit im Bereich der Sicherheits- und Verteidigungspolitik. Ein besonderer Grund ist der Krieg in der Ukraine.

Zwar erlangen Regierungen infolge dieser Entwicklungen immer mehr Unabhängigkeit von innerstaatlichen institutionellen Kontrollen. Gleichzeitig schränkt die Zusammenarbeit im Bereich der Sicherheits- und Verteidigungspolitik ihre Unabhängigkeit aber auch immer mehr ein.

6.1 Die Rahmenbedingungen der deutschen Außenpolitik

6.1.1 Die Wiedererlangung der staatlichen Souveränität

Die Bundesrepublik hat ihre Souveränität erst nach und nach erlangt. Gemäß dem im September 1949 in Kraft getretenen Besatzungsstatut übten die USA, Großbritannien und Frankreich weiterhin eine Kontrolle über die Bundesregierung und die Regierungen der Länder aus. Diese Kontrolle betraf vor allem die Bereiche:

- Wirtschaft, Industrie und Außenhandel,
- auswärtige Angelegenheiten und
- Abrüstung und Entmilitarisierung.

Erst mit dem Abschluss des Petersberger Abkommens im November 1949 erhielt die Bundesrepublik das Recht zur Aufnahme konsularischer Beziehungen, und erst im März 1951 auch zur Aufnahme diplomatischer Beziehungen. Und erst im Jahre 1955 – zehn Jahre nach Kriegsende – wurde das Besatzungsstatut durch den zweiten Deutschlandvertrag ersetzt.

Darin behielten sich die Alliierten das Recht vor, *„im Falle eines Angriffs oder unmittelbar drohenden Angriffs ohne Einwilligung der Bundesrepublik"* Truppen nach Deutschland zu verlagern. Gemäß Artikel 5 des Vertrages sollten die Rechte der Alliierten, für die Sicherheit ihrer dort stationierten Streitkräfte zu sorgen, erlöschen, *„sobald die zuständigen deutschen Behörden entsprechende Vollmachten durch die deutsche Gesetzgebung erhalten haben [...], einschließlich der Fähigkeit, einer ernstlichen Störung der öffentlichen Sicherheit und Ordnung zu begegnen."*

Um diesen Vorbehalt zu beenden, bedurfte es einer Änderung bzw. Ergänzung des Grundgesetzes. Sie gelang erst 1968, nach dreizehn Jahren, mit der Annahme der Notstandsgesetze (siehe Abschn. 3.5.1). Doch auch danach gab es noch Vorbehaltsrechte der früheren Siegermächte. Artikel 2 des zweiten Deutschlandvertrages von 1955 blieb weiterhin in Kraft. Darin hieß es:

„Im Hinblick auf die internationale Lage, die bisher die Wiedervereinigung Deutschlands und den Abschluss eines Friedensvertrags verhindert hat, behalten die Drei Mächte die bisher von ihnen ausgeübten oder innegehabten Rechte und Verantwortlichkeiten in Bezug auf Berlin und auf Deutschland als Ganzes einschließlich der Wiedervereinigung Deutschlands und einer friedensvertraglichen Regelung."

Als es so weit war – 1990 – musste Deutschland die Einwilligung der USA, Großbritanniens und Frankreichs einholen, um sich wiedervereinigen zu dürfen. Wirklich souverän ist Deutschland erst seitdem.[1] Der Weg dorthin war lang und beschwerlich. Das sollte bleibende Folgen haben, und zwar vor allem in den Bereichen Wirtschaft, auswärtige Angelegenheiten und Verteidigung.

6.1.2 Die Einbindung in das westliche Lager

Schon mit der Gründung der Bundesrepublik waren die Weichen für ihre zukünftige Außenpolitik gestellt, denn sie besiegelte die Spaltung Deutschlands. Es folgte die Eingliederung der Bundesrepublik in das westliche, von den USA geführte Lager und eine Beteiligung am Kalten Krieg an der Seite der Verbündeten. Diese Politik wurde von Bundeskanzler Konrad Adenauer entschlossen vorangetrieben.[2]

---

[1] Dietmar Nicklaus behauptet in seinem Pamphlet *70 Jahre Bundesrepublik Deutschland*, die Bundesrepublik sei immer noch kein souveräner Staat, weil der Zwei-Plus-Vier-Vertrag die früheren Besatzungsmächte in einigen Punkten von der deutschen Gerichtsbarkeit freistellt. Sie ist in jedem Falle souverän genug, eine unabhängige Außenpolitik betreiben zu können. Die Frage, der hier nachgegangen wird, betrifft nicht die eventuellen Grenzen der Souveränität, sondern den Gebrauch derselben.

[2] Sie war keineswegs alternativlos. Vielmehr gab es damals Stimmen, die eine Neutralität nach dem Muster von Österreich oder Finnland befürworteten.

Im Jahre 1951 trat die Bundesrepublik – auf Drängen der USA – dem GATT bei. Seitdem unterstützt sie die Bemühungen der USA um eine Liberalisierung des Welthandels. Um wettbewerbsfähig zu bleiben, musste Deutschland auch den wirtschaftspolitischen Kurs der USA nachvollziehen. Man musste sich für eine neoliberale bzw. angebotsorientierte Wirtschaftspolitik entscheiden.

Im Jahre 1952 gründeten sechs westeuropäische Staaten die Europäische Gemeinschaft für Kohle und Stahl (EGKS). Einer dieser Staaten war die Bundesrepublik Deutschland. Mit der Gründung der EGKS begann der Prozess der europäischen Integration, der die Einbindung Deutschlands in das westliche Lager vertiefte.

Nach Abschluss des zweiten Deutschlandvertrages im Jahre 1955 war die Bundesrepublik zumindest theoretisch in der Lage, eine unabhängige Außenpolitik zu machen. Doch war es zu diesem Zeitpunkt aus praktischen Gründen nicht mehr möglich. Denn inzwischen hatte sich Deutschland in seiner Verteidigungs- und Sicherheitspolitik in eine unbedingte Abhängigkeit von den USA begeben.

Bis 1954 hatte die Bundesrepublik nicht das Recht, sich zu bewaffnen. Sie erhielt es unter der Bedingung, der NATO beizutreten. Seitdem verlässt sich die Bundesrepublik voll und ganz darauf, nötigenfalls von den USA verteidigt zu werden, und ist im Gegenzug bereit, ihnen unbedingte Gefolgschaft zu leisten.

6.2 Die europäische Einigung

Im Mai 1955 trafen sich Vertreter der Mitgliedstaaten der EGKS in Messina. Dort einigten sie sich auf Pläne, die 1958 zur Gründung der Europäischen Atomgemeinschaft

---

Einer von ihnen war der frühere Staatssekretär im Auswärtigen Amt, Georg Ferdinand Duckwitz, der mir davon in privaten Gesprächen berichtete.

(EURATOM) und der Europäischen Wirtschaftsgemeinschaft (EWG) führten. Aus ihnen ging im Jahre 1993 die Europäische Union (EU) hervor.

Die Zusammenarbeit innerhalb der EU ist ein wesentliches Element der deutschen Außenpolitik, denn die Bundesrepublik hat einen Teil ihrer Souveränität an die EU übertragen. Dieser Teil kann nur gemeinsam mit den anderen Mitgliedstaaten ausgeübt werden. Die Zusammenarbeit mit ihnen erfolgt unter Beachtung des Grundsatzes der Gleichberechtigung. Sie war stets von dem Bemühen um Konsens geprägt. Sie verlangt Einordnung, aber keine Unterordnung.

Freilich kann man die Beteiligung an der europäischen Zusammenarbeit grundsätzlich in Frage stellen, wie das verschiedene Parteien in mehreren europäischen Ländern tun. Man kann auch das Volk dazu befragen, wie das im Vereinigten Königreich geschehen ist. Dort hat ein Referendum der Teilnahme ein Ende gesetzt, was zumindest dem Anschein nach sehr demokratisch erscheint (siehe Abschn. 4.2.4). In Deutschland wird die Forderung, das Land solle aus der EU austreten, nur von 14 % der Wahlberechtigten unterstützt.[3] Insofern bestehen kaum Bedenken bezüglich der Legitimität der Beteiligung Deutschlands am Projekt der europäischen Einigung.

6.2.1 Die Europapolitik

Deutschland ist der größte Mitgliedstaat der EU, zeigt aber wenig Interesse daran, sich in die europäische Zusammenarbeit einzubringen. Auf eine proaktive Europapolitik wird weitgehend verzichtet.

---

[3] https://www.tagesschau.de/inland/deutschlandtrend/deutschlandtrend–extra–europa–100.html.

Zwar war der erste Präsident der Kommission ein Deutscher namens Walter Hallstein, der sein Amt von 1958 bis 1967 innehatte. Danach sollte es allerdings 52 Jahre dauern, bis wieder eine Deutsche, Ursula von der Leyen, Präsidentin der Kommission wurde. In der Zwischenzeit hatte die Bundesrepublik vor allem Politiker als Kommissare benannt, die man in Deutschland nicht mehr brauchte.

Dazu gehörte zum Beispiel der FDP-Politiker Martin Bangemann, der als Kommissar vor allem durch seinen Drang dazu auffiel, durch weitschweifende Ausführungen seine profunden Geschichtskenntnisse unter Beweis zu stellen. Dazu gehörte auch die grüne Politikerin Michaele Schreyer, die überleben konnte, weil sie sich auf einen kompetenten Kabinettschef stützen konnte. Dazu gehörte auch der CDU-Politiker Günther Oettinger, dessen Verdienst vor allem darin bestand, zur Erheiterung seiner Kollegen und der übrigen Kommissionsbeamten beigetragen zu haben.

Kommissare sind nicht an die Weisungen ihrer Regierungen gebunden, doch liegt es auf der Hand, dass sie die Interessen ihres Landes berücksichtigen. Die Benennung ausrangierter Politiker nach Brüssel offenbart entweder ein Desinteresse an Europa oder eine Vernachlässigung deutscher Interessen. Das wurde in den 1990 Jahren auch dem Auswärtigen Amt bewusst, als es feststellen musste, dass man nicht genügend getan hatte, um den Nachwuchs zu fördern. Zu diesem Zeitpunkt reichte die Anzahl der jüngeren deutschen Beamten in der Kommission nicht aus, um die leitenden Posten zu besetzen, die in den kommenden Jahren nach einer ungeschriebenen, aber vernünftigen Quotenregelung Deutschland zustehen würden.

Ein ähnliches Problem gab es bei der Teilnahme deutscher Regierungsvertreter in Ausschüssen der Kommission und des Ministerrates. Auch hier legte sich die Bundesrepublik erstaunlich viel Zurückhaltung auf. Immer wieder hatte ich den Eindruck, dass es deutschen Vertretern an

Selbstvertrauen fehlte, um den Forderungen der Bundesrepublik Nachdruck zu verleihen. Das lag nicht selten daran, dass Bonn bzw. Berlin es für angebracht gehalten hatten, Beamte des mittleren Dienstes nach Brüssel zu schicken, um dort mit höherrangigen und erfahreneren Kollegen aus anderen Mitgliedstaaten zu verhandeln.[4]

Eine Partizipation des Volkes an der Ausübung der Macht im Staate setzt voraus, dass sie tatsächlich ausgeübt wird. Die vergleichsweise geringe Beteiligung Deutschlands an der Zusammenarbeit im Rahmen der EU schränkt mittelbar die Partizipation der deutschen Bevölkerung an der Arbeit der EU ein. Glücklicherweise hat das in der Regel keine spürbaren negativen Folgen. Denn meist gibt es irgendeinen anderen Mitgliedstaat, der die gleichen Interessen hat wie die Bundesrepublik, aber – im Gegensatz zu ihr – bereit ist, sie zu verteidigen.

6.2.2 Die EU und die Flüchtlingspolitik

Von diesen Feststellungen muss eine Ausnahme gemacht werden. Angesichts der Probleme, die die Flüchtlingskrise des Jahres 2015 mit sich brachte, beharrte die Bundesregierung darauf, sie auf europäischer Ebene zu lösen. Dabei wurde eine recht scharfe Gangart gewählt.

Bereits 1990 hatten Mitgliedstaaten der EU das sogenannte Dublin-Übereinkommen zur Asylpolitik ausgehandelt. Danach muss ein Vertragsstaat, an dessen Grenze eine asylsuchende Person ohne Visum erstmals Europa erreicht, ihn registrieren und das Asylverfahren durchführen. Aufgrund des hohen Andrangs von Flüchtlingen in Griechenland und Italien ließen diese beiden Länder im Sommer 2015 die meisten Flüchtlinge ohne Registrierung

---

[4] Diese Beobachtungen konnte ich während meiner Tätigkeit als Beamter der Europäischen Kommission machen.

in andere Mitgliedstaaten – vor allem nach Deutschland – weiterreisen. Die Bundesregierung drängte die übrigen EU-Mitgliedstaaten, einen Teil der nach Deutschland eingereisten Flüchtlinge zu übernehmen – allerdings ohne Erfolg. Daraufhin versuchte Deutschland, die anderen Mitgliedstaaten dazu zu verpflichten. Eine Rechtsgrundlage dafür bot der Artikel 78 Absatz 3 des Vertrages über die Arbeitsweise der Europäischen Union, der besagt:

„Befinden sich ein oder mehrere Mitgliedstaaten aufgrund eines plötzlichen Zustroms von Drittstaatsangehörigen in einer Notlage, so kann der Rat auf Vorschlag der Kommission vorläufige Maßnahmen zugunsten der betreffenden Mitgliedstaaten erlassen."

Im September 2015 legte die EU-Kommission auf Druck der deutschen Regierung hin einen Plan zur Verteilung von Flüchtlingen auf alle EU-Staaten vor. Am 22. September 2015 beschloss der Ministerrat der EU eine Umverteilung von 120.000 Schutzbedürftigen. Diese Entscheidung wurde von einer qualifizierten Mehrheit getroffen. Gegen die Umverteilung stimmten Polen, die Slowakei, Tschechien und Ungarn. Das waren zwar vier Staaten, aber deren Bevölkerung reichte insgesamt für eine Sperrminorität nicht aus (siehe Abschn. 3.6.5).

Diese vier Mitgliedsstaaten waren mit der Umverteilung der Flüchtlinge vor allem deswegen nicht einverstanden, weil sie nicht die Kosten zur Lösung eines Problems übernehmen wollten, an dessen Entstehung die Bundesrepublik nach ihrer Ansicht maßgeblich beteiligt war. Sie waren nicht bereit, sich dem Mehrheitsbeschluss zu fügen. Er wurde nicht umgesetzt.

Gewiss war die Beschlussfassung formal einwandfrei. Insofern sind die Staaten, die die Minderheit bildeten, im Unrecht. Andererseits hat das Beharren auf einem Mehrheitsbeschluss die EU vor eine Zerreißprobe gestellt. Die

Zugehörigkeit eines Mitgliedsstaates zur EU wird nicht wie die Staatsangehörigkeit mit der Geburt erworben, sondern beruht auf freiwilliger Basis. Verlangt sie einen Verzicht auf vitale Interessen, der von einem Mitgliedstaat als unzumutbar empfunden wird, kann dies dem Wunsch nach Zusammengehörigkeit die Basis entziehen. Dann entfallen auch die Voraussetzungen für die Anwendung demokratischer Prinzipien. Es scheint so, als habe der Beschluss des Ministerrats der EU vom 22. September 2015 in den Staaten, die die Minderheit bildeten, diese Wirkung gehabt.

6.3 Die transatlantische Partnerschaft

Die transatlantische Partnerschaft ist eine beschönigende Bezeichnung für den Umstand, dass Deutschland auch nach dem Ende des Besatzungsstatuts in enger Abhängigkeit von den USA verblieb. Aufgrund der Mitgliedschaft in der NATO ist es den USA gestattet, 181 Militärbasen in Deutschland zu unterhalten[5] und Atomwaffen zu lagern.[6] Etwa 50.000 amerikanische Soldaten sind in der Bundesrepublik stationiert, was einem Viertel der Stärke der Bundeswehr entspricht. Vor diesem Hintergrund erscheint ein Streben nach unabhängiger Politik als ein ebenso gewagtes wie aussichtsloses Unterfangen.

---

[5] https://de.statista.com/statistik/daten/studie/1134544/umfrage/militaerische-einrichtungen-der-us-streitkraefte.

[6] Offenbar ist die Existenz von Nuklearwaffen auf deutschen Boden aus der Sicht unserer Regierung kein Problem, denn sie weiß nicht einmal, wie viele es sind: https://www.atomwaffena-z.info/glossar/begriff/ramstein.

6.3.1 Die Abhängigkeit von den USA

Der erste und lange Zeit einzige Versuch in dieser Richtung war die von dem damaligen Bundeskanzler Willy Brandt initiierte Ostpolitik, die sich um eine Entspannung des Konfliktes mit den Staaten des Warschauer Paktes bemühte. Mit dieser Politik handelte er sich gehörige Schelte seitens der christdemokratischen Opposition ein, die diese Abweichung vom Kurs der USA als einen Verrat an der transatlantischen Partnerschaft betrachtete.

Auch nach der Wiedervereinigung und der Erlangung der vollen Souveränität folgte die Bundesrepublik bedingungslos den Vorgaben, die Washington machte. Das galt ohne Einschränkung, zumindest bis zum Sommer 2002. Damals verweigerte der Bundeskanzler Gerhard Schröder die Beteiligung der Bundesrepublik an dem Vorhaben der USA, einen Krieg gegen den Irak zu beginnen. Auf einer Wahlkampfveranstaltung, die im August 2002 in Hannover stattfand, sagte er:

> „Wir sind zu Solidarität bereit. Aber dieses Land wird unter meiner Führung für Abenteuer nicht zur Verfügung stehen."

Nie zuvor hatte sich ein Bundeskanzler so offen von den USA distanziert. Damit setzte er sich heftiger Kritik der damaligen Oppositionsführerin Angela Merkel aus. 15 Jahre später schienen ihr allerdings Zweifel gekommen zu sein. Im Mai 2017 sagte Bundeskanzlerin Angela Merkel in einer Rede bei einer Veranstaltung der CSU in München-Trudering:

> „Die Zeiten, in denen wir uns auf andere völlig verlassen konnten, die sind ein Stück weit vorbei. Das habe ich in den letzten Tagen erlebt. Und deshalb kann ich nur sagen: Wir Europäer müssen unser Schicksal wirklich in die eigene Hand nehmen."

Dieser Satz erkennt unausgesprochen an, dass wir unser Schicksal zuvor nicht in die eigene Hand genommen hatten. Bedauerlicherweise hat sich seitdem nichts daran geändert. Denn schon ein Jahr später schwenkte die Kanzlerin wieder auf die alte Linie ein. Auf dem NATO-Gipfel, der im Juli 2018 in Brüssel stattfand, behauptete Präsident Donald Trump, Deutschland werde „*vollständig von Russland kontrolliert*". In ihrer Antwort darauf unterstrich Angela Merkel

> „… dass wir unsere eigenständige Politik machen können und eigenständige Entscheidungen fällen können … wir sind bis heute sehr stark in Afghanistan engagiert und damit verteidigen wir auch die Interessen der Vereinigten Staaten von Amerika …"

Selbstverständlich können wir eine eigenständige Politik machen und eigenständige Entscheidungen treffen. Besser gesagt: Wir *könnten* es. Doch tun wir es in einer Weise, die sich an den Interessen der USA ausrichtet. Nicht von Russland, sondern von Washington werden wir kontrolliert. Selbst die Kanzlerin wurde von der NSA abgehört. Als das herauskam, bestellte die Regierung der Bundesrepublik Deutschland erstmals in ihrer Geschichte den Botschafter der USA ein – *zum allerersten Mal seit 1949.*[7]

Unsere Abhängigkeit von den USA bedeutet eine empfindliche Einschränkung des Selbstbestimmungsrechtes und der Anwendung demokratischer Prinzipien. Nicht die wahlberechtigten Bürger der Bundesrepublik entscheiden, welche Außenpolitik gemacht wird, sondern die Regierung der Vereinigten Staaten von Amerika. Das gilt sowohl in Situationen, in denen Konsultationen – wie zum Beispiel im Rahmen der NATO – erfolgen, wie auch in sol-

---

[7] https://de.wikipedia.org/wiki/Globale_Überwachungs-_und_Spionageaffäre.

chen, in denen sich die USA zu einem Alleingang entschließen – wie zum Beispiel bei den Verhandlungen mit den Taliban über den Rückzug aus Afghanistan oder den Verhandlungen mit Russland über eine Beendigung des Krieges in der Ukraine.

Diese Beobachtungen sind alarmierend. Sie sind noch alarmierender angesichts der Tatsache, dass sich die USA keineswegs so verhalten, wie es von einem Verbündeten zu erwarten wäre. Der überwiegende Teil der deutschen Bevölkerung hält die USA nicht mehr für einen vertrauenswürdigen Partner.[8]

6.3.2 Der Führungsanspruch der USA

Seit dem Ende des Zweiten Weltkrieges stellen die USA ihre Außenpolitik als selbstlosen Einsatz für andere Länder dar, die sie beschützen, befreien oder entwickeln. Dieser Haltung liegt die Vorstellung eines *american exceptionalism* zugrunde, gemäß der die USA und ihre Bevölkerung etwas Außergewöhnliches und in der Welt Einzigartiges darstellen, das sie über alle anderen Länder und Menschen erhebt und ihnen Vorrechte verleiht.[9] Daraus leiten sie den Anspruch auf die Rolle eines Führers in der Welt und sogar eines „Weltpolizisten" ab. Eine solche Rolle ist in der mit der UNO geschaffenen Weltordnung nicht vorgesehen. Sie widerspricht dem Prinzip der Gleichberechtigung souveräner Staaten. Vor allem aber negiert sie die Idee, dass alle Menschen weltweit gleich sind und gleiche Rechte haben.

---

[8] BR24 Nachrichten, 06.03.2025 21:00 Uhr „*Nur noch jeder sechste Deutsche hält die USA für einen vertrauenswürdigen Partner: Das hat eine repräsentative Umfrage von infratest dimap unter 1325 Wahlberechtigungen für den ARD-Deutschlandtrend ergeben. Das Vertrauen der Deutschen in die Vereinigten Staaten ist damit auf einem historischen Tiefpunkt*".

[9] Diese Überzeugung wurde von Donald Trump in seiner Rede anlässlich seiner Amtseinführung ausgesprochen.

Führer der Welt zu sein, heißt für die USA nicht etwa, der Welt mit gutem Beispiel voranzugehen. Vielmehr ist damit die Hegemonie gemeint, die die USA seit dem Kollaps der Sowjetunion anstreben. Sie beruht auf einer Ideologie, die als Neokonservatismus bezeichnet wird und die in der sogenannten Wolfowitz-Doktrin zum Ausdruck gekommen ist.

Diese Doktrin besagt, dass nach dem Kollaps der Sowjetunion die Vereinigten Staaten von Amerika die einzige Supermacht der Erde seien und es das übergeordnete Ziel ihrer Außenpolitik sein müsse, diese Stellung zu erhalten. Sie behauptet, die USA hätten das Recht, überall in der Welt einzugreifen, wo ihnen das zur Verfolgung dieses Ziels notwendig erscheint, und zwar erforderlichenfalls auch mit dem Militär.

Diese außerpolitischen Ziele werden in der Nationalen Sicherheitsstrategie von 2002 und der Nationalen Verteidigungsstrategie von 2018 näher dargelegt. Es geht um die Aufrechterhaltung des Einflusses Amerikas, der unangefochtenen Überlegenheit in jedem militärischen Bereich (*„an die unsere Nation gewöhnt ist"*), des Zugangs zu den Märkten anderer Länder zwecks Verbesserung des Lebensstandards in den USA und einer Weltordnung, die der Sicherheit und dem Wohlstand der Vereinigten Staaten förderlich ist. Ein weiteres Ziel ist die Konsolidierung von *„Gewinnen, die wir in Afghanistan, Irak, Syrien und anderswo erzielt haben"*. Den Konkurrenten und Feinden der USA wird militärische Gewalt angedroht, wenn sie Aktionen unternehmen, die diesen Zielen zuwiderlaufen.

Die fachwissenschaftliche Bezeichnung für eine solche Politik lautet „Imperialismus". Manche Kommentatoren sprechen beschönigend von „Unilateralismus". Die Außenpolitik der USA ist die jüngste – und möglicherweise letzte – Variante der europäischen Kolonialpolitik. Sie ist undemokratisch, weil sie die Völker anderer Staaten einer

Macht unterwirft, die sie nicht kontrollieren können. Präsident Trump scheint entschlossen, diese Politik weiterzuführen. Seine Devise „*America first!*" lässt daran keinen Zweifel. Zudem denkt er daran, Länder, die ihm interessant erscheinen, zu übernehmen – ähnlich wie das die europäischen Kolonialmächte bis vor etwa 100 Jahren getan haben.

6.3.3 Wirtschaftssanktionen

Ein von den USA zur Erreichung ihrer außenpolitischen Ziele immer häufiger eingesetztes Mittel sind Wirtschaftssanktionen. Sie zeichnen sich nicht nur dadurch aus, dass sie einseitig beschlossen werden. Sie haben darüber hinaus auch eine „extraterritoriale" Wirkung insofern, als ihre Einhaltung auch anderen Staaten vorgeschrieben wird.

Das geschah zum ersten Mal in dem im Jahre 1996 verabschiedeten *Helms-Burton Act*, offiziell *Cuban Liberty and Democratic Solidarity Act*, der das Wirtschaftsembargo der Vereinigten Staaten gegen Kuba verschärfte und es auch anderen Staaten zur Pflicht machte, die Sanktionen zu beachten. Gleiches gilt für die Wirtschaftssanktionen, die ab September 2006 gegen den Iran zwecks Einhaltung des Atomabkommens verhängt und in den darauffolgenden Jahren immer weiter verschärft wurden. Ähnliche Sanktionen enthält der *Countering American Adversaries Through Sanctions Act*, den der Kongress im Juli 2017 verabschiedete und der sich gegen den Iran, Nordkorea und Russland richtete.

Unternehmen aus Drittländern, die diese Sanktionen nicht beachten, können dafür in den USA bestraft werden. Das traf auch deutsche Firmen, die Geschäftsbeziehungen zu diesen Ländern unterhielten. Die deutsche Aluminium verarbeitende Industrie geriet in eine äußerst schwierige Lage, denn sie war von Lieferungen aus Russland abhängig.

Die betroffenen Unternehmen werden also in jedem Falle bestraft: entweder durch die Sanktionen selbst, die es ihnen verbieten, bestimmte Geschäfte zu tätigen, oder im Falle eines Verstoßes gegen die Sanktionen, indem sie dafür in den USA zur Rechenschaft gezogen werden.

Sanktionen mit extraterritorialer Wirkung wirken sich nicht nur auf privatwirtschaftliche Unternehmen aus. Sie beeinträchtigen auch die deutsche Außenpolitik, denn sie wirken, als habe sie die Bundesrepublik beschlossen. Die USA setzen sich mit solchen Sanktionen an die Stelle der deutschen Regierung bzw. des Bundestages. Sie bevormunden sie.

6.3.4 Sanktionen gegen Deutschland

Deutschland als hoch industrialisiertes, aber rohstoffarmes Land ist auf den Import von Rohstoffen angewiesen. Es ist also grundsätzlich abhängig, egal, von wem. Doch ist es in seiner Wahl nicht frei. Vielmehr behält sich das Land, von dem wir mehr als von allen anderen abhängig sind, nämlich die USA, das Recht vor, zu bestimmen, in wessen wirtschaftliche Abhängigkeit wir uns begeben.

Schon seit 1972 hat Deutschland Gas aus der damaligen Sowjetunion importiert. Der Gasexport in den Westen stieg von drei Milliarden Kubikmeter im Jahre 1970 auf 110 Mrd. Kubikmeter im Jahre 1990 an. 1997 wurde mit dem Bau einer ersten Pipeline nach Europa begonnen. Angesichts der guten Zusammenarbeit zwischen Russland und Deutschland entschloss sich der russische Gaslieferant, eine weitere Pipeline zu bauen. Dies war den USA ein Dorn im Auge. Sie warfen Deutschland vor, sich in eine zu große Abhängigkeit von Russland zu begeben.

Abhängigkeit kann ein Problem werden, wenn sie vom Lieferanten ausgenutzt wird. Er hat es in der Hand, Lieferungen einzustellen, überhöhte Preise zu verlangen oder auch mit der Drohung eines Lieferstopps ein bestimmtes Verhalten zu erpressen. Keines dieser Probleme ist im Verhältnis zu Russland aufgetreten. Die Bundesrepublik ist nicht von Russland erpresst worden, sondern von den USA.

Unter dem Vorwand, für Europas Energiesicherheit sorgen zu wollen, verabschiedete der Kongress 2019 den *Protecting Europe's Energy Security Act*, mit dem die Fertigstellung und Inbetriebnahme der Erdgaspipeline Nord Stream 2 verhindert werden sollte. Das Gesetz sah Strafmaßnahmen gegen Unternehmen vor, die sich an den Arbeiten für die Pipeline beteiligten. 2021 wurden allen Personen und Unternehmen, die in irgendeiner Weise den Bau der Pipeline unterstützen, Sanktionen angedroht. Eine solche Drohung wurde sogar gegen die Verwaltung der Stadt Saßnitz auf Rügen ausgesprochen.

Anlässlich des Besuchs von Kanzler Scholz im Februar 2022 fand Präsident Joe Biden deutliche Worte: „*Im Falle eines Angriffs Russlands auf die Ukraine wird es kein Nord Stream 2 geben. Dafür werden wir sorgen.*"[10] Die Reaktion der Bundesregierung auf diese Einschüchterungsversuche hat gezeigt, dass sie es bis heute nicht wagt, eine unabhängige Außenpolitik zu betreiben und ihre eigenen Interessen zu verfolgen. Deutschland ist nicht bereit, sein Schicksal in die eigene Hand zu nehmen. Es ist ein Land, das nicht erwachsen werden will.

6.4 Menschenrechte und Demokratie

6.4.1 Die Verteidigung der Menschenrechte

Seit dem Inkrafttreten der Menschenrechtspakte der Vereinten Nationen im Jahre 1977 besteht eine Verpflichtung

---

[10] https://www.youtube.com/watch?v=g9V4HNGRMwc&ab_channel=WELT-Nachrichtensender.

der Vertragsstaaten zur Beachtung der Menschenrechte, die im Wesentlichen bereits in der 1948 von der UNO angenommenen „*Universellen Deklaration der Menschenrechte*" formuliert worden waren. Die Regierungen mancher Länder, in denen die Menschenrechte respektiert werden, sind bemüht, andere Länder, in denen das nicht der Fall ist, dazu zu bewegen, sie ebenfalls zu beachten. Das tun vor allem die USA. Zumindest wird dies offiziell so dargestellt. Bei genauerer Betrachtung erscheint diese Darstellung jedoch wenig glaubwürdig. Denn von dieser Politik waren und sind Länder ausgenommen, die die USA als Freunde oder Verbündete ansehen.

Eines dieser Länder war Süd-Korea. Der erste Präsident Süd-Koreas, Syngman Rhee, regierte bis 1960. Er war ein Diktator, der die Ermordung von Tausenden von Kommunisten veranlasste. Auf ihn folgte ein Militärdiktator, Park Chung-hee, der 1979 ermordet wurde. Ihm folgte der nicht weniger autoritäre General Chun Doo-hwan, der bis 1987 an der Macht blieb. Erst dann erhielt Süd-Korea zum ersten Mal eine Regierung, die man als demokratisch bezeichnen kann. Dass dies nicht früher geschah, ist nicht zuletzt eine Folge der Unterstützung, die die USA den die Präsidenten Süd-Koreas gewährt hatte.

In den 1970er- und 1980er-Jahren kooperierten sechs Militärdiktaturen – Argentinien, Chile, Paraguay, Uruguay, Bolivien und Brasilien – unter dem Codenamen Operation Condor mit dem Ziel, linke Oppositionelle, Geistliche, Gewerkschafter und Vertreter von Menschenrechtsorganisationen zu beseitigen. Die Opfer wurden in der Regel ohne Begründung verhaftet, entführt oder verschleppt und danach gefoltert, und viele von ihnen wurden ermordet. In den Jahren 2000 und 2001 veröffentlichte US-Geheimdienstdokumente belegen, dass die CIA der Operation Condor von Panama aus unterstützte. Auch bildete das US-Militär Todesschwadronen in diesen Ländern aus und schulte sie in physisch nicht nachweisbaren Foltermethoden.

Im September 1980 griff der Irak den Iran an. Das war der Beginn des Ersten Golfkriegs, der acht Jahre dauerte und mit außergewöhnlicher Brutalität geführt wurde. Der damalige Präsident des Iraks war Saddam Hussein, ein Diktator. Dennoch ergriffen die USA in diesem Krieg Partei für den Irak. Während des Zweiten Golfkriegs im Jahre 1991 und des Dritten Golfkriegs im Jahre 2003 wurde aus dem ehemaligen Verbündeten der USA ein Feind. Erst dann wurden ihm die Menschenrechtsverletzungen vorgeworfen, die er zuvor begangen hatte. Dafür wurde er 2006 hingerichtet.

6.4.2 Einmischung in fremde Staaten

Eine demokratische Staatsform eröffnet Möglichkeiten der Einflussnahme wie keine andere. Diese Möglichkeiten haben auch die Regierungen fremder Staaten. Sie nutzen sie nicht nur in den offiziellen Beziehungen zu anderen Staaten, sondern bedienen sich auch der Hilfe von Nichtregierungsorganisationen, Parteien und Medien.

Das wirft die Frage auf, inwieweit solche Aktivitäten mit dem Selbstbestimmungsrecht der Völker und dem Prinzip der Volkssouveränität vereinbar sind. Man könnte meinen, die Anerkennung dieser Grundsätze in der Charta der UNO bedeute ein Verbot jeglicher Einmischung in bzw. durch fremde Staaten. So weit geht die Charta jedoch nicht. Sie beschränkt sich auf ein Verbot der Anwendung von Gewalt. Es ist daher durchaus üblich, dass Regierungen demokratischer Staaten versuchen, die Meinung der Wähler in anderen Staaten zu beeinflussen.

Die Regierungen mancher Länder sind nicht mehr bereit, diese Art der Einmischung hinzunehmen. So hat Georgien ein Gesetz erlassen, das vorsieht, dass Medien und Nichtregierungsorganisationen sich registrieren lassen müssen, wenn sie mehr als 20 % ihrer Finanzmittel aus dem Ausland erhalten und *„die Interessen einer ausländischen Macht verfolgen.*[11]*"* Kritiker bezeichnen das Gesetz als Bedrohung für die Medienfreiheit und die Bestrebungen des Landes, der Europäischen Union beizutreten. Offenbar befürchtet die Regierung Georgiens Einmischungen wie diejenigen, die in der Ukraine erfolgt waren.

6.5 Deutschland und die NATO

Seit 1949 gilt in der Bundesrepublik Deutschland das Grundgesetz, das bestimmten Werten rechtliche Verbindlichkeit verleiht. Darüber hinaus gibt es verschiedene ungeschriebene Prinzipien, die als unverzichtbare Werte gelten. Dazu gehörte lange Zeit der Grundsatz *nie wieder Krieg*. Seine Geltung beruhte auf den Erfahrungen einer Generation, die in einem Weltkrieg unsägliches Leid erlebt hatte. Diese Generation ist inzwischen verschwunden, und mit ihr die Erfahrungen, die sie gemacht hatte. Gleichzeitig hat auch das Prinzip *nie wieder Krieg* seine Geltung verloren. Dies ist das Ergebnis einer Entwicklung, die sich seit 1949 in kleinen Schritten und daher nahezu unbemerkt vollzogen hat.

---

[11] https://www.br.de/nachrichten/deutschland-welt/trotz-protesten-georgien-beschliesst-russisches-gesetz.

6.5.1 Die NATO-Mitgliedschaft Deutschlands

Sie begann im Jahre 1955 mit der Schaffung der Bundeswehr.[12] Während die Alliierten zuvor eine Wiederaufrüstung verboten hatten, verlangten sie nun eine Wiederbewaffnung und einen Beitritt der Bundesrepublik zur NATO. Sie war 1949 von zehn westeuropäischen Staaten, den USA und Kanada mit der Unterzeichnung des Nordatlantikpaktes gegründet worden.

Ebenfalls im Jahre 1955 schlossen sich die Ostblockstaaten in einem ähnlichen Militärbündnis, dem Warschauer Pakt, zusammen. Im Juli 1991, nach dem Zusammenbruch der Sowjetunion, wurde der Warschauer Pakt aufgelöst. Man hätte erwarten können, dass die NATO nach dem Ende des Kalten Krieges den gleichen Schritt unternimmt. Genau das Gegenteil ist geschehen.

Aus dem Verteidigungsbündnis ist eine Allianz für die Durchführung gemeinsamer militärischer Interventionen unter der Führung der Vereinigten Staaten geworden. Während die NATO bis zum Ende des Kalten Krieges nicht ein einziges Mal gegen einen gemeinsamen Feind gekämpft hatte, tut sie das seitdem fast ununterbrochen. Gleichzeitig hat sich die Zahl ihrer Mitglieder verdoppelt.

Mehr und mehr ist aus der NATO ein Instrument der außenpolitischen Koordinierung ihrer Mitgliedstaaten geworden. Damit macht sie der EU Konkurrenz, deren Verträge eine noch engere Koordination vorsehen. Doch fällt es den Mitgliedstaaten offenbar leichter, sich im Rahmen der NATO unter Aufsicht der USA zu einigen als im Rahmen der EU ohne sie. Seit Jahren wird die Außenpolitik der

---

[12] Schon im Herbst 1953 hatten die USA damit begonnen, Atomwaffen in Deutschland zu lagern. Ob die deutsche Bevölkerung damit einverstanden war, lässt sich nicht sagen, denn sie wurde nie gefragt. Auch die Regierung wurde nicht gefragt, denn die Einlagerung begann vor der Beendigung des Besatzungsstatuts.

Bundesrepublik vor allem durch die Mitgliedschaft in der NATO bestimmt.

6.5.2 Die Militäreinsätze der NATO

Während sich die Beteiligung der Bundeswehr anfänglich auf NATO-Manöver beschränkte, weitete sie sich nach dem Ende des Kalten Krieges auf bewaffnete internationale Friedenseinsätze aus. Dabei stützt sich die Regierung auf Artikel 24 Absatz 2 des Grundgesetzes, der besagt:

> „Der Bund kann sich zur Wahrung des Friedens einem System gegenseitiger kollektiver Sicherheit einordnen; er wird hierbei in die Beschränkungen seiner Hoheitsrechte einwilligen, die eine friedliche und dauerhafte Ordnung in Europa und zwischen den Völkern der Welt herbeiführen und sichern."

Zunächst war umstritten, ob diese Bestimmung auch Militäreinsätze außerhalb des NATO-Gebietes (*out of area*) zulasse und welche Rechte der Bundestag dabei habe. In seinem Urteil vom 12. Juli 1994 entschied das Bundesverfassungsgericht, auch Einsätze der Bundeswehr außerhalb des NATO-Gebietes seien verfassungskonform, vorausgesetzt, dass der Bundestag sie vorher genehmigt.[13]

Seitdem häufen sich solche Einsätze: Seit 1999 ist die Bundeswehr im Kosovo, 2006 war sie im Kongo, von 2013 bis 2023 in Mali, von 2015 bis 2022 in Syrien und seit 2013 ist sie im Irak. Keiner dieser Einsätze geht auf eine Initiative der Bundesrepublik zurück. In jeden von ihnen ist sie mehr oder weniger hineingezogen worden. Irgendeine Partizipation der deutschen Wähler an dieser Politik ist nicht zu erkennen.

---

[13] BVerfGE 90, 286.

6.5.3 Der Militäreinsatz in Afghanistan

Der längste und bedeutendste Einsatz der Bundeswehr im Ausland war die Beteiligung an den militärischen Operationen in Afghanistan. Der Bericht der Enquete-Kommission über diesen Einsatz zeigt in unmissverständlichen Worten, dass die Bundesregierung die Beteiligung der Bundeswehr an den Operationen in Afghanistan in einer Weise vorantrieb, die mit demokratischen Prinzipien kaum vereinbar ist:

> „Anträge aus der Opposition zur Verbesserung der Einsatzkontrolle und Einsatzpraxis sowie zu nichtmilitärischen Aspekten des Gesamteinsatzes wurden seitens verschiedener Koalitionsfraktionen grundsätzlich abgelehnt, auch wenn ihre Fachpolitiker ihnen inhaltlich zustimmten... Gelegentlich konnte das Bemühen um breitere Mehrheiten in einen Konsenszwang umkippen, wenn Nichtzustimmungen aus der Opposition, die mit Kritik an der konkreten Afghanistan- und Einsatzpolitik der Bundesregierung begründet wurden, als generelle Aufkündigung von Solidarität gebrandmarkt wurden."[14]

Der Grund des Militäreinsatzes der Bundeswehr in Afghanistan war die „uneingeschränkte Solidarität", die Bundeskanzler Gerhard Schröder den USA versichert hatte. Nach Ansicht von Michael Steiner, der damals sein außen- und sicherheitspolitischer Berater war, sei sie

> „eine Art Blankoscheck gewesen. Und niemand wusste ja, wie massiv und wo die Vereinigten Staaten reagieren würden ... Aber es war auch klar, dass uns hier eine militärische Beistandspflicht verpflichtete. Wir wussten, sonst würden die Amerikaner uns auch nicht mehr beistehen. ... Präsident Bush hatte ja den Global War on Terror erklärt und

---

[14] S. 74 des Berichts der Enquete-Kommission.

gesagt: Entweder mit uns oder gegen uns. Und keiner wollte im falschen Lager sein." [15]

In der Tat: Keiner wollte im falschen Lager sein. Das veranlasste die Mitgliedstaaten der NATO, der Darstellung der USA zuzustimmen, die Terroranschläge vom 11. September seien ein „bewaffneter Angriff" im Sinne von Artikel 5 des NATO-Vertrages gewesen. Damit war der Bündnisfall eingetreten, der es den anderen Mitgliedstaaten der NATO zur Pflicht macht, den USA beizustehen.

Die Anschläge auf das World Trade Center waren gewiss ein Kapitalverbrechen, aber sie waren kein „bewaffneter Angriff". Darunter ist ein militärischer Angriff durch einen anderen Staat zu verstehen. Al-Qaida ist kein Staat und Afghanistan hatte nicht angegriffen. In der Tat hatten die Regierungen der Niederlande, Belgiens und Portugals Zweifel daran, ob der Bündnisfall tatsächlich eingetreten war. Daher brauchte die NATO für diese Feststellung ganze drei Wochen.

Danach unterschrieben deutsche Regierungen 20 Jahre lang Erklärungen der NATO, gemäß denen dafür gesorgt werden müsse, dass Afghanistan nicht wieder der Unterschlupf terroristischer Organisationen sein würde. Dieses Ziel auf Dauer zu erreichen, war zu keiner Zeit möglich. Es ist daher auch nie ernstlich versucht worden. Dennoch gaben deutsche Parlamentarier gebetsmühlenartig jedes Jahr ihre Zustimmung zur Weiterführung dieser absurden Mission.

Die Führung dieser Operation wurde den USA überlassen. Sie haben ohne Konsultation mit den Verbündeten entschieden, wann und wie sie zu Ende gehen würde. Letztlich wurde Deutschland zur Teilnahme am Militäreinsatz in

---

[15] S. 69 ebendort.

Afghanistan durch die Abhängigkeit von den USA gezwungen. Sie setzte die Kontrolle durch das Parlament und auch durch das Volk außer Kraft.

6.6 Der Krieg in der Ukraine

Seit Februar 2022 gibt es einen Krieg zwischen zwei europäischen Staaten, Russland und der Ukraine. Seitdem unterstützt die Bundesrepublik die Ukraine finanziell und mit Waffenlieferungen. Nennenswerte Bemühungen um eine Beendigung des Konfliktes sind nicht unternommen worden. *Nie wieder Krieg* gilt nicht mehr.

6.6.1 Die Unterstützung der Ukraine

Russland hat die Ukraine angegriffen und einen Teil ihres Gebiets besetzt. Artikel 51 der Charta der UNO gibt ihr das Recht, sich zu verteidigen:

> „Diese Charta beeinträchtigt im Falle eines bewaffneten Angriffs gegen ein Mitglied der Vereinten Nationen keineswegs das naturgegebene Recht zur individuellen oder kollektiven Selbstverteidigung, bis der Sicherheitsrat die zur Wahrung des Weltfriedens und der internationalen Sicherheit erforderlichen Maßnahmen getroffen hat."

Eine kollektive Selbstverteidigung besteht darin, dass andere Staaten dem angegriffenen Staat Beistand leisten. Das müssen sie, wenn sie sich dazu vertraglich verpflichtet haben. Der Nordatlantikpakt ist ein Vertrag dieser Art. Wir hätten also die Pflicht, der Ukraine Beistand zu leisten, wenn sie Mitglied der NATO wäre. Das ist sie aber nicht. Wir tun es trotzdem.

Zwar wenden wir selbst keine militärische Gewalt an, stellen aber der Ukraine Mittel dafür zur Verfügung. Bis März 2025 waren es insgesamt 44 Mrd. €.[16] Daher ist die Frage, warum und wozu wir die Ukraine unterstützen, von erheblicher Bedeutung. Offizielle Erklärungen beantworten sie meist so, wie es Bundeskanzler Olaf Scholz am 27. Februar 2022 vor dem Deutschen Bundestag getan hat:

> „Wir müssen die Ukraine in dieser verzweifelten Lage unterstützen. Das haben wir auch in den vergangenen Wochen, Monaten und Jahren in großem Umfang getan. Aber mit dem Überfall auf die Ukraine sind wir in einer neuen Zeit. In Kiew, Charkiw, Odessa und Mariupol verteidigen die Menschen nicht nur ihre Heimat. Sie kämpfen für Freiheit und ihre Demokratie, für Werte, die wir mit ihnen teilen. Als Demokratinnen und Demokraten, als Europäerinnen und Europäer stehen wir an ihrer Seite, auf der richtigen Seite der Geschichte."[17]

Demnach ist das Ziel unserer Unterstützung die Bewahrung der Freiheit und Demokratie in der Ukraine. Gewiss ist Solidarität geboten. Doch haben wir niemals zuvor zur Verteidigung von Freiheit und Demokratie in einem anderen Land ähnlich hohe Zahlungen geleistet. Daher stellt sich die Frage, ob die Demokratie in der Ukraine diese Anstrengungen wirklich wert ist.

6.6.2 Die Demokratie in der Ukraine

Nach Ansicht der amerikanischen Regierung erfüllt die Ukraine die Kriterien einer Demokratie, denn sie wurde zum Gipfel der Demokratien im Dezember 2021 eingeladen.

---

[16] https://www.bundestag.de/presse/hib/kurzmeldungen-1057142.
[17] https://www.bundesregierung.de/breg-de/aktuelles/regierungserklaerung-von-bundeskanzler-olaf-scholz-am-27-februar-2022-2008356.

Der gleichen Auffassung sind die Staats- und Regierungschefs der EU, die im Dezember 2023 beschlossen haben, Beitrittsverhandlungen mit der Ukraine zu beginnen.[18] Für den Beitritt müssen bestimmte Kriterien erfüllt werden.[19] Zu ihnen gehören vor allem eine *„institutionelle Stabilität als Garantie für demokratische und rechtsstaatliche Ordnung, Wahrung der Menschenrechte sowie Achtung und Schutz von Minderheiten."*[20]

Die Staats- und Regierungschefs der EU haben offenbar beide Augen zugedrückt. Denn noch 2016 hatte sich der Abschluss des Assoziierungsabkommens verzögert, weil es zu viel Korruption und zu wenig Demokratie in der Ukraine gab.[21] So wurden politische Aktivitäten von Gruppen toleriert, die sich zum Nationalsozialismus bekennen.[22] Es gibt keine Hinweise dafür, dass sich die Situation seitdem gebessert hätte.

Freiheit und Demokratie erfordern, dass Menschen über ihr Schicksal selbst entscheiden können. Laut mehreren Umfragen, die zwischen 2002 und 2014 stattgefunden haben, lehnte die Mehrheit der Ukrainer den Beitritt zur NATO ab. Im Jahre 2012 sprachen sich 70 % der Ukrainer gegen eine NATO-Mitgliedschaft aus.[23] Die Wünsche der Mehrheit der Bevölkerung wurden von der Regierung jahrelang ignoriert.

---

[18] https://www.deutschlandfunk.de/ukraine-eu-beitritt-102.html.
[19] Diese Kriterien (bekannt als Kopenhagener Kriterien) wurden ursprünglich 1993 vom Europäischen Rat von Kopenhagen festgelegt. Sie wurden in den Vertrag über die Europäische Union (Artikel 6 Absatz 1 und Artikel 49) übernommen.
[20] https://eur-lex.europa.eu/DE/legal-content/glossary/accession-criteria-copenhagen-criteria.html.
[21] https://de.wikipedia.org/wiki/Assoziierungsabkommen_zwischen_der_Europ%C3%A4ischen_Union_und_der_Ukraine.
[22] SWR Kultur, Sendung vom 11. April 2024, 08.30 Uhr.
[23] https://de.wikipedia.org/wiki/Beziehungen_zwischen_der_NATO_und_der_Ukraine.

Das wurden sie vor allem im Osten des Landes, wo der russischsprachigen Bevölkerung nicht die Rechte gewährt wurden, auf die eine Minderheit Anspruch hat.[24] Der Osten der Ukraine gehört *zur* Ukraine, gehört aber nicht *der* Ukraine und schon gar nicht der Regierung in Kiew. Er gehört vor allem den Menschen, die dort leben. Ob sie bereit gewesen wären, ihr Hab und Gut, ihre Gesundheit und ihr Leben aufs Spiel zu setzen, um weiterhin die ihnen von Kiew gewährte Freiheit und Demokratie genießen zu können, wissen wir nicht. Aber wir tun so, als wüssten wir es. Damit setzen wir uns an die Stelle der Betroffenen. Auch das ist undemokratisch.

Gewiss ist es schwierig, zu Kriegszeiten demokratische Verfahren anzuwenden. Möglicherweise ist es sogar gefährlich. Es mag sein, dass in solchen Zeiten eine starke Hand erforderlich ist. Mit dieser Begründung erhebt Präsident Selenskyj Anspruch darauf, die Geschicke seines Landes praktisch alleine entscheiden zu können. Zu diesem Zwecke hat er einen Teil der Opposition kaltgestellt und jede Kritik verboten. Die im Mai 2024 fälligen Präsidentschaftswahlen hat er ausfallen lassen und bleibt weiter im Amt. Das kann er, weil der Ausnahmezustand herrscht und Wahlen deshalb verschoben werden dürfen.

Die Freiheit und Demokratie, deren Verteidigung das angebliche Ziel unserer Unterstützung ist, hat es in der Ukraine zu keiner Zeit wirklich gegeben. Das Ziel muss also ein anderes sein.

6.6.3 Das Ziel der Unterstützung der Ukraine

Das Ziel könnte sein, dass wir dem Völkerrecht und der UNO-Charta Geltung verschaffen wollen, indem wir Russ-

---

[24] https://unsdg.un.org/sites/default/files/2020-06/Minorities.pdf.

6 Demokratie und Außenpolitik

land für deren Verletzung bestrafen. Mit diesem Argument lassen sich Sanktionen begründen, aber mehr nicht. In der Tat sind wir in ähnlich gelagerten Fällen, die sich in entfernter liegenden Regionen ereignet haben, nicht über Sanktionen hinausgegangen. Das Ziel der militärischen Unterstützung der Ukraine geht offenbar weiter als nur eine Bestrafung Russlands.

Das Ziel könnte sein, Russland dazu zu zwingen, die Gebiete, die es besetzt hat, wieder herauszugeben. Dann stellt sich die weitere Frage, ob dieses Ziel überhaupt erreicht werden kann. Putin wäre gewiss erst dann zu einem Abzug aus der Ukraine bereit, wenn er den Krieg verloren hat. Die Frage ist also, ob der Krieg zu gewinnen ist. Um sie zu beantworten, reicht es, auf die Landkarte zu blicken. Russland ist kein Gegner, den die Ukraine bezwingen könnte. Und auch wenn dies mit konventionellen Waffen möglich wäre, verbietet sich der Versuch angesichts des Umstands, dass Russland im Besitz von Atomwaffen ist, die es im Falle einer drohenden Niederlage möglicherweise einzusetzen bereit wäre. Die Vorstellung, die territoriale Integrität der Ukraine durch einen militärischen Sieg über Russland wiederherstellen zu können, ist unrealistisch.

Das Ziel unserer Unterstützung könnte auch sein, Russland davon abzuhalten, weitere Staaten anzugreifen. Davor fürchten sich offenbar die baltischen Staaten. Sie sind Mitglieder der NATO. Sollte ihnen etwas geschehen, so sind die übrigen Mitglieder der NATO verpflichtet, ihnen Beistand zu leisten. Trotz seiner militärischen Überlegenheit ist es Russland schwergefallen, seine militärischen Ziele in der Ukraine zu erreichen. Der NATO als ganzer wäre Russland zweifellos unterlegen. Ihre Existenz dürfte reichen, um Russland von einem Angriff auf einen oder mehrere ihrer Mitgliedstaaten abzuhalten. Dafür bedarf es nicht zusätzlich einer Demonstration militärischer Stärke und Entschlossenheit durch Waffenlieferungen an die Ukraine.

6.6.4 Die Rolle der USA

Auch aus der Sicht der USA dürfte keiner der genannten Gründe und Ziele die Zahlungen und Waffenlieferungen an die Ukraine rechtfertigen. Wie es scheint, verfolgen die USA ein Ziel, das nur sie verfolgen können, nämlich die Wahrung ihrer Hegemonialstellung in der Welt. Dieses Ziel wird ausdrücklich in der zuvor genannten Nationalen Sicherheitsstrategie der USA von 2002 und der Nationalen Verteidigungsstrategie von 2018 erwähnt. Beide Dokumente nennen Russland als möglichen Herausforderer. Daher fordern sie eine Stärkung und Erweiterung der NATO.

Aus der Sicht Russlands musste das als eine Herausforderung erscheinen. Zum Krieg wäre es vielleicht nicht gekommen, wenn die NATO nicht der Ukraine eine Mitgliedschaft in Aussicht gestellt hätte. Wie Olaf Scholz in seiner Rede vom 27. Februar 2022 erwähnte, wurde die Ukraine schon vor dem Überfall „in großen Umfang" von der Bundesrepublik unterstützt. Hätte die NATO der Ukraine nicht den Rücken gestärkt, wäre sie vielleicht bereit gewesen, den Konflikt mit Russland durch Verhandlungen zu vermeiden.

Russland hat am 17. Dezember 2021 sowohl der NATO wie auch den USA entsprechende Vorschläge unterbreitet. Statt darauf zu antworten, hat Präsident Joe Biden öffentlich auf die Wahrscheinlichkeit eines Angriffs Russlands gegen die Ukraine hingewiesen. Im Februar 2022 hat er sogar den genauen Zeitpunkt genannt. Er hätte versuchen können, den Krieg durch Verhandlungen zu vermeiden. Das hat er unterlassen und damit den Krieg in Kauf genommen. Offenbar betrachtete er ihn als eine willkommene Gelegenheit, Russland zu schwächen.

Dieser Krieg ist für die USA aus geografischen Gründen ein verhältnismäßig risikoloses Unterfangen. Auch die Aufwendungen der USA halten sich in Grenzen. Bis März 2025 sollen sie etwa 66 Mrd. Dollar an militärischen, finanziellen und humanitären Hilfen an die Ukraine geleistet haben.[25] Das sind weniger als 8 % des Militärbudgets der USA.

Andererseits verschafft der Krieg in der Ukraine den USA Vorteile. So sind die Gaslieferungen der USA an die EU von 18,9 Mrd. m^3 im Jahr 2021 auf 56,2 Mrd. m^3 im Jahr 2023 gestiegen.[26] Auch die Ölindustrie hat seit Februar 2022 Profite in ungeahnter Höhe gemacht. Allein der größte US-Ölkonzern Exxon machte 2022 einen Gewinn von fast 56 Mrd. Dollar – 140 % mehr als im Vorjahr. Man schätzt, dass Exxon, Chevron, BP, Shell und Total zusammen einen Profit von rund 190 Mrd. Dollar gemacht haben. Voller Empörung bezeichnete Präsident Biden diese Unternehmen als „Kriegsgewinnler", die ihrer gesellschaftlichen Verantwortung nicht nachkämen.[27] Dagegen sah die frühere stellvertretende Außenministerin der USA, Victoria Nuland, die Lage nüchterner. Sie versuchte die finanzielle Unterstützung der Ukraine durch die USA damit zu rechtfertigen, dass ein großer Teil derselben der amerikanischen Rüstungsindustrie zugutekommt.[28]

Sollte das Ziel der Unterstützung der Ukraine durch die USA die Wahrung ihrer Hegemonialstellung oder die Verfolgung wirtschaftlicher Interessen sein, so liegt es nicht in

---

[25] https://de.statista.com/infografik/27275/ruestungs-und-waffenhilfezusagen-von-regierungen-an-die-ukraine/; https://www.zdf.de/nachrichten/politik/ausland/europa-us-waffenhandel-ruestungstransfer-sipri-studie-100.html.

[26] https://www.consilium.europa.eu/de/infographics/where-does-the-eu-s-gas-come-from/.

[27] https://www.rnd.de/wirtschaft/exxon-bp-shell-big-oil-macht-mega-profite-zu-krisenzeiten-ist-das-gerecht.

[28] https://twitter.com/tomselliott/status/.

unserem Interesse.[29] Unser Interesse ist Frieden in Europa – und eine Zusammenarbeit mit Russland.

Der Ansicht, dass der Frieden Vorrang haben sollte, ist auch Präsident Trump. Anfang März 2025 stellte er die Militärhilfen für die Ukraine ein. Gleichzeitig verlangte er von der Ukraine Zugang zu deren Rohstoffvorkommen. Das nährt den Verdacht, die Unterstützung durch die USA sei (auch) mit diesem Ziel gewährt worden.

Wie schon bei den Verhandlungen mit den Taliban wurde den Europäern eine Beteiligung an den Verhandlungen der USA mit Russland verwehrt. Sie haben sich daraufhin von den USA distanziert und beschlossen, die Ukraine ohne die USA zu unterstützen. Was sie damit erreichen wollen, bleibt unklar. Klar ist dagegen, dass sie nichts erreichen können. Möglicherweise geht es nur noch darum, sich das nicht eingestehen zu müssen.

Die Reaktion der Europäer hat vor allem ihre Ohnmacht deutlich gemacht. Diese Ohnmacht ist nicht nur die Ohnmacht der Länder Europas. Sie ist auch die politische Ohnmacht der Menschen dieses Kontinents. Die Vorstellung einer Herrschaft des Volkes ist nur mehr eine Illusion.

6.6.5 Die Kriegsbereitschaft

Am 15. Februar 2024 haben Bundeskanzler Scholz und der Präsident der Ukraine Selenskyj eine Sicherheitsvereinbarung für die Ukraine unterzeichnet.[30] Scholz versprach, dass Deutschland die Ukraine bei ihrer Verteidigung gegen Russland „so lange wie nötig" unterstützen wird. Und er bezeichnete den Schritt als historisch. Das Dokument könne in seiner Bedeutung kaum überschätzt werden, sagte

---

[29] Günther Verheugen in: https://www.derpragmaticus.com/r/eu-beitritt-ukraine.
[30] https://www.tagesschau.de/inland/selenskyj-scholz-berlin-100.html.

er.[31] Das trifft zu. Es kann in seiner historischen Bedeutung als Verrat an der Demokratie kaum überschätzt werden.

Unsere Unterstützung für die Ukraine wurde von der Regierung im Alleingang beschlossen. Die Entscheidung, im Falle eines Angriffs Russlands der Ukraine Waffen zu liefern, war bereits gefallen, bevor der Angriff stattfand. Sie wird von der Regierung und den Medien als legitim, notwendig und alternativlos dargestellt.

Der Krieg in der Ukraine hat einen hohen Preis, und zwar für alle. Dieser Preis steigt täglich. Unterstützen wir sie „solange wie nötig", könnte der Preis irgendwann zu hoch werden. Um das zu entscheiden, bedarf es einer offenen Diskussion – die nicht stattfindet. Es ist nicht erlaubt, unser Unterstützung infrage zu stellen, geschweige denn, sie abzulehnen. Wer das dennoch tut, wird als Unterstützer Putins verunglimpft und mundtot gemacht.

Dabei wird übersehen, dass Putin nicht ewig Präsident Russlands bleiben wird, dass aber Russland für alle Zeiten dort verweilen wird, wo es jetzt liegt, nämlich in unserer unmittelbaren Nachbarschaft. Unsere anhaltende Unterstützung für die Ukraine macht ein zukünftiges gutes Verhältnis zu Russland so gut wie unmöglich. Möglicherweise führt sie in einen neuen Kalten Krieg.

Es mag durchaus sein, dass die Politik von Kanzler Scholz im Jahre 2022 alternativlos war. Das ist aber kein Grund, eine offene und sachliche Diskussion zu verweigern. Im Gegenteil: Erst sie könnte Klarheit darüber schaffen, ob diese Politik alternativlos ist. Ist sie das, bräuchte man keine Furcht vor einer Diskussion zu haben. Offenbar gilt das Verbot der offenen Diskussion, *weil diese Politik nicht alternativlos ist*. Obwohl der Krieg in der Ukraine für die Bundesrepublik erhebliche Nachteile mit sich bringt, war

---

[31] Bayern 2 Nachrichten, 16.02.2024 08:00 Uhr.

er bei den Bundestagswahlen 2025 kein Wahlkampfthema. Es zeigt, wie weit wir uns von demokratischen Prinzipien entfernt haben.

6.7 Zusammenfassung

Bis zum Ende des Ersten Weltkriegs sahen sich die Deutschen als Untertanen des Kaisers. Die Weimarer Republik war zu kurz und zu wenig erfolgreich, um daran viel zu ändern. Das Dritte Reich, das ihr ein Ende bereitete, ließ den Untertanengeist wieder aufleben. Erst nach dem Zweiten Weltkrieg fand Deutschland zu einer dauerhaften Form der Demokratie.

Zunächst wussten die Menschen recht wenig damit anzufangen. Einerseits war es nicht leicht, sich von allem zu befreien, was ihnen zuvor eingebläut worden war. Andererseits wurden sie nach der bedingungslosen Kapitulation faktisch wieder Untertanen, und zwar diesmal der Besatzungsmächte.

Erst allmählich begriffen die Deutschen, dass ihnen eine Demokratie erlaubt, sich an der Ausübung der Macht im Staat zu beteiligen. Das erlaubte sie allerdings nicht in allen Bereichen. Was die Außenpolitik angeht, war sie zunächst der Regierung eines anderen Staates überlassen. Seit den 1950er-Jahren ist es die Einbindung in das westliche Verteidigungsbündnis, die letztlich die Außenpolitik der Bundesrepublik Deutschland bestimmt. Diese Einbindung wurde entschieden, ohne dass der Wähler dazu befragt wurde. Sie macht eine eigenständige Außenpolitik so gut wie unmöglich. Infolgedessen ist eine Beteiligung des Volkes an der Ausübung der Macht im Staat in diesem Bereich so gut wie ausgeschlossen.

7

Die Scheindemokratie

Inhaltsverzeichnis

7.1	Bevormundung	170
	7.1.1 Die offene Bevormundung	171
	7.1.2 Die Überrumplung	173
	7.1.3 Der Missbrauch der Verfahren	174
7.2	Die Manipulation der Meinungsbildung	175
	7.2.1 Propaganda	175
	7.2.2 Wissenschaftler und Think-Tanks	177
	7.2.3 Die Medien	178
	7.2.4 Social Media und Desinformation	181
	7.2.5 Ablenkung auf Nebenschauplätze	182
7.3	Täuschung	183
	7.3.1 Unvollständige und einseitige Information	183
	7.3.2 Das Vorschieben falscher Gründe	184
	7.3.3 Der Etikettenschwindel	186
7.4	Verängstigung	187
	7.4.1 Der Kalte Krieg	187
	7.4.2 Terroranschläge	188

7.4.3 Die Coronapandemie 188
7.4.4 Die Kriegsgefahr 189
7.5 Politikverdrossene und Wutbürger 192

Angeblich unabänderliche politische Vorgaben sowohl in der Wirtschafts- wie auch der Außenpolitik haben dazu geführt, dass in einer recht autoritären Weise regiert wird. Das fordert – wo es bemerkt wird – Widerspruch heraus. Die Möglichkeit, ihn zu formulieren, bieten die in einer repräsentativen Demokratie vorhandenen institutionellen Kontrollen. Diese Kontrollen haben jedoch einen erheblichen Teil ihrer Wirksamkeit eingebüßt. In der Tat ist es unseren Volksvertretern gelungen, zu regieren, ohne sich vom Volk reinreden zu lassen.[1] Dafür bedienen sie sich verschiedener Methoden.

7.1 Bevormundung

Die einfachste Methode ist Bevormundung. In weiten Bereichen werden wir bevormundet, ohne dass das in Erscheinung tritt. Das ist vor allem der Fall, wo Entscheidungen, die notwendig sind, nicht getroffen werden. Dazu gehören nicht zuletzt Entscheidungen zur Verwirklichung der Ziele der Klimapolitik. Es besteht kein Zweifel an der Notwendigkeit solcher Maßnahmen, die sich dennoch sowohl das Parlament wie auch die Regierung weigern zu ergreifen. Damit bevormunden sie uns.

---

[1] Thomas Wieczorek drückt das ein seinem Buch *Die Verblödete Republik* (S. 305) mit diesen Worten aus: „*Umgekehrt aber sollten sich die Volksvertreter – gerade die mit Weltverbesserungsanspruch – von der eigennützigen Propagandalüge verabschieden, die bloße Stimmabgabe eines passiven Volkes hätte irgendetwas mit Demokratie zu tun und sie wüssten ja ohnehin besser als der Bürger selbst, was gut für ihn ist.*"

Das ist möglich, weil Volksvertreter nicht an den Willen des Wählers gebunden sind. Grundsätzlich haben Repräsentanten des Volkes das Recht, Entscheidungen zu treffen, die nicht von der Mehrheit der Wähler unterstützt werden. Das kann durchaus berechtigt sein, sollte aber nicht zur Regel werden. Eine Bevormundung kann in der Tat nur ausnahmsweise und aus triftigen Gründen gerechtfertigt sein. Diese Grenze ist seit langem überschritten.

7.1.1 Die offene Bevormundung

Unsere Volksvertreter werden nicht müde, Vorwände zu finden und zu erfinden, um uns zu bevormunden. Das wird mitunter sogar offen deklariert. So erklärte die Nachwuchspolitikerin Annalena Baerbock im September 2022:

> „Denn wenn ich als Politikerin das Versprechen gebe – und glücklicherweise gibt es in einer Demokratie die Möglichkeit, dass die Leute mir widersprechen und in vier Jahren sagen: ‚Sie haben uns nicht die Wahrheit gesagt' –, aber wenn ich dieses Versprechen an die Ukrainer gebe: ‚Wir stehen so lange an eurer Seite, wie Ihr uns braucht', dann möchte ich auch liefern, egal, was meine deutschen Wähler denken, aber ich möchte für die ukrainische Bevölkerung liefern."[2]

Diese Äußerungen haben eine Welle der Empörung hervorgerufen. Man hat sie damit zu rechtfertigen versucht, dass Frau Baerbock Haltung gezeigt habe. Bundeskanzler Olaf Scholz ließ über seinen Regierungssprecher wissen, es sei Aufgabe der Bundesregierung, *„für die Politik, die man vertritt, zu werben, auch in Zeiten, in denen es mal Gegenwind*

---

[2] https://www1.wdr.de/nachrichten/baerbock–waehler–zitat–ukraine–russland–sanktionen–energiepreise–100.html.

gibt". Frau Baerbock hat nicht bei Wählern für ihre Politik geworben. Sie hat sie bevormundet.

Was an ihrer Aussage befremdet, ist nicht allein der Halbsatz *„egal, was meine deutschen Wähler denken"*. Ebenso viel zu denken gibt ihr Hinweis darauf, dass man sie ja in vier Jahren abwählen könne. Aber eben erst in vier Jahren. Sie bevormundet die Wähler, weil sie weiß, dass sie vier Jahre lang vor ihnen sicher ist. Sie ist bereit, diese Schwäche der Demokratie auszunutzen.

Anfang März 2025 hat Bundeskanzler Merz klargemacht, was er unter Demokratie versteht. Er forderte unverblümt ein Ende der öffentlichen Diskussion über Waffenlieferungen an die Ukraine. Natürlich habe die deutsche Bevölkerung Interesse an diesbezüglichen Informationen. Doch sollen Debatten um bestimmte Waffensysteme aus der Öffentlichkeit herausgehalten werden. Entscheidungen würden im Kabinett und in Abstimmung mit den internationalen Partnern getroffen. Das gelte auch für die Entscheidung über Lieferungen von Taurus-Marschflugkörpern.[3] Offenbar ist Friedrich Merz der Auffassung, sein Amt gebe ihm die Befugnis, in so wichtigen Fragen das Volk zu bevormunden.

Eben das hat sein Vorgänger Olaf Scholz getan, als er die Zusage erteilte, ab 2026 US-Langstreckenwaffen in Deutschland zu stationieren. Sie wurde im Juli 2024 anlässlich eines NATO-Gipfeltreffens in Washington gegeben. Dabei geht es um Marschflugkörper vom Typ Tomahawk mit mehr als 2.000 Kilometern Reichweite, um Flugabwehrraketen vom Typ SM-6 und um neu entwickelte Überschallwaffen.[4] Eine Zustimmung des Bundestags ist laut dessen Wissenschaft-

---

[3] Bayern 2 Nachrichten, 10.05.2025 17:00 Uhr.
[4] https://www.deutschlandfunk.de/raketenstationierung-us-nato-deutschland-mittelstreckenraketen-100.html.

lichem Dienst nicht nötig. Sie sei durch die Verpflichtungen als NATO-Mitgliedstaat gedeckt.[5]

Gegner der Entscheidung weisen darauf hin, dass die Stationierung besagter Waffen den Ort ihrer Stationierung selbst zum möglichen Ziel von Angriffen macht.[6] Es hätte in der Tat gute Gründe gegeben, ein so wichtiges Vorhaben im Parlament zu diskutieren und zu entscheiden. Stattdessen hat es die Regierung im Alleingang beschlossen – und dabei Volk und Parlament bevormundet.

Bevormundung gibt es auf jeder Ebene der staatlichen Organisation, also auch der Gemeinden. Auch Gemeinderäte möchten mitunter für andere als ihre Wähler „liefern". Ein krasses Beispiel hierfür ist die im Mai 2024 getroffene Entscheidung der brandenburgischen Gemeinde Grünheide, die Erweiterung des Fabrikgeländes des Autobauers Tesla zu genehmigen:

„Der Gemeinderat stimmte mit Mehrheit für den geänderten Bebauungsplan…Bei einer nicht bindenden Befragung im Februar hatten fast zwei Drittel der Bürger der Gemeinde das Projekt abgelehnt."[7]

7.1.2 Die Überrumplung

Bevormundung kann Widerspruch herausfordern. Ein Mittel, ihn zu vermeiden, ist die Überrumplung. Angela Merkel hat es im September 2015 angewandt, als sie beschloss, Flüchtlinge ohne Registrierung und Prüfung des Asylan-

---

[5] https://www.lto.de/recht/nachrichten/n/us-raketen-stationierung-deutschland-2026-beteiligung-bundestag-gutachten.
[6] https://rsw.beck.de/aktuell/daily/meldung/detail/us-waffen-in-deutschland-bundesregierung-parlament.
[7] Bayern 2 Nachrichten, 16.05.2024, 17:00 Uhr.

spruchs nach Deutschland einreisen zu lassen. Damit hat sie sowohl das Parlament wie auch das Volk überrumpelt.

Olaf Scholz hat dasselbe im März 2022 getan, als er dem Bundestag den Vorschlag für ein Sondervermögen zur Aufrüstung der Bundeswehr in Höhe von 100 Mrd. € und dauerhafte Rüstungsausgaben von über 2 % des Bruttoinlandsprodukts machte. Dieser Vorschlag war übereinstimmenden Berichten zufolge mit kaum jemandem vorher abgesprochen. Von der Höhe der Summe hörten die meisten Parlamentarier erst im Plenum. Selbst auf den Gesichtern der Abgeordneten der Regierungsfraktion war Überraschung zu lesen, während Scholz sprach.

Was er tat, war riskant, doch hatte er Erfolg. Im Juni 2022 beschloss der Bundestag eine Änderung des Grundgesetzes (Artikel 87a) sowie das Bundeswehr-Sondervermögen. In namentlicher Abstimmung haben 567 Abgeordnete dafür und 96 Abgeordnete dagegen gestimmt.

Mit seiner Überrumplung des Parlaments gelang es Scholz, eine Diskussion zu verhindern. Die Entscheidung war getroffen, weil keiner mehr wagte, ihr zu widersprechen. Die institutionellen Kontrollen waren außer Kraft gesetzt.

7.1.3 Der Missbrauch der Verfahren

Entgegen ihrem Wahlversprechen forderte die CDU schon kurz nach ihrem Wahlsieg vom Februar 2025 eine massive Neuverschuldung des Bundes. Dafür war eine Änderung des Grundgesetzes notwendig, die einer Zweidrittelmehrheit im Bundestag und Bundesrat bedarf. Im neu gewählten Bundestag verfügten die Parteien, die die Neuverschuldung unterstützten, nicht über die erforderliche Anzahl von Stimmen. Dagegen reichten ihre Stimmen im alten Bundestag aus. Am 18. März 2025, eine Woche, bevor der neue

Bundestag zusammentrat, wurde die Neuverschuldung vom alten Bundestag genehmigt.

Nach Ansicht des Bundesverfassungsgerichtes war dieses Vorgehen in rechtlicher Hinsicht nicht zu beanstanden. Doch stellt es ohne Frage einen Missbrauch der Verfahren und eine Umgehung der Anwendung demokratischer Prinzipien dar. Es ist legal, aber nicht legitim.

7.2 Die Manipulation der Meinungsbildung

Ein wirksames Mittel, Widerspruch zu vermeiden, ist die Manipulation der Meinungsbildung. Hat sie Erfolg, führt sie zu einer Bevormundung des Denkens. Ziel ist es, nicht die Politik am Willen des Volkes auszurichten, sondern den Willen des Volkes an der Politik.

Damit hatten die Kirchen Erfolg, solange sie Einfluss auf die Gläubigen bei der Abgabe ihrer Stimmen hatten. Die von der Kanzel aus gewährte Unterstützung für die sogenannten christlichen Parteien schlug sich deutlich in den Wahlergebnissen nieder. Der Umstand, dass die CSU seit 65 Jahren ununterbrochen den bayrischen Ministerpräsidenten stellt, lässt erahnen, wie groß dieser Einfluss war – und möglicherweise noch ist.

7.2.1 Propaganda

Zumindest in den ersten Jahrzehnten nach der Gründung der Bundesrepublik ging die Manipulation der Meinungsbildung kaum über das hinaus, was in einer repräsentativen Demokratie „normal" ist. Seit einigen Jahren hat sie jedoch ein Ausmaß angenommen, das die Wesensmerkmale der Propaganda erfüllt:

„Propaganda bezeichnet die zielgerichteten Versuche, politische Meinungen oder öffentliche Sichtweisen zu formen, Erkenntnisse zu manipulieren und das Verhalten in eine vom Propagandisten oder Herrscher erwünschte Richtung zu steuern. Die verschiedenen Seiten einer Thematik nicht darzulegen sowie die Vermischung von Information und Meinung charakterisieren dabei die Propagandatechniken."[8]

Propaganda ist besonders wirksam, wenn sie als solche nicht erkannt wird. Eine besonders wirksame Methode ist das sogenannte „Framing". Dabei werden einzelne Aspekte eines Sachverhaltes hervorgehoben und als allein entscheidend dargestellt. Gleichzeitig werden sie mit bestimmten wertenden Begriffen in einer Weise verknüpft, die nur eine Bewertung zulässt. Wiederholungen solcher Erzählmuster schaffen Deutungsraster, die weitere Bewertungen ähnlicher Art fördern, andererseits aber auch durch sie scheinbar bestätigt werden.

Propaganda verleitet zum „eindimensionalen" Denken. Damit trägt sie zur Verdummung der Massen bei.[9] Propaganda lähmt kritisches Denken und stärkt die Bereitschaft, Informationen Glauben zu schenken, die vorgefasste Meinungen bestätigen. Das Ergebnis ist die sogenannte „Gehirnwäsche". Sie ist eines der wirksamsten Mittel, mit dem sich eine Regierung der Kontrolle durch den Wähler entziehen kann.

Die Frage, um die es hier geht, betrifft nicht die Qualität einer bestimmten Politik. Sie betrifft die Art und Weise, in der für Politik Propaganda gemacht wird. Das geschieht mit einer Intensität und einem Aufwand, die die Absicht der Manipulation klar erkennen lassen. Dennoch sind sich

---

[8] https://de.wikipedia.org/wiki/Propaganda.
[9] Darauf machte Thomas Wieczorek bereits 2009 in seinem Buch *„Die verblödete Republik, Wie uns Medien, Wirtschaft und Politik für dumm verkaufen"* aufmerksam.

die meisten Mitbürger dessen nicht bewusst. Daher fühlen sie sich weder betrogen noch bevormundet.

7.2.2 Wissenschaftler und Think-Tanks

Manipulation erfolgt oft mit Hilfe von Institutionen und Menschen, die eine gewisse Autorität als Autoren wissenschaftlicher Studien und Analysen genießen. Um diese Autorität zu erlangen, müssen sich Wissenschaftler bei ihrer Arbeit um unparteiische und nachvollziehbare Ergebnisse bemühen. Haben sie auf diese Weise Autorität erlangt, lässt sich daraus Kapital schlagen.

Viele Universitäten und Professoren lassen sich dafür bezahlen, die Interessen ihrer Auftraggeber wissenschaftlich zu begründen.[10] Dabei halten sie sich nicht immer an die Gebote wissenschaftlicher Arbeit. Dann sind die Ergebnisse weder objektiv noch unparteiisch und oft nicht einmal nachvollziehbar. Sie sind Propaganda. Für sie werden Unsummen ausgegeben.[11]

Wird die Parteilichkeit einer Aussage erkannt, droht der Autor, seine Autorität zu verlieren. Um das zu vermeiden, wird gewöhnlich ein weiterer Experte bemüht, um die Aussagen des ersten zu bestätigen. Trotz der Fragwürdigkeit der Ergebnisse vieler sogenannter wissenschaftlicher Studien ist der Autoritätsglaube der Wählerschaft noch erstaunlich hoch.

---

[10] Das gilt sogar für angesehene Universitäten. Während meiner Lehrtätigkeit an der Universität Yale konnte ich den Einfluss von sogenannten Sponsoren aus der Nähe beobachten.

[11] Zum Beispiel der Online-Vermittlungsdienst zur Personenbeförderung Uber, https://www.theguardian.com/news/2022/jul/12/uber–paid–academics–six–figure–sums–for–research–to–feed–to–the–media. Der Milliardär Charles Koch hat in den USA ein einflussreiches Netzwerk von Stiftungen geschaffen, die einen Kapitalismus ohne Steuern und Sozialleistungen propagieren; https://de.wikipedia.org/wiki/Charles_G._Koch.

7.2.3 Die Medien

Der wohl einflussreichste Vermittler von Propaganda sind die Medien. Mitunter nennt man sie „die Vierte Gewalt im Staate", was insofern irreführend ist, als sie nicht zur Ausübung der Macht im Staat demokratisch legitimiert sind. Sie werden dennoch so genannt, weil sie

> „mittels wahrhaftiger Berichterstattung und Vermittlung der öffentlichen Meinung eine Kontrollfunktion über die drei Staatsgewalten Legislative, Exekutive und Judikative ausüben sollen, um Machtmissbrauch zu verhindern... Die ideale Funktion der Massenmedien in einer Demokratie schließt umfassende und ausgewogene Berichterstattung, Sachlichkeit und gegenseitige Achtung, Wahrheitstreue in Inhalt, Stil und Formen der Wiedergabe und eine Präsentationsweise ein, die allen Bürgern und Bürgerinnen die Teilnahme an der öffentlichen Kommunikation ermöglicht. Sie haben eine große Verantwortung den Bürgern gegenüber, denn deren politisches Wissen hängt von der Darstellung der Politik in den Massenmedien ab."[12]

Diese Worte beschreiben die ideale Funktion und die gesellschaftliche Verantwortung der Medien. Davon hat sich die Rolle, die die Medien heute spielen, weit entfernt. Es wird bewusst Meinungsmache betrieben. Das Prinzip des guten Journalismus, Fakten und Kommentare zu trennen, ist seit langem aufgegeben. Das gilt sowohl für private wie auch für öffentlich-rechtliche Medien.

Staatliche Medien waren gewiss nicht immer unparteiisch, aber selten ließen sie sich dazu hinreißen, offen Propaganda zu machen. Wurde nach den Nachrichten ein

---

[12] Markus Rhomberg: *Wirklich die „vierte Gewalt"? Funktionsverständnisse für die Massenmedien in der Gesellschaft.* In: *Korruption – unaufgeklärter Kapitalismus – multidisziplinäre Perspektiven zu Funktionen und Folgen der Korruption.*

Kommentar gesendet, so wurde er als solcher angekündigt. Heute stellen selbsternannte Sicherheitsexperten in ZDF und ARD ihre Spekulationen als verlässliche Informationen dar. Damit manipulieren sie uns.

Früher machten Zeitungen (mit Ausnahme der sogenannten Boulevardblätter) eine klare Trennung zwischen Berichterstattung und Kommentar. Politische Meinungsäußerungen erschienen in einem gesonderten und dafür kenntlich gemachten Abschnitt, zum Beispiel „der Seite drei". Dort standen Analysen, die klar zu erkennen gaben, welcher Partei die FAZ, die Welt oder die Süddeutsche Zeitung nahe standen. Es wurde mit offenen Karten gespielt. Heute werden Fakten von vornherein in subjektiver Färbung vermittelt, und zwar sowohl in den staatlichen wie den öffentlich-rechtlichen Medien. Es heißt nicht mehr „der Angriff Russlands auf die Ukraine" sondern „die brutale, völkerrechtswidrige Aggression". Das ist sicherlich nicht falsch, nimmt es aber dem Hörer, Leser oder Zuschauer ab, sich selbst ein Urteil zu bilden.

Falsch ist es hingegen, die Sonderzölle, die Präsident Donald Trump auf Einfuhren aus der EU verhängt, „Strafzölle" zu nennen. Die Verwendung dieses Begriffs lässt den Eindruck entstehen, dass sie die rechtmäßige Antwort der USA auf ein unrechtmäßiges Verhalten der Europäer sind. Das ist falsch. Die Erhebung solcher Zölle ist nach den Regeln des GATT verboten. Sie verletzt völkerrechtliche Verträge. Davon lenken deutsche Regierungssprecher ebenso wie Journalisten mit der unzutreffenden Verwendung des Begriffes „Strafzölle" ab. Damit manipulieren sie die öffentliche Meinung. Daran hat man sich inzwischen gewöhnt, und zwar sowohl auf der Seite derjenigen, die die Informationen vorbereiten und verbreiten, als auch auf der Seite jener, die sie hören, sehen und lesen. Offenbar haben die Verantwortlichen das Gefühl dafür verloren, welche Verantwortung sie tragen. Sie betreiben eine Manipulation der Meinungsbildung, die dem Funktionieren der Demokratie die Grundlage nimmt.

Artikel 5 des Grundgesetzes garantiert die Pressefreiheit. Damit ist das Recht auf ungehinderte und unzensierte Veröffentlichung von Nachrichten und Meinungen gemeint. Dieses Recht wird heute genutzt, um Leser, Hörer und Zuschauer in die Irre zu führen. Dafür hat die Privatisierung des Rundfunks und des Fernsehens völlig neue Möglichkeiten eröffnet. Es liegt auf der Hand, dass sie dabei die Meinungen und Interessen ihrer Eigentümer vertreten.[13] Mit der Erfindung des sogenannten Infotainments gelang es, Information unterhaltsam zu machen. Daher ist Infotainment bestens zur Manipulation der Meinungsbildung geeignet. Private Medien argumentieren grundsätzlich unternehmerfreundlich bzw. wirtschaftsfreundlich. Das Ergebnis ist, dass die Mehrheit Interessen einer Minderheit für die eigenen hält. Daher ist sie bereit, der Verfolgung dieser Interessen zuzustimmen.

Wenn sich private Medien für eine bestimmte Betrachtungsweise entscheiden, so bleiben sie Gefangene derselben. Sie müssen sich nicht nur selbst immer wieder bestätigen, sondern auch die Meinung ihrer treuen Leser oder Zuschauer, die sich diese unter ihrem Einfluss gebildet haben. Auf diese Weise können sich Meinungen zu unverbrüchlichen Überzeugungen verfestigen. Nicht selten ist dann der Manipulierte bereit, sich selbst an der Propaganda zu beteiligen.

---

[13] https://www.pt-magazin.de/de/gesellschaft/deutschland/generation-gleichschritt%2D%2Dralf-schuler_.

7.2.4 Social Media und Desinformation

Inzwischen ist den Meinungsmachern des Mainstreams eine Konkurrenz erwachsen, die sich ähnlicher Methoden, aber anderer Wege der Kommunikation bedient. Diese Konkurrenz nutzt die sogenannten Social Media und das Internet, um Kritik an den von Think-Tanks und privaten Medien propagierten Meinungen zu äußern. Das wird mit eben demselben Argument zurückgewiesen, auf dem die Kritik an ihnen beruht:

> „Wenn man die letzten Jahre betrachtet, fallen Ereignisse wie die Corona-Pandemie, der Ukraine-Krieg und der Israel-Gaza-Konflikt ins Auge. Hier sieht man, dass sowohl staatliche Akteure von außerhalb Deutschlands als auch Akteure innerhalb des Landes versuchen, ihre Perspektive auf Konflikte nicht nur mit gut abgesicherten Informationen, sondern auch durch polarisierende Desinformation zu verbreiten."[14]

Diese Feststellung trifft zu, ist aber unvollständig. Das Gesagte gilt auch für staatliche Akteure innerhalb des Landes. So hat die Bundesregierung zum Beispiel den 5. Armuts- und Reichtumsbericht „beschönigt", indem aus dem ursprünglichen Text

> „das Unterkapitel „Einfluss von Interessenvertretungen und Lobbyarbeit" sowie Passagen über die Ergebnisse einer vom Bundesministerium für Arbeit und Soziales in Auftrag gegebenen Studie gestrichen wurden, der zufolge politische Entscheidungen eindeutig den Interessen der Wohlhabenden folgen und die Wünsche der Armen regelmäßig nicht umgesetzt werden."[15]

---

[14] https://www.lmu.de/de/newsroom/newsuebersicht/news/wer–sind–die–meinungsmacher.html.
[15] Mündliche Frage/Schriftliche Antwort BT-Plenarprotokoll 18/230, S. 23170D-23171A.

7.2.5 Ablenkung auf Nebenschauplätze

Ein beliebtes Mittel, um die Meinung der Menschen zu steuern, besteht darin, die Aufmerksamkeit auf Nebensächlichkeiten abzulenken. Dazu ein Beispiel.

Im Jahre 1919 wurde die Internationale Arbeitsorganisation (ILO; International Labour Organization) gegründet, die dafür sorgen soll, dass die Arbeitsbedingungen in allen Ländern der Welt bestimmte Mindestanforderungen erfüllen. Im Jahre 1998 haben sich die Mitgliedstaaten der ILO auf eine Erklärung der grundlegenden Prinzipien und Rechte von Lohnarbeitern geeinigt. Sie postuliert eine uneingeschränkte Geltung von fünf *core labor standards* (arbeitsrechtliche Mindestnormen). Dazu gehört auch ein Diskriminierungsverbot.[16] Es verlangt die gleiche Entlohnung für alle, die die gleiche Arbeit verrichten, also auch für Männer und Frauen. Dennoch liegt der Lohn von Frauen in Deutschland im Durchschnitt immer noch zwischen 6 und 18 % niedriger als der von Männern mit gleicher Qualifikation und gleichen Merkmalen der Tätigkeit.[17] Alle bisherigen Anstrengungen, in dieser Hinsicht eine Gleichberechtigung herzustellen, hatten keinen Erfolg.

Dagegen hatten die Anstrengungen, „geschlechtergerechte" Formulierungen zwecks sprachlicher Gleichbehandlung der Geschlechter vorzuschreiben, weit mehr Erfolg. Das ist erstaunlich, denn ein geschlechterbewusster Sprachgebrauch ist wenig ästhetisch und erschwert das Lesen.

---

[16] https://webapps.ilo.org/dyn/normlex; das fragliche Abkommen trägt die Nummer C111.

[17] https://www.bmfsfj.de/bmfsfj/themen/gleichstellung/frauen-und-arbeitswelt/lohngerechtigkeit; Bayern 2 Nachrichten, 04.05.2024 06:00 Uhr: *„Der Wirtschaftsforscher Marcel Fratzscher hält eine gleiche Bezahlung von Frauen und Männern auf absehbare Zeit für unrealistisch… Die sogenannte Gender-Pay-Gap sei in Deutschland besonders groß, Frauen verdienen demnach pro Stunde brutto 18 % weniger als Männer".*

Erstaunlicher noch ist der Eifer, mit dem diese Neuerung betrieben wurde, denn sie kann kaum spürbare Auswirkungen haben. Sie ist ein Beispiel für eine übertriebene politische Ambition auf einem „Nebenschauplatz". Ambitionen dieser Art haben zumindest stets *einen* Erfolg. Sie lenken vom Wesentlichen ab – zum Beispiel von der Notwendigkeit von mehr Lohngerechtigkeit.

7.3 Täuschung

Manipulation ist nicht das einzige Mittel, mit dem versucht wird, die Meinungsbildung der Wahlberechtigten zu beeinflussen. Nicht selten bedienen sich Regierungen auch Lügen oder Täuschungen. Das ist jedoch gefährlich, denn meist kommt die Wahrheit irgendwann ans Licht. Schon Abraham Lincoln bemerkte dazu:

> „Man kann einen Teil des Volkes die ganze Zeit täuschen und das ganze Volk einen Teil der Zeit. Aber man kann nicht das gesamte Volk die ganze Zeit täuschen."

7.3.1 Unvollständige und einseitige Information

Täuschung kann dadurch erfolgen, dass relevante Informationen geheim gehalten werden, wovon bereits die Rede war (siehe Abschn. 4.3). Sie kann auch darin bestehen, dass einseitig oder unvollständig berichtet wird. Ein Beispiel hierfür bietet die Berichterstattung über den Einsatz der Bundeswehr in Afghanistan. Um zu vermeiden, dass die Lage in Afghanistan von den Wählern anders beurteilt wurde, als die Regierung sich das wünschte, wurde die Bevölkerung unvollständig und einseitig informiert:

"Da Auslandseinsätze immer unter einem besonderen Begründungs- und Rechtfertigungszwang stehen, waren Bundestagsabgeordnete gefordert, den Einsatz in der Wählerschaft und Öffentlichkeit persönlich zu vermitteln, zu begründen und zu erläutern. Die Wahrnehmung war jedoch weitestgehend durch die Medienberichterstattung geprägt. Solange der Einsatz primär als Aufbauunterstützung mit militärischer Flankierung wahrgenommen werden konnte, wurde er in Umfragen mehrheitlich positiv bewertet. Die Zustimmung kippte Ende 2009 zu einer mehrheitlichen Ablehnung des Einsatzes… Von da an fanden fortgesetzte parlamentarische Mehrheiten für alle weiteren Afghanistanmandate nur noch bei einer Minderheit der Bevölkerung Zustimmung. Erheblich befördert wurde dieser Akzeptanzverlust durch eine Öffentlichkeitsarbeit der Bundesregierung, der es an ressortgemeinsamer strategischer Orientierung, ehrlicher Realitätsnähe und Glaubwürdigkeit mangelte." [18]

Wo es daran mangelt, ist der Tatbestand der Täuschung erfüllt.

7.3.2 Das Vorschieben falscher Gründe

Eine Form der Täuschung ist, falsche Gründe für politische Entscheidungen vorzuschieben. War das Ziel der Agenda 2010 eine Steigerung der Wettbewerbsfähigkeit der deutschen Wirtschaft – wie offiziell erklärt wurde – oder eher eine Steigerung der Unternehmensprofite? Die Verfolgung

---

[18] S. 71 des Berichts der Enquete-Kommission. In einer repräsentativen Befragung im Dezember 2009 bezweifelte eine große Mehrheit der Bundesbürger, dass die Bundesregierung umfassend und ehrlich über den Bundeswehreinsatz in Afghanistan informierte. 69 % der Befragten befürworteten einen möglichst schnellen Abzug der deutschen Streitkräfte; 27 % sprachen sich für eine Fortsetzung des militärischen Engagements aus; https://de.wikipedia.org/wiki/Deutsche_Beteiligung_am_Krieg_in_Afghanistan#Kritik.

dieses Ziels hätte den Abbau des Sozialstaates allerdings kaum akzeptabel gemacht. Daher wurde von offizieller Seite behauptet, es ginge um eine Steigerung der Wettbewerbsfähigkeit der deutschen Wirtschaft. Damit stiegen freilich auch die Unternehmensgewinne. Sollte der Abbau des Sozialstaates vielleicht auch diese Absicht verfolgt haben?

Beruht die Aufnahme einer unbegrenzten Anzahl von Flüchtlingen tatsächlich auf einem humanitären Motiv oder ist sie – möglicherweise auch gleichzeitig – Mittel zu einem anderen Zweck? Kein Land der Welt nahm so viele Flüchtlinge auf wie die USA – bis vor kurzem.[19] Während der Präsidentschaft Joe Bidens wurde so gut wie nichts gegen die illegale Einwanderung unternommen.[20] Er hatte sogar eine bundesrichterliche Verfügung erwirkt, die den Staat Texas daran *hinderte*, ein texanisches Gesetz zur Verhinderung illegaler Einwanderung anzuwenden.[21]

In der Diskussion dieser Frage ist man in den USA ganz offen und ehrlich. Wir brauchen mehr Arbeitskräfte, hieß es bislang. Brauchen tun sie allerdings nur Unternehmen bzw. deren Eigner. In den USA sind mehr als 40 % der im Landwirtschaftssektor Beschäftigten illegale Einwanderer, denen Hungerlöhne gezahlt werden.[22] Daran verdienen diejenigen, die sie beschäftigen.

Bei uns argumentiert man etwas nuancierter. Wir brauchen mehr Fachkräfte, heißt es.[23] Dass sich unter den

---

[19] https://de.statista.com/statistik/daten/studie/463463/umfrage/illegale-einwanderungen-in-die-usa/.

[20] An der Grenze zwischen Tijuana (Mexiko) und San Diego (USA) gibt es einen unterirdischen Tunnel. Ich habe mit Menschen gesprochen, die durch diesen Tunnel in die USA gelangt sind und dort ohne Papiere arbeiten.

[21] https://www.reuters.com/legal/us-judge-blocks-texas-law-cracking-down-illegal-border-crossings-2024-02-29.

[22] https://www.ers.usda.gov/data-products/chart-gallery/chart-detail?chartId=63466.

[23] Bayern 3 Nachrichten, 27.02.2025 13:00 Uhr: „*In vielen Berufen, in denen ein besonders großer Fachkräftemangel herrscht, sind Menschen mit Einwanderungs-*

Flüchtlingen überdurchschnittlich viele Fachkräfte finden, erscheint allerdings im Hinblick auf das Berufsbildungssystem in den Herkunftsländern fraglich. Tatsächlich arbeiten viele im Niedriglohnbereich[24] – der nicht zuletzt deswegen zunimmt, weil immer mehr Flüchtlinge ohne berufliche Ausbildung auf den Arbeitsmarkt drängen.[25] Das drückt die Löhn. Es liegt nicht im Interesse der Mehrheit der Bevölkerung, sondern im Interesse von Unternehmen und deren Eignern.[26]

7.3.3 Der Etikettenschwindel

Eine spezielle Art der Täuschung ist der Etikettenschwindel, der darin besteht, Dinge unzutreffend zu bezeichnen. Ein grotesker Fall des Etikettenschwindels ist die Bezeichnung von Schulden, die der Staat macht, als „Sondervermögen". Natürlich stehen ihm die fraglichen Gelder, wenn er sie sich einmal geborgt hat, als „Vermögen" zur Verfügung. Doch

---

geschichte überrepräsentiert…Im Aus- und Trockenbau etwa hatten 2023 zwei Drittel der Beschäftigten einen Migrationshintergrund. Bei der Lebensmittelherstellung und der Gastronomie waren es demnach etwa die Hälfte der Beschäftigten, in der Altenpflege 31 %". Bayern 3 Nachrichten, 13.05.2025 13:00 Uhr: „*Der Zuzug von Beschäftigten aus dem Ausland wird immer wichtiger, um den Arbeitskräftemangel hierzulande abzufedern. Das geht aus einer Studie des Nürnberger Instituts für Arbeitsmarkt- und Berufsforschung hervor … Bei Hilfstätigkeiten verzeichnet das Institut ein Plus von einer Million Arbeitskräften, die ausschließlich aus dem Ausland stammen*".

[24] https://mediendienst-integration.de/artikel/diese-branchen-haengen-von-zuwanderung-ab.html.

[25] https://de.wikipedia.org/wiki/Niedriglohn.

[26] So sah der frühere Bundeskanzler Olaf Scholz im neuen Einwanderungsrecht für die Wirtschaft eine „historische Chance"; Sendung: Bayern 2 Nachrichten, 19.08.2024 22:00 Uhr: „*Bundeskanzler Scholz hat erneut die Bedeutung eines modernen Einwanderungsrechts für die deutsche Wirtschaft hervorgehoben.…Für die Einführung neuer Vorschriften für Einbürgerungen in Deutschland durch die Ampel-Koalition ist es aus Sicht des Kanzlers höchste Zeit gewesen. Die Reform ermögliche es nun, genügend Arbeitskräfte zu gewinnen und auch in Zukunft ein wachsendes Land zu bleiben.*"

täuscht diese Benennung über seinen Ursprung. Der Ursprung ist eine Kreditausnahme, also Schulden.

Die Möglichkeiten, neue Kredite aufzunehmen, werden durch Artikel 115 des Grundgesetzes begrenzt. Danach dürfen neue Schulden pro Jahr höchstens 0,35 % des Bruttoinlandsprodukts betragen. Diese Begrenzung wird gewöhnlich Schuldenbremse genannt. Auch diese Bezeichnung trifft nicht zu. Denn sie wirkt nicht als solche.

7.4 Verängstigung

Eines der wirksamsten Mittel, die Zustimmung des Volkes zu politischen Entscheidungen zu erlangen, ist Verängstigung. Sie lässt die Bereitschaft wachsen, Maßnahmen zu akzeptieren, die Schutz vor echten oder angeblichen Gefahren versprechen.[27] Diese Methode fand während der gesamten Dauer des Kalten Krieges Anwendung.

7.4.1 Der Kalte Krieg

10 Jahre nach dem Zweiten Weltkrieg hatte die Sowjetunion militärisch etwa den Stand der Technologie der USA erreicht. Damit etablierte sich das sogenannte „Gleichgewicht des Schreckens". Der Konflikt drohte mehrmals militärisch zu eskalieren: während der Berlin-Blockade 1948, während des Koreakriegs 1950, beim Mauerbau in Berlin 1961 und vor allem während der Kubakrise 1962. Diese Krisen versetzten die Bevölkerung in Angst und Schrecken. Aber auch in vergleichsweise ruhigeren Zeiten

---

[27] Vor einem missbräuchlichen Schüren von Ängsten warnte die frühere Bundestagspräsidentin Klöckner auf dem evangelischen Kirchentag im Mai 2025: „*Ein ganzes Volk permanent in Angst zu versetzen, das ist nicht nur unglaubwürdig, das ist auch unchristlich.*" Bayern 2 Nachrichten, 03.05.2025 13:00.

wurde die „Angst vor den Russen" systematisch geschürt. Damit wurde versucht, die Zustimmung der Mehrheit der Bevölkerung zu einer Politik der Konfrontation und zum Wettrüsten zu erlangen.

7.4.2 Terroranschläge

Nach Ende des Kalten Krieges begann eine verhältnismäßig sorgenfreie Zeit. Doch dauerte sie nicht lange. Sie endete 1. September 2001 mit den Terroranschlägen in New York. Diese Anschläge boten den Vorwand für eine ganze Reihe von Maßnahmen, die angeblich aus Gründen der Sicherheit notwendig waren. Dazu gehörten sichtbare Maßnahmen wie die Sicherheitskontrollen an Flughäfen, aber auch unsichtbare Maßnahmen wie die Telefonüberwachung. Dazu gehörten auch Einschränkungen gewisser Grundrechte, die besonders in den USA sehr weit gingen (siehe Abschn. 9.6).

Terroraktionen sind solche, die absichtlich Angst und Schrecken verbreiten. Um die Bereitschaft der Menschen zu erhöhen, besagte Maßnahmen zu akzeptieren, nutzte man eben diese Wirkung der Terroranschläge. Die Menschen wurden verängstigt, indem die Gefahr weiterer Anschläge übertrieben dargestellt wurde. Nach den Anschlägen vom 11. September erwartete die Welt eine Reihe ähnlicher Attacken. Sie sind ausgeblieben. Aber die Maßnahmen gelten weiter.

7.4.3 Die Coronapandemie

Im Jahre 2020 gab es erneut Anlass zur Besorgnis, nämlich die Ausbreitung des Coronavirus. Um das Risiko von Ansteckungen und Gesundheitsschäden zu verringern, wurden recht drastische Maßnahmen getroffen. Sie bewirkten spürbare Einschränkungen der Individualfreiheit. Zudem wurden Impfungen als Bedingung für bestimmte Tätigkeiten und Reisen vorgeschrieben waren. Ob die Coronapandemie ein ausreichender Grund dafür war, erscheint im Rückblick zweifelhaft.

Um die Menschen von der Notwendigkeit dieser Maßnahmen zu überzeugen, wurde täglich über die Anzahl der Todesfälle und die Belegung der Betten in Intensivstationen informiert. Damit wurde die Bevölkerung bewusst verängstigt. Und damit wurde das Ziel einer Billigung der Maßnahmen weitgehend erreicht.

7.4.4 Die Kriegsgefahr

Kaum war die Coronapandemie überwunden, gab es einen neuen Grund zur Beunruhigung. Seit dem Überfall Russlands auf die Ukraine im Februar 2022 droht die Gefahr eines Krieges, an dem wir unmittelbar beteiligt sind. Die Angst davor ist ein wesentlicher Faktor, der die Politik seitdem bestimmt.

Im November 2024 riet die EU-Kommission in einem Bericht den Bürgern der Mitgliedstaaten, Vorräte für mindestens 72 h zu horten. Zwar nennt der Bericht mehrere mögliche Bedrohungen, doch wird eine russische Aggression als größte Gefahr dargestellt. Im März 2025 wiederholte die Kommission ihre Empfehlung.[28]

Sollte es wirklich zu einem Krieg mit Russland kommen, so dürften Vorräte für 72 h wenig ändern. Wichtiger als diese törichte Empfehlung der Kommission ist die ihr zugrunde liegende Beurteilung der Gefahr eines Krieges mit Russland. Sie wird als imminent dargestellt – sonst wäre es

---

[28] https://de.euronews.com/my-europe/2025/03/26/eu-alle-burger-sollen-ein-72-stunden-notfallpaket-fur-den-krisenfall-zusammenstellen.

ja nicht nötig, Vorräte anzulegen.[29] Damit wird das Volk verängstigt. Die Frage ist also, wie wahrscheinlich ein Angriff Russlands wirklich ist. Die Antwort wird vor allem von zwei Faktoren bestimmt: der militärischen Stärke Russlands und dem Charakter seines Präsidenten.[30]

Kommentare zum Krieg in der Ukraine lassen dessen Vorgeschichte meist unerwähnt. Das lässt den Eindruck entstehen, Putin habe ihn vom Zaun gerissen. Und das erlaubt es, ihn als brutalen und unberechenbaren Charakter darzustellen, der zu allem fähig ist. Angeblich habe er imperialistische Ambitionen, Russland wieder zu einer Großmacht aufsteigen zu lassen. Solche Befürchtungen werden vor allem in und von den USA geäußert, die dabei anscheinend von sich auf andere schließen.

Was die militärische Stärke Russlands angeht, so hat der bisherige Kriegsverlauf gezeigt, dass es nicht einmal in der Lage ist, die ganze Ukraine zu erobern. Dennoch wird vor einem Angriff Russlands auf andere europäische Staaten gewarnt. Zur Begründung wird auf Pläne der russischen Regierung hingewiesen, weiter aufzurüsten.[31] Demnach wäre Russland in zehn Jahren in der Lage, es mit der NATO aufzunehmen. Ob es dann auch Lust dazu verspüren wird, ist eine Frage, die sich jetzt nicht beantworten lässt. Aber es gibt gute Gründe, die dagegen sprechen.

Russland hat ein Interesse an einer wirtschaftlichen Zusammenarbeit mit Deutschland, von der es weit besser profitieren kann als von einer gewaltsamen Unterwerfung. Zudem bewirkt die Eroberung eines Landes durch militäri-

---

[29] https://www.ft.com/content/eeb1ee80-00b8-4f9f-b560-a6717a80d58d.

[30] https://www.tagesschau.de/investigativ/ndr-wdr/russland-bedrohung-nato-100.html.

[31] https://www.fr.de/politik/front-ukraine-krieg-russland-erhoeht-den-druck-an-der-pokrowsk-zr-93664151.html: „*Russlands anhaltender Vorsprung in der Rüstungsproduktion stellt eine strategische Bedrohung für die Nato und die Glaubwürdigkeit ihrer konventionellen Abschreckung dar*".

sche Gewalt zwangsläufig den Verlust eines erheblichen Teils seines Kapitals, was das Interesse an einer Eroberung schmälert. Schließlich hat die Geschichte gezeigt, dass eine militärische Okkupation nicht auf längere Zeit durchzuhalten ist. Die Vorstellung, dass der Vorstandsvorsitzende der Daimler-Benz AG seine Arbeit unter Aufsicht einer russischen Militärkommandatur verrichten könnte, ist absurd.

Dennoch warnen Experten vor einem Krieg mit Russland.[32] Diese Warnung nutzen die Regierungen Europas, um eine Erhöhung ihrer Rüstungsausgaben zu rechtfertigen. In Deutschland wurde die Schuldenbremse gelockert, um weitere Mittel in Milliardenhöhe für die Verteidigung bereitzustellen – zusätzlich zu den bereits im Juni 2022 beschlossenen Sondervermögen zur Aufrüstung der Bundeswehr in Höhe von 100 Mrd. Euro. Damit das Volk nicht widerspricht, wird ihm Angst gemacht.

Angeblich soll uns die Aufrüstung ermöglichen, in fünf oder zehn Jahren einen Angriff Russlands abzuwehren. Sollte Russland wirklich einen solchen Angriff planen, so könnte die geplante Aufrüstung Veranlassung dazu geben, ihn möglichst bald auszuführen, d. h. bevor wir in der Lage sind, uns wirksam zu verteidigen. Nicht Wettrüsten, sondern nur gemeinsames Abrüsten kann unsere Sicherheit garantieren.

Die Verteidigungspolitik ist vermutlich der Bereich, in dem Bevormundung, Manipulation der Meinungsbildung, Täuschung und Verängstigung am weitesten gehen. Sie ermöglichen es, zu regieren, ohne sich vom Volk reinreden zu lassen. Sie erlauben einen zunehmend autoritären Regierungsstil.

---

[32] https://www.deutschlandfunk.de/russland-nato-kriegsgefahr-100.html#einschaetzung-experten.

7.5 Politikverdrossene und Wutbürger

Der Abstand zwischen Regierenden und Regierten wird zusehends größer. Einerseits entfernen sich die Regierenden von den Regierten, indem sie sie immer mehr bevormunden. Die Regierungsführung ist in der Tat in den vergangenen Jahrzehnten spürbar autoritärer geworden.

Andererseits entfernen sich die Regierten von den Regierenden, weil sie spüren, dass ihre Stimme nicht zählt und ihre Beteiligung an Wahlen nichts ändert. Viele Menschen lässt das Gefühl politischer Ohnmacht resignieren. Sie sind von der Politik „verdrossen". Schon 1992 wurde das Wort „Politikverdrossenheit" von der Gesellschaft für deutsche Sprache zum Wort des Jahres gewählt. Infolge der Politikverdrossenheit sinkt die Bereitschaft, sich an der Ausübung der Macht im Staate zu beteiligen. Und wo sie sinkt, sinkt auch die Wirksamkeit institutioneller Kontrollen. Es entsteht ein Teufelskreis, der den Abstand zwischen Regierenden und Regierten ständig größer werden lässt.

Andere hingegen begehren auf. Heute nennt man sie „Wutbürger". „Wutbürger" war das Wort des Jahres 2010. In der Begründung heißt es:

> „Diese Neubildung wurde von zahlreichen Zeitungen und Fernsehsendern verwendet, um einer Empörung in der Bevölkerung darüber Ausdruck zu geben, dass politische Entscheidungen über ihren Kopf hinweg getroffen werden. Das Wort dokumentiert ein großes Bedürfnis der Bürgerinnen und Bürger, über ihre Wahlentscheidung hinaus ein Mitspracherecht bei gesellschaftlich und politisch relevanten Projekten zu haben."[33]

---

[33] https://www.dw.com/de/wutbürger-ist-das-wort-des-jahres/a-6350998.

7 Die Scheindemokratie

Die Politikverdrossenheit der einen und die Empörung der anderen haben denselben Grund – den Umstand nämlich, dass die Demokratie in der Bundesrepublik Deutschland zu einer Scheindemokratie verkommen ist, in der regiert wird, ohne sich vom Volk reinreden zu lassen.

8

Die politische Bandbreite

Inhaltsverzeichnis

8.1 Alte und neue Parteien	196
8.1.1 Die Verengung der politischen Bandbreite	196
8.1.2 Die außerparlamentarische Opposition	198
8.1.3 Neue Parteien	198
8.2 Der Rechtsruck in Europa	199
8.2.1 Die Erfolge rechter Parteien in Europa	199
8.2.2 Die Neue Rechte	200
8.2.3 Die AfD und die Flüchtlingskrise	202
8.3 Populismus und Extremismus	203
8.3.1 Populismus	203
8.3.2 Die Verlagerung der politischen Mitte	205
8.3.3 Rechtsextremismus	206
8.4 Die AfD und der Rechtsextremismus	208
8.4.1 Das Programm der AfD	208
8.4.2 Remigration	209
8.5 Die AfD und der Verfassungsschutz	211
8.5.1 Das Bundesamt für Verfassungsschutz	211
8.5.2 Die Einstufung der AfD durch den Verfassungsschutz	213

	8.5.3	Eine Gefahr für die Demokratie	215
	8.5.4	Verfassungswidrigkeit und Parteienverbot	216
8.6	Berührungsängste		218
8.7	Die Wiedervereinigung und die neue Trennung		219
8.8	Der Hang zum Extremismus		220
8.9	Zusammenfassung		222

Demokratie verlangt Pluralismus. Pluralismus muss es nicht nur in der Gesellschaft, sondern auch in der Parteienlandschaft geben. Dem Wähler müssen von den Parteien inhaltlich verschiedene Programme angeboten werden. Die Unterschiede werden jedoch immer geringer. Das Angebot politischer Programme – die politische Bandbreite – hat sich verengt. Mit ihr sind auch die Grenzen enger geworden, innerhalb derer von der Freiheit der Meinungsäußerung ungestraft Gebrauch gemacht werden darf.[1]

8.1 Alte und neue Parteien

8.1.1 Die Verengung der politischen Bandbreite

Dafür gibt es mehrere Gründe. Einer ist der Umstand, dass die erwähnten politischen Vorgaben immer enger werden. Unterschiede zwischen den Programmen verschiedener Parteien beschränken sich auf Details.

---

[1] Dieser Auffassung ist offenbar auch Bundespräsident Steinmeier: Bayern 2 Nachrichten, 01.02.2025 18:30 Uhr: *„Bundespräsident Steinmeier hat die derzeitige Debattenkultur in Deutschland beklagt. Beim Festakt zum 100-jährigen Bestehen der Studienstiftung des Deutschen Volkes in Dresden sprach Steinmeier laut Redemanuskript von einer – so wörtlich – „Verengung". Für die eigene Überzeugung zu streiten und andere Meinungen zuzulassen – dies sei an den Hochschulen und im Land insgesamt leider an vielen Stellen verloren gegangen. Ihm bereite das Sorge, so der Bundespräsident. Denn von Kontroversen lebe nicht nur die Wissenschaft, sondern unsere Demokratie".*

8 Die politische Bandbreite

Ein anderer Grund beruht auf einer Eigengesetzlichkeit der Demokratie. Ziel jeder Partei ist es, möglichst viele Stimmen zu gewinnen. Je radikaler die Forderungen einer Partei sind, umso geringer ist die Chance, dafür eine Mehrheit zu finden. Diese – banale – Erkenntnis motiviert Parteien, ihr Programm so zu gestalten, dass es möglichst „mehrheitsfähig" ist. Mit anderen Worten: Alle Parteien strömen mehr oder weniger zur politischen Mitte, zum sogenannten *Mainstream*.

Diese Tendenz ließ sich bereits in dem von der SPD im Jahre 1959 verabschiedeten Grundsatzprogramm, dem „Godesberger Programm", erkennen, in dem die Forderung nach einer Verstaatlichung der Produktionsmittel aufgegeben wurde. Schon in den 1960er-Jahren gab es einen Konsens der großen Parteien über die wichtigsten politischen Fragen.

Da sich die Programme der Parteien immer weniger unterschieden, warb die CDU bei der Bundestagswahl 1969 für ihren Kandidaten Kurt Georg Kiesinger mit dem Slogan „Auf den Kanzler kommt es an!", was so viel heißt wie „Das Parteiprogramm ist nebensächlich". Manche Beobachter waren der Ansicht, der frühere Bundeskanzler Helmut Schmidt „wäre in der falschen Partei", er hätte besser in die CDU gepasst. Die Annäherung zwischen den beiden (damals) größten Parteien – CDU/CSU und SPD – ging so weit, dass sie von 1966 bis 1969, von 2005 bis 2009 und von 2013 bis 2021 – insgesamt also 15 Jahre lang – Regierungskoalitionen bilden konnten und es seit 2025 wieder tun. Beide waren zu verschiedenen Zeiten bereit, auch mit der FDP zusammenzuarbeiten.

Heute gehören sogar die Grünen zum „engeren Kreis". Gerade die Geschichte der Grünen macht die Verengung der politischen Bandbreite deutlich. Während der Anfangsjahre gab es einen Konflikt zwischen den radikaleren „Fundis" und den gemäßigteren „Realos". Aus den innerparteilichen Auseinandersetzungen um die Frage einer möglichen Regierungsbeteiligung der Grünen gingen die Realos als Sieger hervor. Seitdem bewegt sich die die Partei immer mehr in Richtung politische Mitte. Seit 2008 hat es in mehreren Bundesländern schwarz-grüne Koalitionsregierungen gegeben. Was früher die Grünen von den anderen Parteien unterschied, ist heute nur noch ein Lippenbekenntnis.

8.1.2 Die außerparlamentarische Opposition

Infolge des Trends zur Mitte hatten immer mehr Wähler das Gefühl, durch keine Partei vertreten zu werden. Manche unter ihnen fanden sich zu einer „außerparlamentarischen Opposition" zusammen. In einer außerparlamentarischen Opposition treffen sich Menschen, die sich nicht von der Politik verdrießen lassen.

Die erste derartige Opposition entstand in der 1960er-Jahren aus der 68er-Studentenbewegung. Sie hat in jüngerer Zeit mehrere Nachahmer gefunden. Seit 2014 demonstrierten Anhänger der Pegida gegen die Einwanderungs- und Asylpolitik Deutschlands und Europas. Seit 2018 versuchte die Bewegung *Fridays-for-Future,* durch Schulschwänzen ihrer Forderung nach ausreichenden Maßnahmen gegen den Klimawandel Nachdruck zu verleihen. Ähnliches tat eine Gruppe, die sich 2021 unter dem Namen *Letzte Generation* zusammenfand und die sich neuer Methoden des zivilen Ungehorsams bedient. Schließlich sammelten Sahra Wagenknecht und Alice Schwarzer Unterschriften für ein *Manifest für den Frieden*, um auf eine Beendigung des Krieges in der Ukraine hinzuwirken.

8.1.3 Neue Parteien

Andererseits hat der Trend zur Mitte immer wieder Lücken in der Parteienlandschaft entstehen lassen. Sie gaben wiederholt Veranlassung zur Gründung neuer Parteien. Auf dem rechten

Flügel entstand 1964 die NDP (die sich seit 2023 „Heimat!" nennt) und 1983 die Partei der „Republikaner". Beide Parteien scheiterten daran, dass ihre Programme nicht mehrheitsfähig – sprich: zu weit von der politischen Mitte entfernt – waren.

Auf dem linken Flügel trat nach der Wiedervereinigung die PDS das Erbe der ostdeutschen SED an. Im Jahre 2007 vereinigte sie sich mit der SPD-Abspaltung WASG und nennt sich seitdem die Linke. Obwohl ihr heutiges Parteiprogramm fast deckungsgleich mit dem Programm der SPD vor deren Wanderung zur Mitte ist, hat sie wenig Erfolg – vermutlich wegen ihrer DDR-Vergangenheit.

Mehr Erfolg hatten die Grünen, die das zuvor vernachlässigte Erfordernis der Nachhaltigkeit zu ihrer Hauptforderung machten. Dieser Erfolg war möglich, weil die Altparteien die Zeichen der Zeit nicht erkannt hatten. Aus dem gleichen Grund hat eine 2014 gegründete Partei namens „Alternative für Deutschland" Erfolg.

8.2 Der Rechtsruck in Europa

8.2.1 Die Erfolge rechter Parteien in Europa

Schon seit den 1980er-Jahren haben in mehreren Ländern Europas Parteien im Stile der AfD Boden gewonnen. Das gilt nicht nur für die Länder Osteuropas, wo die Wiedergewinnung der nationalen Unabhängigkeit nach dem Zerfall der Sowjetunion den Nationalismus beflügelte. Es ist auch in mehreren westeuropäischen Ländern der Fall.

In Belgien war der *Vlaams Belang* (Flämisches Interesse) schon in den 1990er- und 2000er-Jahren eine der drei größten Parteien. Sie gilt als rechtsextrem und rechtspopulistisch.[2] In

---

[2] Eckhard Jesse, Tom Thieme: *Extremismus in den EU-Staaten. Theoretische und konzeptionelle Grundlagen. In: Extremismus in den EU-Staaten*, 2011, S. 24.

Österreich war die *Freiheitliche Partei Österreichs* (FPÖ) zwischen 1983 und 2019 fünf Mal an einer Koalitionsregierung beteiligt. Heute ist sie im Nationalrat, in allen neun Landtagen und vielen Gemeinderäten vertreten. Auch sie wird als eine rechtspopulistische und rechtsextreme Partei angesehen.[3] In Frankreich bewarb sich 2022 die Vorsitzende der Partei *Rassemblement National* (RN), Marine Le Pen, um das Amt des Staatspräsidenten und gelangte in die Stichwahl gegen Emmanuel Macron.[4] Auch ihre Partei gilt als rechtspopulistisch bis rechtsextrem. In Italien regiert seit 2022 Giorgia Meloni als Ministerpräsidentin. Sie ist Vorsitzende der als „postfaschistisch" bezeichneten Partei *Fratelli d'Italia* (FdI).[5]

8.2.2 Die Neue Rechte

Diese Parteien werden als „Neue Rechte" bezeichnet.[6] In der Tat unterscheiden sich sowohl ihre Programme wie auch ihre Klientel deutlich von denen traditioneller rechtsgerichteter Parteien.

Die Einteilung des politischen Spektrums zwischen „rechts" und „links" hat ihren Ursprung in der Sitzordnung in der Französischen Nationalversammlung von 1789. Als rechte Parteien werden seitdem solche bezeichnet, die die Interessen der privilegierten Schichten der Bevölkerung vertreten. Deren Interesse ist es, die bestehende Ordnung zu erhalten. In diesem Sinne waren rechte Parteien stets konservativ. Um sich Konkurrenten aus anderen Ländern vom Hals zu halten, waren sie bemüht, sich vom Ausland abzuschotten.

---

[3] https://de.wikipedia.org/wiki/Freiheitliche_Partei_Österreichs.
[4] https://de.wikipedia.org/wiki/Marine_Le_Pen.
[5] https://de.wikipedia.org/wiki/Giorgia_Meloni.
[6] Wolfgang Gessenharter, Thomas Pfeiffer (Hrsg.), *Die Neue Rechte — eine Gefahr für die Demokratie?*, 2004, https://link.springer.com/book/10.1007/978-3-322-81016-8.

Linke Parteien bezeichnen sich dagegen selbst als fortschrittlich. Unter Fortschritt verstehen sie eine Veränderung der gesellschaftlichen Ordnung mit dem Ziel, benachteiligten Menschen mehr Rechte zu verleihen. Linke Parteien waren traditionellerweise mehr auf Veränderungen der bestehenden Ordnung bedacht. Um ihre Position zu stärken, waren sie an einer internationalen Zusammenarbeit interessiert.

Die Gleichsetzung von links und rechts mit progressiv bzw. konservativ trifft in dieser Form nicht mehr zu. Gewiss gibt es noch erzkonservative Politiker und stramme Kommunisten. Doch sind beide eine aussterbende Gattung. Auch die eindimensionale Unterscheidung zwischen nur zwei politischen Richtungen ist überholt.

Diejenigen, die von der bestehenden gesellschaftlichen Ordnung begünstigt werden, sind nicht mehr nur darauf bedacht, ihre Privilegien zu bewahren. Vielmehr haben sie erkannt, dass ihnen gewisse Veränderungen weitere Vorteile bieten können. Dazu gehört vor allem auch der durch die Globalisierung und Digitalisierung bewirkte Wandel. Um ihn zu nutzen, sind sie bereit, ihre konservative Haltung aufzugeben.

Diejenigen, die von der bestehenden gesellschaftlichen Ordnung benachteiligt werden, haben dagegen erkannt, dass ihnen die Veränderungen der letzten Jahre vor allem Nachteile bereitet haben. Ihnen geht es inzwischen darum, zu retten, was ihnen von ihrem sozialen Besitzstand geblieben ist. Daher sind sie bemüht, die bestehende Ordnung zu bewahren oder zu einem früheren Zustand derselben zurückzukehren. Dazu gehört auch eine Rückbesinnung auf nationale Interessen. Sie haben ihre progressive Haltung zu Gunsten einer eher konservativen Haltung aufgegeben. Sie bilden die „Neue Rechte".

8.2.3 Die AfD und die Flüchtlingskrise

Die AfD ist eine in diesem Sinne rechte Partei. Sie wendet sich an Wähler, die früher die CDU/CSU gewählt haben, sich aber von ihnen abwenden, weil sie nicht mehr im herkömmlichen Sinne konservativ sind. Und sie wendet sich an Wähler, die die Hoffnung aufgegeben haben, ihre Lage durch eine im traditionellen Sinne linke Politik zu korrigieren. Sie fühlen sich von der SPD verraten.

Einen wesentlichen Teil ihres Erfolgs hat die AfD der Flüchtlingskrise zu verdanken. Sie erfasste ganz Europa. Doch war kein anderes Land im gleichen Maße wie Deutschland bereit, Flüchtlinge aufzunehmen.

Die Frage, die hier gestellt wird, betrifft nicht die Richtigkeit oder Vertretbarkeit der zur Bewältigung der Flüchtlingskrise getroffenen Maßnahmen, sondern die Art und Weise, wie sie entschieden worden sind. Die von der Regierung verordnete Willkommenskultur wurde von den Medien bereitwillig unterstützt.[7] Dabei wurde unterstellt, dass alle Flüchtlinge, die nach Deutschland kommen, ebenso bereit sind, zu bleiben und sich zu integrieren, wie wir bereit sind, sie aufzunehmen. Eine Diskussion darüber, welche Folgen diese Politik haben und welche Gefahren sie mit sich bringen würde, wurde mit dem Hinweis auf die humanitäre Verantwortung abgelehnt. Auch die Frage, wo die Grenze der Zumutbarkeit liegt, wurde nicht gestellt. Statt sie zu Wort kommen zu lassen, wurden Kritiker der Willkommenskultur diskreditiert.

Das musste sie verärgern. Die einzige Partei, die bereit war, ihnen zuzuhören, war die AfD. Daher wandten sich immer mehr Menschen dieser Partei zu. Dieser Erfolg kam

---

[7] Das Wort Willkommenskultur wurde in Österreich im Dezember 2015 zum „Wort des Jahres" gewählt; https://de.wikipedia.org/wiki/Willkommens-_und_Anerkennungskultur.

für die traditionellen Parteien als Überraschung. Mit Schrecken sahen sie einen Teil ihrer Wählerschaft abwandern. Statt sich darum zu bemühen, die Gründe zu verstehen und darauf zu reagieren, zogen sie es vor, sie als extremistisch und populistisch zu verdammen. Sie meinen, sich damit einer Auseinandersetzung und Diskussion entziehen zu können. Der anhaltende Erfolg der AfD macht deutlich, dass dies ein Irrtum ist.

Was aber heißt eigentlich extremistisch und populistisch?[8]

8.3 Populismus und Extremismus

8.3.1 Populismus

Der Begriff „Populismus" wird sowohl in der Variante rechtspopulistisch wie auch linkspopulistisch verwendet. Als populistisch wird eine Ansicht oder Forderung einer politischen Partei bezeichnet, das *„von Opportunismus geprägt ist, volksnah ist und das Ziel hat, ... die Gunst der Massen ... zu gewinnen"*.[9] Sind das wirklich Gründe, eine Partei zu verdammen?

„Das Ziel, die Gunst der Massen zu gewinnen", verfolgt jede Partei, die sich nicht nur an eine bestimmte Wählerschaft wendet. Dieses Ziel verfolgen insbesondere die sogenannten Volksparteien CDU/CSU und SPD. Es ist also kaum zu bemängeln.

„Von Opportunismus geprägt" bedeutet, dass versucht wird, Wähler durch Versprechen zu gewinnen, die mög-

---

[8] Die folgenden Überlegungen werden nicht in der Absicht angestellt, bestimmte politische Positionen, Ideen oder Programme zu kritisieren oder zu verteidigen. Vielmehr geht es allein um eine Klärung der Bedeutung und Verwendung der Begriffe.

[9] https://www.duden.de/rechtschreibung/populistisch.

lichst vielen Menschen gefallen. Das wäre nur dann zu beanstanden, wenn es einen Grund gibt, solche Versprechen von vornherein abzulehnen. Könnte ein solcher Grund sein, dass sie „volksnah" sind?

Der Begriff „populistisch" leitet sich aus dem lateinischen Wort „Populus" ab, das „Volk" bedeutet. Das altgriechische Wort für Volk ist „Demos". Demokratie heißt die Herrschaft des Volkes. Wer politische Forderungen erhebt, die volksnah sind, und versucht, damit die Gunst der Massen zu gewinnen, handelt im wahrsten Sinne des Wortes demokratisch. Ähnlicher Ansicht waren auch die Philosophen des Altertums und Mittelalters. Damals galt der Satz *„vox populi, vox Dei"*, auf Deutsch: *„Des Volkes Stimme ist Gottes Stimme"*.

Nach dem Entstehen der modernen Demokratie ist dieser Satz zu *„vox populi, vox Rindvieh"* abgewandelt worden, womit zum Ausdruck gebracht werden soll, dass die Meinung des Volkes nicht viel gilt. Diese Vorstellung liegt auch dem Begriff populistisch in der jetzt üblichen Verwendung zugrunde. Natürlich kann es Situationen geben, in der das Volk bevormundet werden muss. Dafür muss es aber einen triftigen Grund geben. „Volksnähe" allein kann ein solcher Grund nicht sein. Wer politische Forderungen allein mit der Begründung verdammt, sie seien volksnah, schiebt der Beteiligung des Volkes an der Macht im Staat einen Riegel vor. Mehr noch: Er lässt Verachtung für das Volk erkennen.

Tatsächlich gelingt es keiner der im Internet angebotenen Definitionen, die negative Konnotation des Begriffes Populismus *zu erklären*. Gerade weil die Gründe unklar bleiben, eignet sich der Begriff gut für Polemik. Als populistisch werden Ansichten oder Forderungen bezeichnet, die aus der Sicht der Regierung oder der etablierten Parteien unbequem sind. Ziel der Polemik ist es, sie einer sachlichen Diskussion unwürdig erscheinen zu lassen. Dann kann darauf verzichtet werden, das Volk zu Wort kommen zu lassen. Allein die Art der Verwendung des Begriffes Populismus zeigt, wie weit sich die politische Diskussion in Deutschland von demokratischen Grundsätzen entfernt hat.

8.3.2 Die Verlagerung der politischen Mitte

Ein ähnliches Mittel, den politischen Gegner zu diskreditieren, ist die Behauptung, seine Positionen seien extrem. Auch diesen Begriff gibt es sowohl in der Variante rechtsextrem wie auch linksextrem. Beide Begriffe kann man sowohl in einem relativen wie auch in einem absoluten Sinne verwenden. In einem relativen Sinne verstanden bedeutet „extrem" eine Position, die von der Mitte besonders weit entfernt liegt.

Wo die Mitte des politischen Spektrums liegt, wird nicht von denen bestimmt, die sich als Mitte betrachten, sondern durch die Summe aller tatsächlich vertretenen Positionen, einschließlich der scheinbar extremen. Tatsächlich sind die als rechtsextrem bezeichneten Positionen weniger von der Mitte entfernt, als behauptet wird, denn die Mitte hat sich ihnen genähert.

Bei der Bundestagswahl im Februar 2025 erhielt die AfD 20,8 % der Zweitstimmen und lag damit nur knapp hinter dem Wahlsieger CDU/CSU, für die 22,6 % der Wähler stimmten.[10] In den ostdeutschen Bundesländern (außer Berlin) erreichte die AfD zwischen 34 und 38 % der Stimmen.[11] Bei einer Umfrage im April 2025 lag sie zum ersten Mal bundesweit mit der CDU/CSU gleichauf. Beide erreichten 24 %.[12]

---

[10] https://www.bundeswahlleiterin.de/info/presse/mitteilungen/bundestagswahl-2025/29_25_endgueltiges-ergebnis.html.

[11] https://www.bundeswahlleiterin.de/dam/jcr/5316c01c-8a1e-44d0-8075-eab495f466b6/btw25_heft3.pdf.

[12] https://www.morgenpost.de/politik/article408719272/neue-umfrage-trifft-merz-union-und-afd-erstmals-gleichauf.html.

24 % der Wahlberechtigten sind mehr als eine Randgruppe. Infolge der wachsenden Popularität der AfD hat sich die Mitte nach rechts verschoben. Auf die heutige Mitte bezogen sind die Positionen der AfD weniger extrem, als behauptet wird.

Eine ähnliche Bewegung hat es auch innerhalb der Altparteien gegeben. Viele ihrer Mitglieder zeigen sich rechten Ideen gegenüber zunehmend aufgeschlossen. Dazu bemerkt eine Studie der Friedrich-Ebert-Stiftung:

> „Die Skizzierung aktueller Entwicklungen des Rechtsextremismus zeigt ein Näherrücken und Zusammenwirken unterschiedlicher Kräfte, die die Mitte stimulieren können, sich für rechtsextreme Ideen, Einstellungen und Politik zu öffnen, sich daran zu gewöhnen und die zu deren Normalisierung und Umsetzung in der Gesellschaft beitragen." [13]

Dann gibt es eigentlich keinen Grund mehr, diese Ideen, Einstellungen und Politik als extrem zu bezeichnen – es sei denn, man betrachtet die politische Mitte als eine unverrückbare Größe. Das ist sie offenbar nach Ansicht der Altparteien. Diese Ansicht ignoriert die Veränderungen in der Gesellschaft. Sie ist reichlich selbstbezogen, denn Maßstab bleibt die eigene Position.[14]

8.3.3 Rechtsextremismus

Die Begriffe rechts- oder linksextrem können sich auch auf den *Inhalt* bestimmter politischer Ideen oder Forderungen beziehen. In diesem – absoluten – Sinne werden auch die Begriffe „rechtsextremistisch" und „Rechtsextremismus"

---

[13] *Die distanzierte Mitte, Rechtsextreme und demokratiegefährdende Einstellungen in Deutschland 2022/23*, S. 58 und 61.
[14] https://www.goethe.de/ins/cz/prj/jug/the/ext/de11877903.htm.

verwendet. Dabei wird unterstellt, dass es allgemein anerkannte, objektive Kriterien gibt, sie zu definieren. Offenbar gibt es sie nicht, wie die Landeszentrale für politische Bildung Baden-Württemberg einräumt: *„Es existieren verschiedene Ideen, was Rechtsextremismus ist. Rechtsextremismus ist kein einheitliches Phänomen, sondern kommt in unterschiedlichen Ausprägungen vor.“*[15]

Die Bundeszentrale für politische Bildung bringt es auf den Punkt: *„Weil der Rechtsextremismus an sich über kein homogenes ideologisches Konzept verfügt, gibt es für den Begriff keine einheitliche Definition.“*[16]

Versuche, Rechtsextremismus inhaltlich zu definieren, verwenden gewöhnlich Merkmale, die den Faschismus und Nationalsozialismus kennzeichnen. So beschreibt das Landesamt für Verfassungsschutz Hessen den Rechtsextremismus als *„Autoritäre, nationalistische und rassistische Bestrebungen. Ziel: Führerstaat.“*[17]

Sicherlich gibt es heute noch Menschen, die so denken. Und es gibt Parteien, die sich dies auf die Fahnen geschrieben haben. Sie haben jedoch wenig Erfolg, denn dieses Gedankengut ist von gestern. Bestrebungen, es wiederauferstehen zu lassen, haben kaum mehr Aussichten auf Erfolg als Bemühungen vor 100 Jahren hatten, die Monarchie zu restaurieren.

Das Bundesamt für Verfassungsschutz beschreibt den Rechtsextremismus folgendermaßen:

„Im Rechtsextremismus wird der Wert eines Menschen an seiner Ethnie, Nationalität, geografischen Herkunft oder

---

[15] https://www.demokratie-bw.de/rechtsextremismus#c24897.

[16] https://www.bpb.de/themen/rechtsextremismus/dossier-rechtsextremismus/41312/wann-spricht-man-von-rechtsextremismus-rechtsradikalismus-oder-neonazismus/.

[17] Faltblatt *„Verfassungsschutz in Hessen – Beobachten, analysieren und informieren“*.

auch an seiner vermeintlichen ‚Rasse' gemessen. In einer auf Basis dieses Verständnisses konstruierten ethnisch-rassischen ‚Volksgemeinschaft' sind zentrale Werte der freiheitlichen demokratischen Grundordnung wie die Menschenwürde, das Rechtsstaats- oder das Demokratieprinzip verletzt und außer Kraft gesetzt."[18]

Das wesentliche Merkmal des Rechtsextremismus ist demnach die Vorstellung einer ethnisch-rassischen „Volksgemeinschaft". Sie hat ihren Ursprung in der Ideologie des Nationalsozialismus. Danach können Menschen, die nicht zur „Volksgemeinschaft" gehören, benachteiligt oder ausgegrenzt werden. Diese Ideologie verletzt zweifellos „die zentralen Werte der freiheitlichen demokratischen Grundordnung".

Die Frage ist also: ist die AfD in diesem Sinne rechtsextremistisch?

8.4 Die AfD und der Rechtsextremismus

8.4.1 Das Programm der AfD

In vieler Hinsicht stimmt das Grundsatzprogramm der AfD mit den Vorstellungen und Forderungen der alteingesessenen Parteien überein. Anderen Forderungen der AfD liegt die Absicht zugrunde, zu einer verlorenen Welt zurückzufinden. Das ist die Welt vor der europäischen Einigung und der Globalisierung, in der es weniger Stress, weniger Ungleichheiten, weniger Unsicherheit und weniger Ausländer gab. Der Verlust dieser Welt war besonders

---

[18] Bundesministerium des Innern und für Heimat, Verfassungsschutzbericht 2023 vom 18.06.2024, S. 74.

schmerzlich für die Menschen im Osten des Landes, weil es dort vor der Wiedervereinigung noch weniger Stress, noch weniger Ungleichheiten und noch weniger Unsicherheit als im Westen und – außer Russen – so gut wie keine Ausländer gegeben hatte. Es ist daher nicht verwunderlich, dass die AfD gerade dort viele Anhänger findet.

Zu den Absichten der AfD gehören Pläne, die EU zurückzudrängen, den Euro abzuschaffen, Koranschulen zu schließen und die Wehrpflicht wieder einzuführen. Diese Forderungen entsprechen dem, was früher einmal Realität war und normal erschien. Sie heute als extremistisch einzustufen, ist eine Folge der Verengung der politischen Bandbreite.

Ein Hauptanliegen der AfD ist es, *„die Massenimmigration von Menschen [zu stoppen], die von einer uns völlig fremden Kultur kommen"*.[19] Nach offizieller Lesart ergibt sich aus der Kombination des Asylrechtes und des sogenannten humanitären Rechts mit dem *Verbot* von Diskriminierung, Fremdenfeindlichkeit und Rassenhass das *Gebot*, jeden Fremden in die Gesellschaft aufzunehmen und alle sich daraus ergebenden Folgen hinzunehmen. Die Befolgung dieses Gebots hat Konsequenzen, die zweifellos extrem sind. Sie bewirkt tiefgreifende Veränderungen der Gesellschaft und des Lebens jedes Einzelnen, die die AfD ablehnt. Das ist legitim, und nicht extremistisch.

8.4.2 Remigration

Angeblich hat im November 2023 in Potsdam ein Treffen stattgefunden, bei dem Pläne für eine „Remigration" diskutiert wurden. Dabei ging es um die Rückführung von Menschen, die in jüngerer Zeit nach Deutschland ge-

---

[19] https://www.afd.de/grundsatzprogramm/.

kommen sind. An dem Treffen haben auch Mitglieder der AfD teilgenommen. Dies wurde als Beweis dafür angesehen, die AfD sei rechtsextremistisch.[20]

Im Jahre 2024 waren rund 300.000 Ausländer in Deutschland ausreisepflichtig, doch werden rund 80 % von ihnen geduldet. 54.000 müssten das Land umgehend verlassen. Im Jahre 2023 sind nicht mehr als 16.430 abgeschoben worden.[21] Dass hier Handlungsbedarf besteht, hat auch die Europäische Kommission erkannt. Bereits im September 2020 hatte sie einen Vorschlag für einen „Neuanfang in der Migrationspolitik" gemacht. In der diesbezüglichen Pressemitteilung heißt es:

> „Mit dem heute vorgelegten Paket soll auch ein gemeinsames EU-Rückkehrsystem entwickelt werden, um den EU-Migrationsvorschriften mehr Glaubwürdigkeit zu verleihen. Dazu gehören ein wirksamerer Rechtsrahmen, eine wichtigere Rolle der Europäischen Grenz- und Küstenwache und ein neu zu ernennender EU-Rückkehrkoordinator mit einem Netz nationaler Vertreter, die die Kohärenz in der gesamten EU gewährleisten."[22]

Im März 2025 hat die EU-Kommission einen Plan für schnellere Abschiebungen vorgestellt. Sie sollen europaweit

---

[20] https://www.dw.com/de/afd-sogar-mehr-als-ein-rechtsextremer-verdachtsfall/a-68468104: *„Ein Anhaltspunkt dafür könnte der im Januar 2024 veröffentlichte Bericht des Recherche-Kollektivs „Correctiv" über ein Treffen von Rechtsextremisten in Potsdam sein, bei dem es um Pläne für eine millionenfache „Remigration" von Menschen mit ausländischen Wurzeln gegangen sein soll. An der Veranstaltung haben neben AfD-Politikern auch erzkonservative Christdemokraten (CDU) teilgenommen."* https://correctiv.org/aktuelles/neue-rechte/2024/01/10/geheimplan-remigration-vertreibung-afd-rechtsextreme-november-treffen/.

[21] https://mediendienst-integration.de/migration/flucht-asyl/abschiebungen.htm.

[22] https://www.europarl.europa.eu/topics/de/article/20200924STO87803/eu-migrationspaket-kommissionsvorschlag.

verschärft und vereinheitlicht werden. Auch soll ein Abschiebebescheid künftig in allen Mitgliedstaaten gelten.[23]

Auf europäischer Ebene kann man sich die Rückführung von Migranten offenbar gut vorstellen. Das kann man auch in anderen Ländern, wie zum Beispiel den USA.[24] In England geht man so weit, sie nach Ruanda zu deportieren.[25] Und im März 2025 warb sogar die CDU dafür, bei Asylverfahren sogenannte Drittstaatenmodelle einzuführen.[26] Im Rückblick wird klar, dass die Empörung über das Treffen in Potsdam vom November 2023 und dessen Bewertung als „rechtsextrem" Stimmungsmache war.

8.5 Die AfD und der Verfassungsschutz

8.5.1 Das Bundesamt für Verfassungsschutz

Das Bundesamt für Verfassungsschutz (BfV) definiert seine Aufgabe selbst folgendermaßen:

> „Der Verfassungsschutz hat als Frühwarnsystem zuvorderst die Aufgabe, diejenigen absoluten und unabänderlichen Wertprinzipien zu schützen, die unseren demokratischen Rechtsstaat ausmachen: die freiheitliche demokratische Grundordnung."[27]

---

[23] BR24 Nachrichten, 11.03.2025 18:45 Uhr.
[24] Remigration wurde in den USA nach der Wirtschaftskrise von 1929 jahrzehntelang in großem Stil praktiziert. Dabei wurden auch Mexikaner zurückgeschickt, die bereits einen amerikanischen Pass besaßen. 1955 wurden eine halbe Million Mexikaner aus den USA ausgewiesen. Diese Politik wurde von dem Demokraten Roosevelt und dem Republikaner Eisenhower betrieben; https://en-m-wikipedia-org.translate.goog/wiki/Mexican_Repatriation .
[25] BR24 Nachrichten, 30.4.2024 20:00 Uhr.
[26] Bayern 2 Nachrichten, 16.03.2025 11:00 Uhr.
[27] https://www.verfassungsschutz.de/DE/verfassungsschutz/auftrag/auftrag.

Der Verfassungsschutz kann Parteien beobachten und sie nach seinen Erkenntnissen einstufen. Dabei verfügt es über einen außerordentlich weiten Beurteilungsspielraum – eben weil es keine verbindliche Begriffsbestimmung des Rechtsextremismus gibt.

Gibt es erste *Anhaltspunkte* für verfassungsfeindliche Bestrebungen, wird eine Partei zu einem „Prüffall". In der Regel werden in dieser Phase lediglich Informationen aus öffentlich zugänglichen Quellen gesammelt. Begründen sie den *Verdacht* verfassungsfeindlicher Bestrebungen, kann eine Partei als „Verdachtsfall" eingestuft werden. Das hat juristische Konsequenzen. Ihre Mitglieder und Anhänger können überwacht werden. Eine Einstufung als *„gesichert extremistische Bestrebung"* kann erfolgen, wenn *„sich die tatsächlichen Anhaltspunkte und Verdachtsumstände derart verdichtet haben, dass sie die Bewertung des Personenzusammenschlusses als verfassungsfeindlich mit Gewissheit zulassen"*.[28]

Der Verfassungsschutz arbeitet ähnlich wie die Polizei. Ihre Aufgabe ist es, Sachverhalte aufzuklären, die möglicherweise gesetzeswidrig sind. Kommt die Polizei zu dem Schluss, dass der begründete Verdacht einer gesetzeswidrigen Handlung besteht, übergibt sie die Sache dem Staatsanwalt, der, wenn er sich überzeugen lässt, Anklage erhebt. Ein Urteil kann jedoch nur ein Gericht fällen.

Dagegen gehen die Befugnisse des BfV viel weiter. Es selbst macht die Gesetze, denn es definiert, was rechtsextremistisch ist. Es stellt Untersuchungen an und es kann ein vorläufiges Urteil fällen, indem es eine Partei als „Prüffall", „Verdachtsfall" oder als „gesichert extremistisch" einstuft. Das BfV kann also Funktionen der Legislative, Exekutive und der Jurisdiktion ausüben. Das ist im Hinblick auf das Prinzip der Gewaltenteilung recht bedenklich.

---

[28] https://www.bundestag.de/resource/blob/1035448/289912898cfd4 2fa378494e7da008b3e/WD-3-125-24-pdf.pdf.

8.5.2 Die Einstufung der AfD durch den Verfassungsschutz

Schon seit Jahren befindet sich die AfD im Visier des Verfassungsschutzes. Bereits 2019 wurde die AfD als „Prüffall" auf Rechtsextremismus eingestuft, 2020 der rechte Flügel der Partei als „gesichert extremistisch".[29] Im Februar 2021 hat das BfV die AfD zum „Verdachtsfall" eingestuft. Im Mai 2025 hat es die Gesamtpartei als „gesichert rechtsextremistisch" hochgestuft. In der diesbezüglichen Pressemitteilung heißt es:

> „Das in der Partei vorherrschende ethnisch-abstammungsmäßige Volksverständnis ist nicht mit der freiheitlichen demokratischen Grundordnung vereinbar. Es zielt darauf ab, bestimmte Bevölkerungsgruppen von einer gleichberechtigten gesellschaftlichen Teilhabe auszuschließen, sie einer nicht verfassungskonformen Ungleichbehandlung auszusetzen und ihnen damit einen rechtlich abgewerteten Status zuzuweisen. Konkret betrachtet die AfD zum Beispiel deutsche Staatsangehörige mit Migrationsgeschichte aus muslimisch geprägten Ländern nicht als gleichwertige Angehörige des durch die Partei ethnisch definierten deutschen Volkes."[30]

Die AfD fordert, dass die Bundesrepublik in Zukunft weniger Ausländer aufnimmt und diejenigen abschiebt, die kein Bleiberecht haben. Sie begründet das damit, dass sie *„von einer uns völlig fremden Kultur kommen"*. Wer so denkt, so schließt das BfV, sieht sich selbst als „Angehörigen des durch die Partei ethnisch definierten deutschen Volkes". Da vermutlich die meisten Parteimitglieder so denken, folgert

---

[29] https://taz.de/Einstufung-als-gesichert-rechtsextrem/!5994322/.
[30] https://www.verfassungsschutz.de/SharedDocs/pressemitteilungen/DE/2025/pressemitteilung-2025-05-02.html.

das BfV, dass in der AfD ein „ethnisch-abstammungsmäßiges Volksverständnis vorherrscht".

Die AfD hat inzwischen mehr als 50.000 Mitglieder. Gewiss gibt es in ihren Reihen Menschen, die ein solches Volksverständnis teilen. Aber es gibt sie auch in anderen Parteien. So fiel der frühere Präsident des Bundesamtes für Verfassungsschutz (sic!) und damalige Parteigänger der CDU, Hans-Georg Maaßen, mit Äußerungen auf, die als antisemitisch und rechtsextremistisch bewertet wurden.[31]

Im Übrigen ist das von der AfD angeführte Kriterium nicht die Zugehörigkeit zu einem Volk, sondern zu einer Kultur. Sich einer Kultur zugehörig und verpflichtet zu fühlen, hat mit der Nazi-Ideologie wenig zu tun. Freilich ist die Neigung weit verbreitet, auf Angehörige anderer Kulturen herabzusehen. Das ist zwar nicht schön, aber auch nicht verfassungswidrig.

Dagegen ist es zweifellos nicht mit der freiheitlich demokratischen Grundordnung vereinbar, „deutsche Staatsbürger mit Migrationsgeschichte einer nicht verfassungskonformen Ungleichbehandlung auszusetzen". Wie viele Mitglieder der AfD dies befürworten, lässt sich nur schwer feststellen. Das BfV versucht es, indem es Reden, Wortmeldungen und Abstimmungen auf Parteiveranstaltungen und Diskussionen auswertet und hochrechnet. Dabei ist es zu dem Schluss gelangt, dass *„sich die tatsächlichen Anhaltspunkte und Verdachtsumstände derart verdichtet haben, dass sie die Bewertung des Personenzusammenschlusses als verfassungsfeindlich mit Gewissheit zulassen"*.

Diese Bewertung stützt sich auf ein mehr als 1000 Seiten umfassendes Gutachten, das zunächst mit der Begründung geheim gehalten wurde, dies sei notwendig, um Personen zu schützen. Dann aber wurde es Medien zugespielt, die es am 13. Mai 2025 veröffentlichten. Dabei kam heraus, dass

---

[31] https://de.wikipedia.org/wiki/Hans–Georg_Maaßen.

es ausschließlich öffentlich zugängliche Quellen nennt. Damit entfiel die Begründung der Geheimhaltung, und sie wurde aufgehoben. Ihr Grund war offensichtlich nicht der Schutz von Personen, sondern Schutz vor Kritik an der Einstufung. In der Tat drängt sich bei der Lektüre des Gutachtens der Eindruck auf, dass die Verfasser auf der Suche nach Material waren, um ein vorgefertigtes Urteil zu begründen. Dafür verwenden sie ein Konstrukt von Begrifflichkeiten, das allein durch seine Anlage bestimmte Schlussfolgerungen nahelegt.

Der Verfassungsschutz gehört zum Innenministerium des Bundes bzw. des betreffenden Landes. Er ist von der Regierung abhängig. Offenbar geht es ihm weniger darum, die freiheitliche, demokratische Grundordnung zu schützen, als vielmehr darum, *die Regierungsparteien vor einem aufstrebenden politischen Gegner zu schützen*. Diese Vermutung wird durch Einlassungen des früheren Präsidenten des BfV Thomas Haldenwang genährt, der seine Aufgabe darin sieht, die Umfragewerte der AfD zu senken.[32] Träfe dies zu, wäre es ein eklatanter Verstoß gegen die freiheitliche demokratische Grundordnung, deren Schutz ihm anvertraut war.

8.5.3 Eine Gefahr für die Demokratie

Die Einstufung der AfD als „gesichert rechtsextremistisch" droht einen Konflikt zu verschärfen, der vor zehn Jahren entstand. Er begann, als Kanzlerin Angela Merkel im Jahre 2015 unter Verletzung des Prinzips der Rechtsstaatlichkeit beschloss, Flüchtlinge ohne Kontrolle der Personalien einreisen zu lassen. Jeder Widerspruch wurde damals unter Hinweis auf die humanitäre Verantwortung erstickt. In den

---

[32] https://taz.de/AfD–als–Verdachtsfall/!5953782/.

folgenden Jahren war die Politik gegenüber den Flüchtlingen von einer Zuvorkommenheit und Nachsichtigkeit geprägt, die weiteren Widerspruch wecken musste.

Die AfD hat sich zum Sprachrohr dieses Widerspruchs gemacht. Ihr und ihren Anhängern wurde in einer Weise begegnet, die mit den Prinzipien der Demokratie kaum zu vereinbaren ist. Für viele Bürger ist die Grenze des Zumutbaren erreicht. Das treibt weitere Wähler in die Arme der AfD. Und es führt zu einer Radikalisierung der Positionen. Sie ist nicht zuletzt eine Reaktion auf die Missachtung demokratischer Prinzipien, die 2015 begonnen hat.

Die Demokratie in der Bundesrepublik ist eine „wehrhafte" Demokratie (siehe Abschn. 3.5.2). Um sich zu wehren, kann eine wehrhafte Demokratie auch zu undemokratischen Mitteln greifen. Die Bereitschaft dazu scheint zu wachsen, was den Konflikt verschärfen wird – und die Demokratie in eine immer gefährlichere Lage bringt.

8.5.4 Verfassungswidrigkeit und Parteienverbot

Ein Mittel, dessen sich eine wehrhafte Demokratie bedienen kann, ist das Parteienverbot. Gegen Parteien, die als „gesichert extremistisch" eingestuft sind, kann ein Verbotsverfahren eingeleitet werden. Stellt sich dabei heraus, dass sie verfassungswidrig sind, können sie verboten werden. Was unter Verfassungswidrigkeit zu verstehen ist, wird in Artikel 21 Absatz 2 des Grundgesetzes bestimmt:

> „Parteien, die nach ihren Zielen oder nach dem Verhalten ihrer Anhänger darauf ausgehen, die freiheitliche demokratische Grundordnung zu beeinträchtigen oder zu beseitigen oder den Bestand der Bundesrepublik Deutschland zu gefährden, sind verfassungswidrig."

Nach Ansicht des Bundesverfassungsgerichts muss eine Partei, um wegen Verfassungswidrigkeit verboten werden zu können,

„die obersten Werte der Verfassungsordnung verwerfen, die elementaren Verfassungsgrundsätze, die die Verfassungsordnung zu einer freiheitlichen demokratischen machen." Allerdings sei „eine Partei … nicht schon dann verfassungswidrig, wenn sie die obersten Prinzipien einer freiheitlichen demokratischen Grundordnung [...] nicht anerkennt; es muss vielmehr eine aktiv kämpferische, aggressive Haltung gegenüber der bestehenden Ordnung hinzukommen."[33]

Seit Anfang 2025 bemüht sich eine Reihe von Bundestagsabgeordneten, ein Verbotsverfahren gegen die AfD einleiten. Nach ihrer Ansicht besteht kein Zweifel daran, dass die Partei nicht „auf dem Boden der Verfassung steht".[34] Die Forderung, sie deswegen zu verbieten, erfolgte nur wenige Wochen vor der Bundestagswahl. Der Grund war ersichtlich weniger die Furcht vor verfassungsfeindlichen Bestrebungen der AfD als vielmehr vor einem Wahlsieg des Gegners. Andere warnten vor den Folgen eines Verbotsverfahrens im Falle seines Scheiterns. Es würde die AfD vor Kritik schützen.

Die Wahrscheinlichkeit, dass sich der Verdacht der Verfassungswidrigkeit in einer Weise bestätigt, die ein Verbot der AfD rechtfertigen würde, ist gering. Um sich davon zu überzeugen, reicht ein Blick in die Geschichte. Im ersten, im August 1949 gewählten Bundestag waren 11 Parteien vertreten. Unter ihnen befanden sich „extrem" linke und rechte Fraktionen. Zwei von ihnen wurden vom Bundesverfassungsgericht verboten: die nationalsozialistisch orientierte Sozialistische Reichspartei (SRP) und die Kommunistische Partei Deutschlands (KPD). Alle übrigen durften an der Arbeit des Parlaments teilnehmen.

---

[33] BVerfG, Urteil vom 17.08.1956 – 1 BvB 2/51.
[34] https://www.mistol.de/Rede300124/.

Eine von ihnen war die Deutsche Partei (DP). Sie richtete sich an *„bürgerliche Wähler aus den konservativen Randzonen an der Schwelle zum Rechtsextremismus"*. Sie war bemüht, *„die zum Rechtsradikalismus hin tendierenden Kräfte … Volkes auf sich zu ziehen, [um]sie über und mit sich in die Bahn einer konstruktiven Politik zu lenken"*.[35]

Von 1949 bis 1960 war die DP gemeinsam mit der CDU/CSU und der FDP an der Bundesregierung beteiligt. Als sie bei den Wahlen 1957 drohte, an der Fünfprozentklausel zu scheitern, war die CDU sogar bereit, ihr zu helfen, indem sie selbst in fünf Wahlkreisen keinen Direktkandidaten aufstellte. Nur so konnte die DP genügend Direktmandate erringen, um in den Bundestag einziehen zu können.

Die damaligen Koalitionspartner der DP hatten keine Zweifel, dass sie auf dem Boden der Verfassung stand. Offenbar ist in der Vorstellung der Altparteien infolge der Verengung der politischen Bandbreite auch der Boden der Verfassung geschrumpft. Für eine wirkliche Opposition ist hier kein Platz mehr.

8.6 Berührungsängste

Ende Januar 2025 hat der Vorsitzende der CDU-Fraktion Friedrich Merz Vorschläge zu einer Reform der Migrationspolitik gemacht. Diese Vorschläge sind von der Regierungskoalition abgelehnt worden, aber dennoch im Parlament angenommen worden, weil sie die Unterstützung der Abgeordneten der AfD fanden. Merz sah sich heftiger Kritik ausgesetzt, einschließlich seitens Angela Merkels – weil er

---

[35] Manfred Rowold, Stefan Immerfall: *Im Schatten der Macht. Nicht-etablierte Kleinparteien*. In: Alf Mintzel, Heinrich Oberreuter: *Parteien in der Bundesrepublik Deutschland*, 1992, S. 393.

diese Unterstützung angenommen hatte. Diese Kritik offenbart ein zutiefst gestörtes Demokratieverständnis.

Die fraglichen Reformen sind nicht rechtsextrem. Das würde auch keiner behaupten, denn sie sind ja von der CDU vorgeschlagen worden. Die Kritik bezieht sich auch weniger auf ihren Inhalt, als vielmehr auf den Umstand, dass sie mithilfe von Stimmen der AfD angenommen worden sind. Offenbar spukt in den Köpfen vieler Parlamentarier die Vorstellung, dass Mehrheiten nicht mit Hilfe der AfD zustande kommen dürfen.

Das würde einerseits bedeuten, dass die Wähler der AfD von einer Vertretung im Parlament ausgeschlossen werden. Das würde andererseits bedeuten, dass deswegen auch vernünftige Entscheidungen, die von einer Mehrheit der Bevölkerung getragen werden, nicht getroffen werden können. Das ist nicht nur undemokratisch. Es ist absurd.

8.7 Die Wiedervereinigung und die neue Trennung

Seit dem 3. Oktober 1990 ist Deutschland wiedervereint. Doch sollte es lange dauern, bis die Unterschiede und Gegensätze überwunden waren, die die beiden Teile Deutschlands trennten. Ganz überwunden sind sie bis heute nicht. Nun aber droht ein neuer Gegensatz die Trennung zu verschärfen. Er lässt sich an den unterschiedlichen Wahlergebnissen in West- und Ostdeutschland ablesen.

In den ostdeutschen Bundesländern (außer Berlin) erreichte die AfD zwischen 34 und 38 % der Stimmen, in den westdeutschen Ländern dagegen nur zwischen 10 und 22 %.[36] Die Beliebtheit der AfD beruht nicht nur auf einer

---

[36] https://de.statista.com/statistik/daten/studie/1559268/umfrage/ergebnis-bundestagswahl-bundeslaendern/.

Unzufriedenheit mit den Regierungsparteien. Sie ist auch eine Auflehnung gegen die von ihnen verordnete Verengung der politischen Bandbreite.

Offenbar sind viele Bürger der ehemaligen DDR von der Demokratie, die ihnen die Wiedervereinigung beschert hat, enttäuscht. Eine ähnliche Enttäuschung war einer der Gründe, aus denen die Weimarer Republik scheiterte. Die Weimarer Republik war außerstande, sie zu korrigieren. Die Politiker der Bundesrepublik bemühen sich nicht einmal darum. Sollte sich die Enttäuschung in Ostdeutschland verstärken, könnte sie unseren Staat vor eine Zerreißprobe stellen.

8.8 Der Hang zum Extremismus

Deutschland neigt zum Extremismus. Das hat sich in mehreren Epochen seiner Geschichte gezeigt.

Erst 1871 gelang es, ein Deutsches Reich zu gründen. Das war eine Errungenschaft, von der viele Menschen begeistert waren. Aus dieser Begeisterung erwuchs Patriotismus. Die Devise war: „Deutschland, Deutschland über alles!" Kritik daran galt als Verrat.

Patriotismus war damals auch in anderen Ländern populär. In Deutschland war er jedoch besonders stürmisch. Der Hurrapatriotismus des Kaiserreiches war im Vergleich zu anderen Ländern „extrem". Er machte es möglich, dass Deutschland 1914 bereit war, einen Krieg zu beginnen.

Diesen Krieg hat Deutschland verloren. Um sich aus der Erniedrigung zu befreien, wurde 1933 ein neues Reich gegründet, das Dritte Reich. Wieder war die Begeisterung groß und damit auch die Bereitschaft, der Ideologie des Führers zu folgen. Die Devise war: „Ein Volk, ein Reich, ein Führer!" Abweichler wurden verfolgt.

Faschismus hatte zu jener Zeit auch in anderen europäischen Ländern Anhänger. Doch hat er in keinem anderen

Land so viel Unterstützung gefunden wie in Deutschland. Der Nationalsozialismus hat ihn auf die Spitze getrieben. Er bereitete einen weiteren Krieg vor, den Deutschland 1939 begann.

Auch diesen Krieg hat Deutschland verloren. Um sich von seiner Vergangenheit zu distanzieren, wurde Deutschland 1949 eine moderne Demokratie. Die Verfassung war vorbildlich, die Politiker waren kompetent, und die Politik, die gemacht wurde, bewirkte ein Wirtschaftswunder, das allen zugutekam.

Demokratie und wirtschaftlichen Aufschwung gab es damals in den meisten westlichen Ländern. Doch hat kaum ein Land die Anwendung demokratischer Prinzipien so konsequent befolgt wie die Bundesrepublik. Im Vergleich zu anderen Ländern waren die Verhältnisse in Deutschland „extrem demokratisch".

Seit den 1970er-Jahren wurde deutlich, dass die Welt auf eine Klima- und Umweltkatastrophe zusteuert. 1980 wurde in Deutschland die Partei „Die Grünen" gegründet, die sich dieses Themas annahm. Von 1998 bis 2005 waren die Grünen zum ersten Mal Partner einer Koalitionsregierung. Das waren sie wiederum von 2021 bis 2025. Bei der Europawahl 2019 erzielte die Partei mit mehr als 20 % das beste Wahlergebnis in ihrer Geschichte.

In vielen Industriestaaten gibt es überhaupt keine vergleichbare Partei. Und wo es sie gibt, ist keine so erfolgreich wie die Grünen in der Bundesrepublik. Auch die Umwelt- und Klimapolitik wird in Deutschland vergleichsweise „extrem" betrieben.

2015 kam es zur Flüchtlingskrise. Deutschland antwortete mit einer Willkommenskultur, die ihresgleichen sucht. Sie ist im internationalen Vergleich „extrem". Daher ist es kein Wunder, dass sich Widerspruch regt.

Einen solchen Widerspruch gibt es auch in anderen Ländern, in denen eine weniger extreme Flüchtlingspolitik gemacht wurde bzw. wird. Insofern ist der Widerspruch in Deutschland keineswegs extrem. Extrem ist hingegen die Reaktion der Regierenden auf ihn.

8.9 Zusammenfassung

Die Anzahl von Umfragen und Studien wächst, die zu der Feststellung gelangen, dass Populismus und Extremismus in der Bevölkerung zunehmen.[37] Unausgesprochen wird das Wählervolk dafür verantwortlich gemacht und an den Pranger gestellt. Und es wird vorgeschlagen, es mit Maßnahmen der Umerziehung zu korrigieren.[38]

Die Frage, woran besagte Entwicklung liegt, wird jedoch nicht gestellt. Dabei ist die Antwort sehr einfach: Ein wesentlicher Grund ist das immer weniger demokratische Verhalten der Regierenden, die immer autoritärer auftreten. Immer mehr Menschen wollen es nicht mehr hinnehmen, dass eine Politik des „Weiter so" gemacht wird, die sich ihrer Kontrolle entzieht. Besonders unter jungen Menschen wächst das Gefühl, dass ihnen eine Beteiligung an der Ausübung der Macht im Staat verwehrt ist.[39]

---

[37] Wie zum Beispiel die bereits erwähnte Studie *Die distanzierte Mitte, Rechtsextreme und demokratiegefährdende Einstellungen in Deutschland 2022/23*

[38] BR 2 Nachrichten, 20.05.2024, 11:00 Uhr: „*Bundeskanzler Scholz hat anlässlich der Feierlichkeiten zu 75 Jahren Grundgesetz die Bürgerinnen und Bürger des Landes aufgerufen, sich für die Demokratie zu engagieren. Es gehe nicht nur darum, in Vereinen, Organisationen und demokratischen Parteien des Landes aktiv zu sein, sagte Scholz, sondern auch darum, sich im Alltag ganz einfach mit Respekt zu begegnen.*"

[39] BR24 Nachrichten, 23.04.2024 07:15 Uhr: „*Viele junge Menschen blicken offenbar sehr pessimistisch in die Zukunft. Das geht aus der neuesten Shell-Studie hervor, für die gut 2000 Personen im Alter zwischen 14 und 29 Jahren befragt wurden. Besorgt äußerten sich viele Teilnehmer über wirtschaftliche und gesellschaftliche Fragen. … Viele sorgen sich auch um den gesellschaftlichen Zusammenhalt und befürchten eine Spaltung der Gesellschaft.*"

Immer mehr Menschen wenden sich daher von den alten Parteien ab und ziehen es vor, eine Partei zu wählen, in der auch Rechtsradikale zuhause sind.[40] Dieser Umstand macht es leicht, diese Partei und ihre Anhänger zu verunglimpfen. Aber er macht es nicht entbehrlich, sich mit den Sorgen und Wünschen eines immer größer werdenden Anteils der Bevölkerung auseinanderzusetzen.

Die Weigerung, dies zu tun, mündet in einen Teufelskreis. Denn sie wird als Weigerung der etablierten Parteien verstanden, diese Sorgen und Wünsche ernst zu nehmen und zu berücksichtigen. Dieser Eindruck veranlasst immer mehr Wähler, sich für die AfD zu entscheiden. Sowohl ihr Erfolg wie auch die Reaktion der etablierten Parteien lassen erkennen, wie sehr unsere Demokratie verkommen ist.

Um es noch einmal klar zu sagen: Mit den vorangehenden Betrachtungen soll keine Lanze für die AfD gebrochen werden. Zweifellos bedeutet sie eine Herausforderung für die freiheitliche demokratische Grundordnung. Doch verdankt sie ihren Erfolg nicht zuletzt der Art und Weise, in der die alteingesessenen Parteien dieser Herausforderung begegnen.[41] Deren Reaktion ist antidemokratisch und antipluralistisch – eben das, was der AfD vorgeworfen wird. Wird ihr weiterhin wie bisher begegnet, wächst die Wahrscheinlichkeit, dass sie ihre Position weiter ausbauen kann.

---

[40] BR24 Nachrichten, 23.04.2024, 07:15 Uhr: *„Der Jugendforscher Hurrelmann führte an, dass man von einem deutlichen Rechtsruck in der jungen Bevölkerung sprechen könne. Die Parteien der Ampel-Regierung würden in der Gunst weiter absinken, einen besonders großen Zulauf habe die AfD.“* Die Ergebnisse der Wahlen zum Europäischen Parlament vom 6. Juni 2024 haben dies eindrucksvoll bestätigt.

[41] Das wird inzwischen auch Vertretern der Altparteien klar. Bayern 2 Nachrichten, 17.05.2024 07:00 Uhr: *„Die FDP-Spitze warnt vor einem Verbotsverfahren gegen die AfD. Parteichef Lindner befürchtet, dass ein solches Verfahren an den hohen Hürden scheitern und die AfD davon sogar profitieren könnte… Er fordert stattdessen eine Auseinandersetzung im demokratischen Wettbewerb. Man müsse sich mit konkreten Lösungen um die Wählerinnen und Wähler bemühen“*.

9

Die Demokratie in den USA

Inhaltsverzeichnis

9.1 Die Gewaltenteilung 226
9.2 Die Befugnisse des Präsidenten 227
    9.2.1 Executive orders 228
    9.2.2 Notverordnungen 228
    9.2.3 Militäreinsätze 230
    9.2.4 Krieg und Frieden 231
    9.2.5 Begnadigungen 232
9.3 Wahlen 233
    9.3.1 Der Wahlkampf in den USA 233
    9.3.2 Wahlkampfspenden 234
9.4 Der Einfluss Privater auf Regierung und Parlament 235
    9.4.1 Die Erdöl- und die Militärindustrie 235
    9.4.2 Banken und die Pharmaindustrie 236
    9.4.3 Entwicklungshilfe und Korruption 238
    9.4.4 Macht in der Hand Privater 239
    9.4.5 Propaganda 240

© Der/die Autor(en), exklusiv lizenziert an Springer Fachmedien Wiesbaden GmbH, ein Teil von Springer Nature 2025
W. Plasa, *Die verkommene Demokratie*,
https://doi.org/10.1007/978-3-658-49060-7_9

9.5	Transparenz	241
9.5.1	Schauspieler	241
9.5.2	Lügen	242
9.6	Einschränkungen der Grundrechte	243
9.7	Zusammenfassung	245

Vor ähnlichen Herausforderungen wie die Altparteien in Deutschland sieht sich das Establishment in den USA gestellt. Präsident Trump hat vor seiner Wiederwahl versprochen, mit dem sogenannten „deep state" aufzuräumen, und er hat unmittelbar danach Taten folgen lassen. Er und seine Mitarbeiter sind offenbar der Ansicht, dass ihre Vorgänger die Demokratie in den USA missbraucht haben. Diese Ansicht ist nicht ganz abwegig, aber sie ist nur die Hälfte der Wahrheit. Die andere Hälfte ist, dass die Verwirklichung demokratischer Prinzipien in den Vereinigten Staaten niemals den Stand erreicht hat, der in Europa erreicht wurde. Auch Donald Trump macht keine Anstalten, daran etwas zu ändern.

9.1 Die Gewaltenteilung

Die Demokratie in den USA wurde letztlich aus einer Notwendigkeit heraus geboren, nämlich der Notwendigkeit, der Ausübung staatlicher Macht Legitimität zu verleihen. Das kann nur eine Demokratie, und die gibt es nicht ohne Wahlen. Doch hatten die Gründerväter Sorge, dass Wahlen politische Entscheidungen ermöglichen würden, die aus ihrer Sicht unerwünscht waren. Unerwünscht war die Abschaffung der Feudalstrukturen und der Sklaverei. Man fürchtete, sie könnten einer „Diktatur der Mehrheit" zum Opfer fallen.[1]

---

[1] Der Ursprung des Begriffs „Tyrannei der Mehrheit" wird gewöhnlich Alexis de Tocqueville zugeschrieben, der ihn in seinem 1835 bzw. 1840 veröffentlichten Buch *Democracy in America* verwendete. Doch hat ihn bereits einer der Gründerväter der Vereinigten Staaten verwendet, nämlich John Adams, im März 1788 in einem Essay zur Verteidigung der Verfassung.

Um sie zu vermeiden, wurde die Gewaltenteilung in der Verfassung der USA in einer Weise geregelt, die es dem Präsidenten erlaubt, die Arbeit des Kongresses zu behindern. Eine Gesetzvorlage, die das Parlament angenommen hat, wird erst dann zum Gesetz, wenn der Präsident sie unterzeichnet hat. Weigert er sich, tritt das Gesetz nur in Kraft, wenn es von einer Zweidrittelmehrheit beider Kammern des Kongresses bestätigt wird.

Das Erfordernis einer qualifizierten Mehrheit ist prinzipiell nichts Ungewöhnliches. So kann zum Beispiel das Grundgesetz – aus guten Gründen – nur mit einer Zweidrittelmehrheit geändert werden. Dagegen ist es ungewöhnlich, dass die Exekutive das Recht hat, der Legislative das Erfordernis einer qualifizierten Mehrheit *vorzuschreiben*. Damit verleiht sie einer Minderheit des Parlaments die Macht, einen Beschluss zu verhindern. Das widerspricht dem Prinzip der Mehrheitsentscheidung.

Das in der amerikanischen Verfassung geregelte Gesetzgebungsverfahren begünstigt das konservative Lager. Es hatte und hat immer noch erhebliche Auswirkungen auf die Entwicklung der Gesellschaft der Vereinigten Staaten. Bis heute ist es ein Hemmschuh aller Versuche, die Politik und die Gesellschaft zu modernisieren. Aus diesem Grunde ist auch die Entwicklung des Sozialstaates in den USA weit hinter derjenigen in europäischen Demokratien zurückgeblieben.

9.2 Die Befugnisse des Präsidenten

Nicht nur im Gesetzgebungsverfahren gehen die Befugnisse des Präsidenten der Vereinigten Staaten außergewöhnlich weit. Die Verfassung der USA ermächtigt ihn darüber hinaus, in vielen Bereichen ohne Mitwirkung des Kongresses Anordnungen zu treffen und Verordnungen zu erlassen, die eine ähnliche Wirkung haben wie Gesetze. Diese Regelung verleiht einem einzelnen Menschen eine ähnliche Machtfülle, wie sie Monarchen in vordemokratischen Zeiten hatten.

9.2.1 Executive orders

Eine Möglichkeit, die Macht im Staat allein auszuüben, bieten „executive orders". Donald Trump unterschrieb 70 solcher Durchführungsverordnungen während der ersten drei Wochen seiner zweiten Amtszeit. Zwar können sie keine Gesetze abändern. Auch kann der Kongress die finanziellen Mittel für ihre Umsetzung verweigern. Schließlich kann das Oberste Bundesgericht sie für ungültig erklären. Dazu kommt es jedoch nur ausnahmsweise. Grundsätzlich haben executive orders Gesetzeskraft. Sie geben dem Präsidenten die Möglichkeit, im Alleingang zu regieren. Mit Demokratie hat das wenig zu tun.

9.2.2 Notverordnungen

Wie in anderen Demokratien auch gibt es in den USA eine Notstandsgesetzgebung. Sie erteilt dem Präsidenten die Befugnis, ohne Ermächtigung des Kongresses Entscheidungen zu treffen, die nötig sind, um auf Krisen zu reagieren. Im Jahre 1976 wurden die diesbezüglichen Befugnisse des Präsidenten im *National Emergencies Act* näher bestimmt.

Seitdem haben sich US-Präsidenten 83-mal auf sie berufen. Allein seit 2009 haben das die Präsidenten Obama, Biden und Trump 40-mal getan.[2] Dass es in 16 Jahren 40 Krisen gegeben habe, die es erforderlich gemacht hätten, auf die Notstandsgesetzgebung zurückzugreifen, erscheint

---

[2] https://en.wikipedia.org/wiki/List_of_national_emergencies_in_the_United_States.

recht unwahrscheinlich. Das zeigt sich auch am Gegenstand der Regelungen. Die meisten Notverordnungen betreffen Wirtschaftssanktionen gegen andere Länder und die Beschlagnahme von Vermögen ausländischer Staatsbürger, also Fragen der Außenpolitik.

Von der Befugnis des Präsidenten, Notverordnungen zu erlassen, hat Donald Trump im April 2025 Gebrauch gemacht, indem er beschloss, die Zölle auf Einfuhren aus fast allen Staaten der Welt drastisch zu erhöhen. Damit verstieß er gegen die elementarsten Regeln der Welthandelsordnung. Deren institutioneller Rahmen ist die Welthandelsorganisation (WTO), die 1994 entstand und heute 166 Mitgliedstaaten zählt. Die Welthandelsordnung enthält eine völkerrechtliche vertragliche Verpflichtung aller Mitgliedsstaaten, ihre Zölle nicht zu erhöhen und keinen Handelspartner zu begünstigen oder zu benachteiligen. Gegen diese Verpflichtung verstoßen die Zollerhöhungen der USA in eklatanter Weise.

Zur Begründung werden Benachteiligungen der USA angeführt. Diese Begründung ist recht einseitig. Die von den USA vorangetriebene Liberalisierung des Welthandels hat es amerikanischen Unternehmen erlaubt, in Ländern wie China und Vietnam billig zu produzieren, die Produkte zollfrei in die USA einzuführen und dort zu überhöhten Preisen zu verkaufen. Damit machen sie riesige Gewinne. Gleichzeitig aber wuchs das Handelsdefizit der USA. Ob das hinzunehmen ist, ist eine Frage, die nach den Regeln der WTO zu entscheiden ist, aber nicht einseitig durch die USA.

Donald Trump rechtfertigt seine Entscheidung, Zollerhöhungen auch ohne den Kongress anzuordnen, damit, dass mit dem Anwachsen des Handelsdefizits ein Notfall eingetreten sei.[3] Diese Begründung ist allein deswegen

---

[3] https://www.whitehouse.gov/fact-sheets/2025/04/fact-sheet-president-donald-j-trump-declares-national-emergency-to-increase-our-competitive-edge-protect-our-sovereignty-and-strengthen-our-national-and-economic-security/.

falsch, weil die Situation nicht neu ist. Wenn sie jahrelang geduldet werden konnte, dann hätte man auch warten können, bis der Kongress entsprechende Maßnahmen treffen kann.

Die von Trump angeordneten Zollerhöhungen lassen erkennen, wie weit seine Macht geht. Die willkürliche, unkontrollierte und völkerrechtswidrige Ausübung seiner Macht ist schlichtweg autoritär. Bedenklich daran ist vor allem, *dass so etwas möglich ist.* Es zeigt, wie weit man in den USA von demokratischen Prinzipien entfernt ist.

9.2.3 Militäreinsätze

Das gilt auch für Entscheidungen über den Einsatz des Militärs. Gemäß Artikel I Absatz 8 der Verfassung ist es dem Kongress vorbehalten, Kriege zu erklären. Gemäß Artikel II Absatz 2 ist der Präsident Oberbefehlshaber der Armee und Flotte. Als solcher kann er die Streitkräfte auch ohne Kriegserklärung, also ohne Mitwirkung des Parlaments, einsetzen. Von diesem Recht haben nahezu alle amerikanischen Präsidenten seit dem Zweiten Weltkrieg Gebrauch gemacht, und zwar in einer Weise, die die Befugnisse des Kongresses umgeht.

Aus diesem Grunde erließ der Kongress 1973 die sogenannte *War Powers Resolution.* Dieses Gesetz sieht vor, dass der Präsident ohne Mitwirkung des Kongresses Streitkräfte nur gemäß einer Kriegserklärung gegen oder eines Angriffs auf die Vereinigten Staaten einsetzen darf. Dabei muss er innerhalb von 48 Stunden den Kongress konsultieren. 60 Tage, nachdem der Präsident den Kongress informiert hat, muss er den Einsatz der Streitkräfte beenden, es sei denn, der Kongress hat inzwischen dem fraglichen Land den Krieg erklärt oder eine besondere Ermächtigung erteilt. Nach Ablauf der 60-Tage-Frist hat der Präsident 30 Tage

Zeit für den Abzug der Truppen. Dieses Gesetz hat jedoch so gut wie nichts geändert. Auch nach seiner Annahme haben amerikanische Präsidenten die Streitkräfte des Landes ohne Ermächtigung durch den Kongress eingesetzt.

9.2.4 Krieg und Frieden

Nach den Attacken vom 11. September 2001 hat sich ein Präsident der USA, George W. Bush, vom Kongress eine Art Generalvollmacht für Kriegszüge erteilen lassen. Er rechtfertigte sie mit der Notwendigkeit, einen „Krieg gegen den Terror" zu führen. Am 14. September 2001 wurde ihm in Form einer gemeinsamen Resolution beider Kammern des Kongresses eine *„Ermächtigung des Gebrauchs militärischer Gewalt gegen Terroristen"* (*Authorization for Use of Military Force*) gewährt. Sie erlaubt Militäreinsätze gegen „Nationen, Organisationen und Personen", die an den Anschlägen vom 11. September beteiligt waren. Da jedoch nicht ganz klar ist, wer in diesen Personenkreis fällt, kommt die Ermächtigung einer Generalvollmacht zum Kampf gegen alle Staaten und Organisationen gleich, die der Präsident als Terroristen betrachtet.

Präsident George W. Bush machte von ihr Gebrauch, um Afghanistan anzugreifen. Doch hatte der Angriff weniger Erfolg, als erwartet worden war. Aus diesem Grunde beschloss Trump zu Ende seiner ersten Amtszeit den Rückzug der amerikanischen Truppen aus Afghanistan. Nachdem diese Entscheidung gefallen war, hatte sein Nachfolger Joe Biden keine andere Wahl, als sie umzusetzen, was er im August 2021 recht widerwillig tat.[4]

Sechs Monate später begann der Krieg in der Ukraine. Das Land, das der Ukraine die größte Unterstützung ge-

---

[4] https://www.faz.net/aktuell/politik/us-abzug-aus-afghanistan-biden-regierung-macht-trump-schwere-vorwuerfe-18806191.html.

währte, waren die USA, allerdings nur bis zum Ende der Amtszeit von Joe Biden. Dagegen bemüht sich Donald Trump seit seiner Amtsübernahme um eine Beendigung des Konfliktes. Offenbar liegen auch so wichtige Entscheidungen wie die über Krieg und Frieden in der ältesten Demokratie der Neuzeit allein in den Händen ihres Präsidenten.

9.2.5 Begnadigungen

In den meisten Staaten hat das Staatsoberhaupt das Recht, Straftäter zu begnadigen. Dieses Recht ist ein Relikt der Prärogative, die es Monarchen gestattete, „Gnade vor Recht" ergehen zu lassen. Auch der Präsident der Vereinigten Staaten hat dieses Recht.

Von der Befugnis, Straftäter zu begnadigen, haben in den letzten Jahrzehnten mehrere amerikanische Präsidenten ebenso großzügig wie willkürlich Gebrauch gemacht. So erteilte Präsident Gerald Ford im Jahre 1974 seinem Vorgänger Richard Nixon eine generelle Begnadigung für alle im Amt begangenen Vergehen, einschließlich seiner Verstrickung in die Watergate-Affäre. Am letzten Tag seiner Amtszeit begnadigte Präsident Bill Clinton seinen Halbbruder Roger Clinton Jr. und seine ehemalige Mitarbeiterin Susan McDougal, die eine Freiheitsstrafe verbüßte, weil sie sich geweigert hatte, vor Gericht über Clintons Whitewater-Geschäfte auszusagen.

Im Januar 2025 begnadigte Präsident Joe Biden mehrere Familienmitglieder, die weder angeklagt noch verurteilt waren. Man nennt das eine „präventive Begnadigung". Sie ist recht bedenklich. Denn sie stellt den Begünstigten über das Gesetz. Das widerspricht sowohl dem Prinzip der Gleichbehandlung wie auch der Rechtsstaatlichkeit.

9.3 Wahlen

Die amerikanische Verfassung von 1787 schuf in erster Linie eine Republik und erst in zweiter Linie eine Demokratie. Sie verleiht dem Präsidenten eine Machtfülle, die mit demokratischen Grundsätzen kaum vereinbar ist. Der Präsident ist gewissermaßen ein Monarch auf Zeit. Aus diesem Grunde kommt Präsidentschaftswahlen eine erhebliche Bedeutung zu.

Sie finden unter Umständen statt, die dem Wahlsieger eine vergleichsweise geringe demokratische Legitimation verleihen. Ein wesentlicher Grund dafür ist der Einfluss von Wahlspenden. Ein anderer Grund ist das Zweiparteiensystem, das seinerseits eine Konsequenz des Wahlsystems ist.

9.3.1 Der Wahlkampf in den USA

Bei einer Präsidentschaftswahl in den USA haben fast immer nur die Kandidaten der beiden großen Parteien eine Chance, gewählt zu werden. Was die Programme der beiden Parteien unterscheidet, ist nebensächlich, denn in den meisten Sachfragen stimmen sie überein. Alles konzentriert sich auf die Persönlichkeit des Kandidaten. Statt der Position des Gegners wird dieser selbst aufs Korn genommen, und an die Stelle sachlicher Auseinandersetzungen treten Verleumdungen und Beleidigungen. Weh dem, der seine Steuern nicht bezahlt hat oder womöglich seine Frau betrogen hat! Am Ende wird aus dem Wahlkampf ein Wettbewerb der Sympathien. Die Folge ist, dass der Wähler seine Entscheidungen nach unsachlichen Erwägungen trifft. Das ist das Ende der Demokratie. Davon ist man in den USA nicht weit entfernt.

9.3.2 Wahlkampfspenden

Eine typische Folge eines Zweiparteiensystems ist eine Polarisierung der Gesellschaft. Sie ist in den USA extrem hoch.[5] Diese Situation ist in dem in den USA populären Gut-Böse-Denken verankert. Die eine Partei ist gut, die andere böse. Welche gut ist, entscheidet die Mehrheit. Will man zu den Guten gehören, muss man mit der Mehrheit stimmen. Das wiederum hat zur Folge, dass in vielen Bundestaaten immer wieder der Kandidat derselben Partei gewählt wird. Diese Staaten werden als *safe states* bezeichnet.

Nur in wenigen Bundesstaaten – den sogenannten *swing states* – ist das Wahlergebnis wirklich offen. Daher konzentriert sich der Wahlkampf auf sie. So wurden im Präsidentschaftswahlkampf 2016 99 % aller Mittel zur Finanzierung des Wahlkampfs in den *swing states* verwendet.[6]

In den USA fließen etwa 3 Mrd. Dollar in einen Präsidentschaftswahlkampf.[7] Beobachter sind sich einig, dass der Ausgang der Wahlen weitgehend durch die Höhe der Wahlkampfspenden entschieden wird.[8] Eben deshalb sind sie so hoch.[9]

---

[5] https://www.zeit.de/gesellschaft/2023-08/polarisierung-deutschland-afd-gruene-linke: *Seit 50 Jahren hat sich die politische Polarisierung in den USA fast verdoppelt. Republikaner und Demokraten stehen sich so unversöhnlich gegenüber wie kaum zuvor in der Geschichte. Das hat drastische Auswirkungen auf den Alltag. Jeder zweite Republikaner gibt in Umfragen an, unglücklich zu sein, falls das eigene Kind einen Anhänger der Demokratischen Partei heiraten sollte.* (aufgerufen am 6.10.2024).

[6] Bei der Präsidentschaftswahl 2024 galten nur sieben Staaten als *swing states*, nämlich Pennsylvania, Nevada, Georgia, Michigan, North Carolina, Arizona, Wisconsin; https://www.270towin.com/2024-presidential-election-polls. Pro Einwohner wurden etwa 50 Dollar für den Wahlkampf ausgegeben.

[7] https://de.statista.com/infografik/22849/gesamtausgaben-fuer-den-wahlkampf-in-den-usa. https://www.prosieben.de/serien/galileo/news/us-wahl2020-das-kostet-der-wahlkampf-trump-und-biden-331247.

[8] https://www.morgenpost.de/politik/article239014827/usa-wahl-biden-trump-2024-spenden-geld.html.

[9] https://apnews.com/article/fact-checking-mark-zuckerberg-election-donations-188810437774: Mark Zuckerberg hat allein angeblich 400 Mio. Dollar in den US-Wahlkampf von 2020 investiert – wenn auch auf Umwegen.

In den Vereinigten Staaten geht die Zulässigkeit von Wahlkampfspenden sehr weit. Nicht nur Privatpersonen, sondern auch Unternehmen können Kandidaten unterstützen. Zwar wurden 1971 Gesetze erlassen, die dies begrenzen. Doch hob das Oberste Gericht mit dem im Jahre 1976 ergangenen Urteil in der Sache *Buckley gegen Valeo* diese Begrenzungen mit der Begründung auf, dass „*sie die Anzahl politischer Reden wesentlich einschränken*" würden. Weitere Regelungen der Wahlkampffinanzierung wurden im Jahre 2010 vom Obersten Gerichtshof in der Sache *Citizens United gegen Federal Election Commission* aufgehoben. Nach Ansicht des Gerichts fällt das Recht, Wahlkampagnen im Fernsehen zu finanzieren, unter das Recht der freien Meinungsäußerung. Die Folge dieser Rechtsprechung ist, dass Präsidentschaftswahlen in den USA inzwischen einer Versteigerung ähneln.

Viele Unternehmen in den USA spenden für den Wahlkampf *beider* Kandidaten. So können sie erwarten, dass, ganz gleich, wer die Wahl gewinnt, der nächste Präsident ihre Wünsche berücksichtigt. Das waren in den ersten Jahren nach dem Zweiten Weltkrieg vor allem die Wünsche der Erdöl- und der Militärindustrie.

9.4 Der Einfluss Privater auf Regierung und Parlament

9.4.1 Die Erdöl- und die Militärindustrie

In den 1950er-Jahren war es amerikanischen Erdölfirmen gelungen, den größten Teil der Erdölvorkommen im Nahen Osten unter ihre Kontrolle zu bringen. Gleichzeitig kontrollierte die amerikanische Regierung die meisten Regierungen der betreffenden Länder. Präsident Jimmy Carter formulierte eine Doktrin, gemäß der die USA nötigenfalls militärische Gewalt einsetzen würden, um andere Staaten daran zu hindern, die Region des Persischen Golfs zu kontrollieren. Präsident George W.H. Bush ließ dieser Ankündigung Taten folgen, als er im Januar 1991 amerikanische Truppen in den Irak sandte, um die Unabhängigkeit Kuwaits wiederherzustellen. Daran und an der Besetzung des Iraks hatte die amerikanische Erdölindustrie – der Präsident George W.H. Bush nahe stand – ein erhebliches Interesse.

Der Schutz und die Durchsetzung der Interessen privater amerikanischer Unternehmen im Ausland erfordern einen erheblichen Aufwand. Auch er liegt im Interesse privater Unternehmen, nämlich der Rüstungsindustrie. Der Verteidigungsetat der USA betrug im Jahre 2023 etwa 900 Mrd. Dollar (zum Vergleich: Der *gesamte* Haushaltsplan der Bundesrepublik beläuft sich auf etwa 500 Mrd. Dollar). Ein erheblicher Teil dieses Geldes geht an Unternehmen der Rüstungsindustrie. Sie hat ein Interesse daran, Konflikte eher militärisch als politisch zu lösen. Und sie hat die Macht, ihre Interessen gegenüber der Regierung durchzusetzen.[10]

9.4.2 Banken und die Pharmaindustrie

Im Jahre 1986 fand in einem kleinen uruguayischen Badeort namens Punta del Este eine Konferenz statt, um die Agenda für Verhandlungen über die Regeln des Welthandels im Rahmen der Uruguay-Runde festzulegen. Damals wurde Präsident Ronald Reagan von IT-Unternehmen und der Pharmaindustrie veranlasst, eine internationale Regelung des geistigen Eigentums zu fordern, und von den

---

[10] Auf die Gefahr eines unkontrollierten Einflusses des militärisch-industriellen Komplexes hatte bereits Präsident Dwight D. Eisenhower in seiner Abschiedsrede vom Januar 1961 hingewiesen.

Banken, eine Liberalisierung der Finanzdienstleistungen zu verlangen. Dagegen legten die USA gegen Verhandlungen über Arbeitnehmerrechte und den Umweltschutz ein Veto ein. Bei der Vorbereitung der folgenden Verhandlungsrunde in Doha im Jahre 2000 taten sie das Gleiche.

Ein Ergebnis der Uruguay-Runde war die Liberalisierung der Dienstleistungen im Finanzsektor, die sich die Banken in den USA gewünscht hatten. Infolgedessen entstand ein Wettbewerb nicht nur zwischen Unternehmen, sondern auch zwischen Ländern. Dabei haben diejenigen Länder einen Vorteil, die weniger oder niedrigere Regulierungsmaßnahmen haben. Das veranlasste Bill Clinton den Glass-Steagall Act außer Kraft zu setzen. So heißen zwei Gesetze, die 1932 und 1933 erlassen worden waren.[11]

Damals hatten Banken Verluste, die durch Fehlspekulationen entstanden waren, dadurch ausgeglichen, dass sie auf die Einlagen von Privatkunden zurückgriffen. Infolge des Börsenkrachs gingen diese Einlagen verloren. Der Glass-Steagall Act sah eine institutionelle Trennung zwischen Geschäftsbanken und Investmentbanken vor. Damit wollte man die breite Öffentlichkeit vor diesen Risiken schützen. Dieser Schutz entfiel, nachdem besagte Gesetze außer Kraft gesetzt worden waren. Das hatte zur Folge, dass in der Wirtschaftskrise von 2008 wiederum die Einlagen vieler Sparer verlorengingen – weil Politik wieder im Interesse einer Minderheit gemacht worden war.[12]

---

[11] Sie werden als Glass-Steagall Act bezeichnet, da sie von Senator Carter Glass aus Virginia und dem Kongressabgeordneten Henry B. Steagall aus Alabama vorgeschlagen worden waren. Beide waren Mitglieder der Demokratischen Partei.

[12] Dafür hatte sich vor allem der damalige Finanzminister, Robert Rubin, eingesetzt. Rubin war Finanzminister von 1995 bis 1999. Zuvor hatte er 26 Jahre lang für Goldman-Sachs gearbeitet und war in den Vorstand aufgerückt. Nach der Aufhebung des Glass-Steagall Act war es der Citibank möglich, mit einer weiteren Großbank zu fusionieren, in deren Vorstand Rubin nach seinem Rücktritt als Finanzminister berufen wurde.

9.4.3 Entwicklungshilfe und Korruption

Unternehmen, die sich gegenüber Politikern großzügig zeigen, können erwarten, dass Politiker ihnen gefällig sind. Politiker, die Unternehmen gefällig sind, können erwarten, dass diese Unternehmen mit Spenden großzügig sind. Dieser Zusammenhang erfüllt nicht selten den Tatbestand der Korruption. Besonders anfällig dafür sind Bereiche, die vor allem durch staatliche Gelder finanziert werden, wie zum Beispiel das Militär und die Entwicklungshilfe.

Nach seinem Amtsantritt stoppte Präsident Donald Trump fast die gesamte Entwicklungshilfe der USA. In einer Rede vor dem Kongress begründete er das damit, dass sie nutzlos und korrupt sei. Und damit hatte er im Wesentlichen Recht. Viele Projekte der US-amerikanischen Entwicklungshilfe sind grotesk und überfinanziert.

Ich hatte als Berater des Präsidenten von Afghanistan Gelegenheit, eines dieser Projekte in Kabul zu prüfen, nämlich das *„Afghanistan Trade and Revenue Project (ATAR)"*, das zwischen 2013 und 2017 von Chemonics durchgeführt wurde. Chemonics ist eines der führenden amerikanischen Unternehmen, die im Bereich der Entwicklungshilfe tätig sind. Das Budget von ATAR betrug $ 78 Mio. Dieser Betrag lag etwa 15-mal höher als das, was für die geplanten Vorhaben angemessen gewesen wäre.[13]

Dieses Beispiel zeigt, dass Unternehmen mit solchen Projekten immense Profite machen können. Die Frage ist, wieso die Regierung das zulässt. Solange es auf diese Frage keine befriedigende Antwort gibt, besteht der Ver-

---

[13] Im Jahre 2017 finanzierte die Europäische Kommission das Projekt *„Advancing Afghan Trade"*, mit dessen Durchführung das International Trade Center in Genf beauftragt wurde. Das Budget dieses Projekts betrug 4,5 Mio. Euro – ein durchaus angemessener Betrag, da es sich nur um Dienstleistungen, Reisekosten und die Kosten für die Veranstaltung von Konferenzen handelte.

dacht, dass dies etwas mit der Annahme von Vorteilen zu tun hat.

9.4.4 Macht in der Hand Privater

Traditionellerweise wird die Politik der USA von Partikularinteressen beherrscht. Unternehmen lassen Parteien und Politikern Gelder in einem Umfang zukommen, der daran keinen Zweifel lässt. Zudem ist es üblich, dass Menschen von der Privatwirtschaft in die Regierung wechseln und umgekehrt. Natürlich neigen Menschen, wenn sie für die Regierung arbeiten, die Sektoren oder Unternehmen zu begünstigen, für die sie zuvor gearbeitet haben – oder in denen man ihnen danach einen Posten versprochen hat.

Nicht selten arbeiten die Regierung und private Unternehmen Hand in Hand. So entdeckte ich auf einer Konferenz der UNO in New York, dass in der Delegation der Vereinigten Staaten neben Diplomaten Vertreter der Privatwirtschaft saßen, die weder Regierungsbeamte noch akkreditiert waren. Das widerspricht allen diplomatischen Gepflogenheiten. Aufgabe dieser Delegationsmitglieder war es nicht, selbst an den Verhandlungen teilzunehmen, sondern diejenigen zu überwachen, die es für ihr Land – genauer gesagt: für die fraglichen Unternehmen – taten.

Bislang war man bedacht, dies zu verheimlichen. Inzwischen ist man weniger diskret. Elon Musk stand neben Donald Trump im Rampenlicht, und es fiel schwer, zu sagen, wer der Boss des anderen war. Die Namen von Mark Zuckerberg und Jeff Bezos stehen auf der Liste der erlauchten Gäste, die zu Trumps Amtseinführung eingeladen waren. Es wird keine Notwendigkeit mehr gesehen, den Einfluss zu verbergen, den Private ohne demokratische Legitimation auf die Politik nehmen können.

9.4.5 Propaganda

Dieser Einfluss wird von der amerikanischen Bevölkerung akzeptiert. Das ist das Ergebnis einer Propaganda, die Freiheit und Marktwirtschaft als die höchsten Werte darstellt. Wie weit diese Propaganda geht, lässt ein Beitrag erkennen, den Jeff Bezos am 3. März 2025 auf der Plattform X veröffentlichte:

> „Ich schreibe Ihnen, um Sie über eine Änderung auf unseren Meinungsseiten zu informieren. Wir werden jeden Tag über die Unterstützung und Verteidigung von zwei Säulen schreiben: persönliche Freiheiten und freie Märkte … Es gab eine Zeit, in der eine Zeitung … es als einen Dienst ansah, den Lesern jeden Morgen einen breit gefächerten Meinungsteil vor die Haustür zu legen, der alle Ansichten abdecken sollte. Heute erledigt das Internet diese Aufgabe … Ein großer Teil des amerikanischen Erfolgs ist die Freiheit in der Wirtschaft und überall sonst … Ich bin überzeugt, dass freie Märkte und persönliche Freiheiten das Richtige für Amerika sind. Ich glaube auch, dass diese Standpunkte auf dem derzeitigen Markt der Ideen und Nachrichtenmeinungen unterrepräsentiert sind."

Diese Zeilen sprechen für sich. Sie kündigen an, dass die Washington Post (deren Eigentümer Jeff Bezos ist) von nun an ein Sprachrohr für Propaganda zur Verherrlichung von Freiheit und Marktwirtschaft sein wird. Beide werden missbraucht, wenn sie so in Anspruch genommen werden, wie Jeff Bezos es als Unternehmer tut. Die Freiheit wirtschaftlicher Betätigung für eine Propaganda zu benutzen, die dies rechtfertigen soll, ist ein Missbrauch derselben.

9.5 Transparenz

9.5.1 Schauspieler

Ronald Reagan war der erste Schauspieler, der zum Präsidenten der USA avancierte. Seitdem müssen alle Präsidenten Talent zum Schauspielen besitzen, denn sie spielen Rollen, die ihnen vorgeschrieben werden. Eine solche Begabung hat auch Barack Obama, der seine Zuhörer allein durch seine Rhetorik überzeugen konnte. Bill Clinton schaffte es, eine Politik zu machen, wie sie Republikaner sich wünschen, und dem Publikum vorzumachen, dies sei eine Politik der Demokraten.

Ein Präsident, dem anzusehen war, dass er ein schlechter Schauspieler war, war George W. Bush. Deshalb war er auch ein schlechter Präsident. Wohl kein anderer Präsident der Vereinigten Staaten war zuvor in gleicher Weise kritisiert und lächerlich gemacht worden.

Auch Joe Biden war, nachdem er Präsident geworden war, ein schlechter Schauspieler, denn er konnte seine Texte nicht mehr behalten. Die Präsidentschaft Joe Bidens hat der Welt vor Augen geführt, dass die Macht im Staate nicht in den Händen derer liegt, die ihn offiziell repräsentieren. Biden machte es überdeutlich, dass amerikanische Präsidenten Marionetten sind.

Donald Trump war nach langer Zeit der erste, der nicht bereit war, die Rolle einer Marionette zu spielen. Deshalb begegneten seine politischen Gegner ihm in ähnlicher Weise, wie in Europa den Parteien der „Neuen Rechten" begegnet wird. Es wurden alle politischen und rechtlichen Register gezogen, um ihn kalt zu stellen. Er wurde in den Medien verunglimpft und beschimpft. Eine sachliche Diskussion seiner Politik fand nicht statt. Die Demokratie war gewissermaßen suspendiert.

Im Juni 2020 berichtete *The Guardian*, dass die Anzahl der Lügen, falschen oder unzutreffenden Behauptungen, die Donald Trump als Präsident gemacht haben soll, die Marke von 20.000 überschritten habe.[14] Auch wenn diese Zahl stimmen sollte, ist keine dieser Lügen so schwerwiegend wie die Lügen, die einige seiner Amtsvorgänger verbreitet haben.

9.5.2 Lügen

So ist inzwischen erwiesen, dass der sogenannte Tonkin-Zwischenfall eine Erfindung der amerikanischen Regierung war.[15] Sie hatte im August 1964 behauptet, dass nordvietnamesische Schnellboote zwei Zerstörer der USA in der Bucht von Tonkin angegriffen hatten. Daraufhin verabschiedete der US-Kongress eine Resolution, die Präsident Lyndon B. Johnson ermächtigte, Truppen nach Vietnam zu senden. In den darauffolgenden Kampfhandlungen fielen 58.000 amerikanische Soldaten. Man schätzt die Zahl der vietnamesischen Kriegsopfer auf über drei Millionen.

Ebenfalls eine Lüge war die im Februar 2003 gemachte Behauptung des amerikanischen Präsidenten George W. Bush, der Irak besitze Massenvernichtungswaffen und Präsident Saddam Hussein sei an der Vorbereitung der Terroranschläge vom 11. September beteiligt gewesen. Wie

---

[14] https://www.theguardian.com/us-news/2020/jul/13/donald-trump-20000-false-or-misleading-claims. Wenn man den Maßstab anlegt, mit dem diese Zahl ermittelt wurde, so handelt es sich auch hierbei um eine Lüge.

[15] https://www.zeit.de/wissen/geschichte/2014-07/vietnam-krieg-usa-50-jahre; In den im Jahre 1971 veröffentlichten „Pentagon-Papieren" wies ein früherer Mitarbeiter des Pentagons, Daniel Ellsberg, nach, dass es sich bei der amtlichen Darstellung des Tonkin-Zwischenfalls um eine Falschmeldung gehandelt hatte. Auch die im Jahre 1995 erschienenen Memoiren des früheren Verteidigungsministers McNamara belegen, dass die US-Regierung die Vorfälle falsch dargestellt hat, um die Genehmigung des Kongresses für den Militäreinsatz zu erhalten.

viele Iraker infolge des Angriffs der USA auf den Irak starben, ist unbekannt. Schätzungen reichen von 100.000 Toten bis zu mehr als einer Million Opfer. Inzwischen ist erwiesen, dass die für den Angriff angeführten Gründe falsch waren. Aber auch wenn sie sich bestätigt hätten, hätten sie keinen Angriff gerechtfertigt. Auch darüber wurde die Bevölkerung getäuscht.

Meist kommt die Wahrheit irgendwann ans Licht. Das heißt aber nicht, dass die Lügner zur Rechenschaft gezogen würden. Weder Lyndon B. Johnson noch George W. Bush wurde der Prozess gemacht. Vielmehr wird versucht, diejenigen als Verräter zu bestrafen, die die Öffentlichkeit aufklären. Ein prominenter Vertreter dieser Gruppe ist Julian Assange, der Gründer der Enthüllungsplattform WikiLeaks, dem eine Haftstrafe bis zum Lebensende drohte, weil er geheime Unterlagen über Kriegsverbrechen der USA veröffentlicht hatte. Dass eine Regierung Verbrechen begeht und verbirgt, ist schwer verständlich und nicht mit demokratischen Prinzipien in Einklang zu bringen. Dass sie diejenigen, die die Öffentlichkeit darüber aufklären, strafrechtlich verfolgt, ist ein Verrat an der Demokratie.

9.6 Einschränkungen der Grundrechte

Wie in Abschn. 1.1.2. erwähnt, enthielt die Verfassung der USA in ihrer ursprünglichen Fassung keinen Schutz der Menschenrechte. Sie wurden erst mit den ersten 10 Verfassungsänderungen (*amendments*) hinzugefügt. Von dem Recht auf Gleichbehandlung ist darin nicht die Rede. Teile der Bevölkerung genießen dieses Recht auch heute noch nicht in vollem Umfang. Andere Grundrechte werden inzwischen nicht mehr in dem von der Verfassung vorgesehenen Umfang gewährt.

Einen Monat nach den Terroranschlägen vom 11. September 2001 verabschiedete der Kongress der Vereinigten Staaten den *USA PATRIOT Act*, der Ermittlungen über mögliche Terroranschläge erleichtern soll. Seine wichtigsten Bestimmungen sind:

- die Rechte des FBI, Telefongespräche und die Internetnutzung zu überwachen, werden erheblich erweitert. Telefongesellschaften und Internetprovider müssen ihre Daten offenlegen;
- Hausdurchsuchungen dürfen ohne Wissen der betreffenden Person durchgeführt werden;
- das FBI hat das Recht, Einsicht in die Daten von Bankkunden zu nehmen, auch wenn kein Verdacht einer Straftat vorliegt;
- die CIA wird ermächtigt, auch im Inland zu ermitteln.

Der *USA PATRIOT Act* erlaubt Einschränkungen der Grundrechte wie im Ausnahmezustand. *USA PATRIOT* steht für „*Uniting and Strengthening America by Providing Appropriate Tools Required to Intercept and Obstruct Terrorism*" (Einigung und Stärkung Amerikas durch Bereitstellung von Mitteln, die nötig sind, Terrorismus zu verhindern und zu blockieren). Aussagekräftiger als diese Worte ist die Abkürzung „patriot", die sich sicherlich nicht zufällig aus den Anfangsbuchstaben ergibt. Sie beschreibt den Geist des Gesetzes. Es ist ein Aufruf an alle Patrioten, also alle „guten" Amerikaner, sich der Herausforderung des Terrorismus, also des „Bösen", zu stellen. Dafür ist der Verzicht auf einen Teil der Grundrechte ein Opfer, das zu erbringen von jedem zu erwarten ist.

Teile des *USA PATRIOT Act* sind am 1. Juni 2015 abgelaufen, wurden aber schon tags darauf durch den *USA Freedom Act* ersetzt. Damit ist der Ausnahmezustand in den

Vereinigten Staaten zur Norm geworden.[16] Die wichtigsten Einschränkungen der in den USA ansonsten so hoch gehaltenen Freiheit erfolgen heute im Namen der Sicherheit.

Wie weit sie gehen, enthüllte der ehemalige Geheimdienstmitarbeiter Edward Snowden im Juni 2013. Seit 2007 hatten die Vereinigten Staaten in großem Umfang die Telekommunikation und das Internet geheim und verdachtsunabhängig überwacht. In den USA kontrolliert nicht mehr das Volk die Regierung, sondern die Regierung das Volk.

Das wurde im Mai 2024 erneut unter Beweis gestellt. An verschiedenen Universitäten des Landes hatten sich Gruppen formiert, die ihre Sympathie für Palästinenser zum Ausdruck brachten. Obwohl gerade die Meinungsfreiheit in den USA als eines der wesentlichen demokratischen Grundrechte betrachtet wird, wurden Polizeikräfte gegen die Demonstranten eingesetzt.[17] 2000 Studenten wurden festgenommen, viele andere der Universität verwiesen. Ein Student wurde das Landes verwiesen.[18]

9.7 Zusammenfassung

Im Dezember 2021 lud Präsident Joe Biden eine Reihe von Staatspräsidenten und Regierungschefs anderer Staaten zu einem Gipfel für Demokratie (*Summit for Democracy*) ein. Eingeladen wurden Länder, die die US-Regierung als Demokratie anerkennt.[19] Ziel des Gipfels war, *„die größten*

---

[16] Studie Stiftung Wissenschaft und Politik, Deutsches Institut für Internationale Politik und Sicherheit, Johannes Thimm: *Vom Ausnahmezustand zum Normalzustand, Die USA im Kampf gegen den Terrorismus*, 2018.
[17] Bayern 2 Nachrichten, 02.05.2024 16:00 Uhr.
[18] https://www.bbc.com/news/articles/cwy0ngd11yzo.
[19] https://www.state.gov/participant-list-the-summit-for-democracy/.

Bedrohungen, denen sich Demokratien heute gegenübersehen, durch gemeinsames Handeln" zu bekämpfen. Nach Ansicht der Regierung in Washington sind Demokratien zunehmend durch aufstrebende Autokratien in anderen Ländern gefährdet.

Der Gipfel sollte aber auch Gelegenheit für Anstrengungen geben, *„die Demokratie im eigenen Land zu erneuern"*. In dieser Hinsicht besteht gerade in den Vereinigten Staaten von Amerika ein erheblicher Handlungsbedarf. Die Art von Demokratie, wie sie in den USA praktiziert wird, empfiehlt sich kaum zur Nachahmung. Dass sich die Regierung dieses Landes dennoch dazu berufen fühlt, einen „Gipfel für Demokratie" einzuberufen, ist der Gipfel der Scheinheiligkeit.

Colin Crouch bezeichnet die Demokratie in den USA als „Postdemokratie",[20] die er folgendermaßen beschreibt:

> „Zur Irreführung der Massen werden Wahlen als Showveranstaltung inszeniert. Dabei wird nur über Probleme diskutiert, die die Parteien zuvor ausgewählt haben. Im Schatten dieser Inszenierung wird Politik hinter verschlossenen Türen gemacht: von gewählten Regierungen und Eliten, die vor allem die Interessen der Wirtschaft vertreten."

Der Begriff „Postdemokratie" unterstellt, dass es zuvor eine Demokratie gegeben hat. Die Vereinigten Staaten waren jedoch zu keinem Zeitpunkt eine wirkliche Demokratie. Sie waren seit Beginn und sind noch immer eine Scheindemokratie.

---

[20] Crouch, Colin: *Postdemocracy*, S. 10.

10

Liberalismus, Demokratie und Marktwirtschaft

Inhaltsverzeichnis

10.1 Freiheit und Gleichheit 248
    10.1.1 Freiheit vor Gleichheit 248
    10.1.2 Relikte des Feudalismus 250
10.2 Die Versprechen der Demokratie und Marktwirtschaft 252
    10.2.1 Die Förderung des Gemeinwohls 253
    10.2.2 Freiheit auf Kosten anderer 255
    10.2.3 Der Mangel an Rationalität 256
    10.2.4 Das Menschenbild des Liberalismus 258
10.3 Liberalismus und private Macht 260
    10.3.1 Die Macht der Wirtschaft 260
    10.3.2 Die Macht der Parteien 260
    10.3.3 Der Teufelskreis 261
    10.3.4 Das Ende des Liberalismus 262
10.4 Der neue Konkurrent: Die Volksrepublik China 263
    10.4.1 Ideologie und Pragmatismus 264
    10.4.2 Demokratie als Hindernis 265
    10.4.3 Autorität und Autorität 267

© Der/die Autor(en), exklusiv lizenziert an Springer Fachmedien Wiesbaden GmbH, ein Teil von Springer Nature 2025
W. Plasa, *Die verkommene Demokratie*,
https://doi.org/10.1007/978-3-658-49060-7_10

10.1 Freiheit und Gleichheit

10.1.1 Freiheit vor Gleichheit

Wie eingangs erwähnt, ist ein geordnetes Zusammenleben innerhalb einer Gemeinschaft ohne Regeln nicht möglich. Dabei hat sie die Wahl zwischen zwei Möglichkeiten. Entweder wird geregelt, was jedem einzelnen zusteht. Dann hat jeder einen festen Platz in der Gesellschaft und muss sich damit abfinden. Oder es wird ein Wettbewerb zugelassen. Dann muss geregelt werden, in welchen Bereichen er stattfinden und wie er ausgetragen werden soll. Das ist eine ebenso wichtige wie heikle Frage. Denn die Antwort bestimmt in hohem Maße die Organisation einer Gesellschaft.

Wettbewerb ist etwas Natürliches im Zusammenleben von Menschen. Einen Wettbewerb gibt es bereits bei der Auswahl eines Partners. Wettbewerb schafft die Dynamik, die vorantreibt, was gemeinhin als Fortschritt der Menschheit betrachtet wird. Es gibt also gute Gründe, einen Wettbewerb zuzulassen und die Grenzen des Erlaubten weit zu ziehen.

Es gibt jedoch auch Überlegungen, die dagegen sprechen. Werden die Grenzen zu weit gezogen, bleiben die Verlierer möglicherweise auf der Strecke. Wettbewerb kann destruktiv sein. Das können sich Gemeinschaften, die ums Überleben kämpfen müssen, nicht leisten. Aus diesem Grunde sind in primitiven Gesellschaften die Grenzen des Wettbewerbs verhältnismäßig eng gezogen.

Das war auch der Fall in der germanischen Gesellschaft der Antike. Daran änderte sich wenig, nachdem infolge der Völkerwanderung auf dem Gebiet des Römischen Reiches germanische Königreiche entstanden waren. Mit ihnen entstand die Gesellschaftsordnung des Feudalismus und des Ständewesens. Die meisten Ländereien befanden sich im Besitz des Adels und der Kirche. Viele Menschen waren Leibeigene.

Die einzige Möglichkeit, daran etwas zu ändern, war die offene Auflehnung gegen die Herren. Schon im 13. Jahrhundert war es in mehreren Teilen Europas zu Aufständen gekommen. In Deutschland gab es im frühen 16. Jahrhundert einen Bauernkrieg. Schließlich brach 1789 in Frankreich eine Revolution aus, die Freiheit, Gleichheit und Brüderlichkeit forderte. Zumindest für eine kurze Periode wurde versucht, sie zu verwirklichen. Das hatte die Herrscher Europas derart in Schrecken versetzt, dass sie sich bis zu Beginn des 20. Jahrhunderts allen Forderungen nach mehr Bürgerrechten und Freiheiten widersetzten – mit einer Ausnahme.

Etwa zur Zeit der Französischen Revolution begann die industrielle Revolution, deren Folgen bis heute andauern. Im Zuge dieser Revolution hatten ansonsten recht autoritäre Monarchien nach und nach mehr die Freiheit gewährt, sich wirtschaftlich zu betätigen. Dies geschah in einem gesellschaftlichen Umfeld, das noch sehr von feudalen Strukturen geprägt war. Infolgedessen kam nur eine Minderheit von Privilegierten in den Genuss der Vorteile, die diese Freiheit mit sich brachte. Gleichzeitig kam es zu einer Verarmung der Arbeiterschicht und einer Verelendung weiter Teile der Bevölkerung. Der während des Feudalismus entstandene Konflikt zwischen den Ständen setzte sich als Konflikt zwischen Kapitaleignern und Lohnarbeitern fort.

Diese Situation beschrieb Karl Marx als Klassenkampf. Er sah die einzige Möglichkeit einer Lösung in einer Revolution. Sie fand 1917 statt, in Russland. Diese Revolution nahm sich vor, nicht nur die Wirtschaft, sondern auch die Gesellschaft zu verändern. Dabei gab sie der Gleichheit und der Gleichbehandlung Vorrang vor der Freiheit.

Daraus entstand ein Gegensatz der Systeme, der in den Kalten Krieg mündete. Beide Lager behaupteten von sich selbst, demokratisch zu sein. Das westliche Lager begründete dies mit freien Wahlen, das sozialistische Lager mit den Zielen seiner Politik. Und jede Seite warf der anderen vor, bestimmte Grundrechte zu missachten. Damit hatten beide in gewisser Weise Recht.

In westlichen Demokratien wurde das Grundrecht der Gleichheit und Gleichbehandlung zugunsten einer nahezu unbegrenzten Freiheit vernachlässigt. In den sozialistischen Staaten gingen die Bemühungen um die Schaffung von Gleichheit auf Kosten der individuellen Freiheit, was den Widerstand weiter Teile der Bevölkerung hervorrief. Aufgrund der Einschränkungen der Freiheit waren auch dem Wettbewerb enge Grenzen gesetzt, was die Effizienz des Systems behinderte. Infolgedessen brach die Sowjetunion Anfang der 1990er-Jahre zusammen und das sozialistische Lager auseinander.

Inzwischen folgen die meisten ehemals sozialistischen Staaten dem Vorbild der westlichen Demokratien. Seitdem sind die Wirtschaftsleistung, aber auch die Ungleichheiten dort erheblich angestiegen – ähnlich wie in allen anderen westlichen Demokratien. Offenbar geht die Gewährung von mehr Freiheit zwangsläufig auf Kosten der Gleichheit.

10.1.2 Relikte des Feudalismus

Westliche Demokratien sehen in der Freiheit den allerhöchsten Wert. Dagegen hat Gleichheit nie einen ähnlichen Stellenwert erlangt. Forderungen nach mehr Gleichheit werden oft als „Gleichmacherei" zurückgewiesen. Viele Menschen finden es „normal", dass andere Menschen Privilegien genießen, ähnlich wie früher in der Feudalgesellschaft. In den Köpfen vieler Mitmenschen lebt sie weiter – aber nicht nur dort.

Zehn Länder in Europa sind Monarchien, sieben von ihnen haben einen König bzw. eine Königin als Staatsoberhaupt. Die meisten dieser gekrönten Häupter erfreuen sich

10 Liberalismus, Demokratie und Marktwirtschaft

in der Bevölkerung ihres Landes – und teilweise auch über dessen Grenzen hinaus – großer Beliebtheit. Das ist insofern erstaunlich, als ihrer Stellung jede Legitimation fehlt. Sie sind weder von Gott eingesetzt, wie sie früher behauptet hatten, noch sind sie durch Wahlen legitimiert. Sie haben ihre Stellung allein durch Erbschaft erworben. Sie sind ein Relikt der Feudalgesellschaft.

Als Deutschland im Jahre 1919 eine Republik wurde, wurden die Monarchie und die Vorrechte des Adels abgeschafft, nicht aber die Namen. Die vor Inkrafttreten der Weimarer Verfassung geführten Adelsbezeichnungen wurden Bestandteil des Familiennamens.[1] Damit wurde zwar formal dem Prinzip der Gleichberechtigung Genüge getan. Praktisch kann diese Regelung jedoch heute noch Vorteile in Beruf und Karriere verschaffen. Auch sie sind ein Relikt der Feudalgesellschaft. Die Feudalgesellschaft konnte nur funktionieren, weil die „unteren Schichten" zur Unterwürfigkeit erzogen waren. Davon steckt auch heute noch etwas in unserer Gesellschaft.

Diese Beobachtungen sind banal. Doch zeigen sie, dass Gleichheit und Gleichberechtigung bei uns weniger Bedeutung beigemessen wird, als das Grundgesetz ihnen gibt. Dagegen hat Freiheit einen Stellenwert erlangt, der über das hinausgeht, was das Grundgesetz als schutzwürdig anerkennt.[2]

---

[1] Ein Deutscher, dessen Namen eine Adelsbezeichnung enthält, kann auch im Falle der Einbürgerung in die USA diese beibehalten: *„Jeder Antragsteller, der einen Erbtitel oder eine Adelsposition in einem ausländischen Staat besitzt, muss auf den Titel oder die Position verzichten … Ein Antragsteller, dessen Land der früheren Staatsangehörigkeit oder des Herkunftslandes den Titel per Gesetz abgeschafft hat, oder der keinen Titel mehr besitzt, ist nicht verpflichtet, im Rahmen seiner Einbürgerung den Teil seines Namens, der diesen Titel ursprünglich bezeichnete, fallen zu lassen."*: https://www-uscis-gov.translate.goog/policy-manual/volume-12-part-j-chapter-2.

[2] Bezeichnenderweise trägt das von Angela Merkel 2024 veröffentlichte Buch den Titel: *„Freiheit. Erinnerungen 1954 – 2021"*.

10.2 Die Versprechen der Demokratie und Marktwirtschaft

Freiheit ist nicht nur ein wesentliches Element unserer staatlichen Verfassung, sondern auch unserer Wirtschaftsordnung. Die Bedeutung der Freiheit wurde von namhaften Philosophen des 18. Jahrhunderts hervorgehoben. Zu Beginn des 19. Jahrhunderts entstand daraus eine Ideologie, die Freiheit in den Mittelpunkt stellt und (deswegen) Liberalismus genannt wird. Sie existiert in zwei Varianten, dem politischen und dem wirtschaftlichen Liberalismus.

Der politische Liberalismus verlangt den Schutz der Freiheit jedes Einzelnen durch eine Beschränkung der Befugnisse des Staates. Der wirtschaftliche Liberalismus verlangt, dass jeder Mensch die Freiheit haben soll, Privateigentum zu erwerben und damit zu wirtschaften. Insofern „passen Demokratie und Marktwirtschaft gut zusammen". Tatsächlich ähneln sich beide in mehr als einer Hinsicht.

Weder die Demokratie noch die Marktwirtschaft sehen vor, konkrete Ziele durch autoritäre Anordnungen und Maßnahmen zu erreichen. Das wäre mit der Forderung nach Freiheit unvereinbar. Beide können nur Versprechen geben. Die Demokratie verspricht, dass die Macht im Staate im Interesse der Mehrheit ausgeübt wird. Die Marktwirtschaft verspricht, dass die Verfolgung eigner Interessen dem Gemeinwohl dient. Von beiden Systemen wird erwartet, dass sie letztlich allen nützen.

Beide – die Demokratie und die Marktwirtschaft – sehen eine Beteiligung des Volkes vor. In der Demokratie geschieht das durch Wahlen. In der Marktwirtschaft erfolgt dies durch die individuellen Entscheidungen einzelner Menschen als Produzenten und Verbraucher. Beide Systeme beruhen auf der Annahme, dass sich Menschen bei ihren Entscheidungen rational verhalten. Das heißt, dass sie in der Lage sind, ihre eigenen Interessen zu erkennen, und bereit sind, danach zu handeln. Die Beteiligung des Volkes an der Politik und der Wirtschaft durch freie und rationale Entscheidungen soll beiden Systemen die Legitimität verleihen.

Die Frage ist: Haben die beiden Systeme die Erwartungen, die an sie gestellt werden, erfüllt?

10.2.1 Die Förderung des Gemeinwohls

Die Erwartung, dass eine marktwirtschaftliche Wirtschaftsordnung dem Gemeinwohl dient, geht auf den Vordenker des Wirtschaftsliberalismus, Adam Smith, zurück, der in seinem im Jahre 1776 erschienenen Werk *An Inquiry into the Nature and Causes of the Wealth of Nations* schrieb:

„Eben die große durch die Arbeitsteilung bewirkte Vervielfältigung der Produkte in allen verschiedenen Künsten ist es, die in einer wohlregierten Gesellschaft jene allgemeine Wohlhabenheit hervorbringt, die sich selbst bis zu den untersten Klassen des Volkes erstreckt. Jeder Arbeiter hat über das Quantum seiner eigenen Arbeit hinaus, welches er selbst braucht, noch einen großen Teil zur Verfügung, … und es verbreitet sich eine allgemeine Fülle über alle verschiedenen Stände der Nation".[3]

Ähnliche Erwartungen werden an eine angebotsorientierte Wirtschaftspolitik geknüpft:

„Angebotspolitik ist auf die Produktion, d. h. auf die Unternehmen, gerichtet. Höhere Gewinne sollen dabei die finanziellen Voraussetzungen für Investitionen der Unternehmen verbessern. Höhere Investitionen verbessern die Produktionsbedingungen sowie die internationale Wettbewerbs-

---

[3] Smith, Adam, *Der Wohlstand der Nationen*, Buch 1, Kap. 1, Absatz 10.

fähigkeit und bewirken eine Steigerung der Beschäftigung, was zu mehr Einkommen bei den privaten Haushalten führt."⁴

Dieses Versprechen wurde zu verschiedenen Zeiten in verschiedene Metapher gekleidet. In den Jahren des Wirtschaftswunders sprach man von einem Kuchen, von dem, wenn er größer wird, jeder ein größeres Stück erhält. Dabei sah man darüber hinweg, dass, wenn jedes Kuchenstücks im Verhältnis zu seiner ursprünglichen Größe wächst, auch die absoluten Unterschiede wachsen. An die Stelle des Vergleichs mit dem Kuchen ist in den 1980er-Jahren die *Trickle-down-Theorie* getreten, die behauptet, dass mehr Wohlstand in einer Gesellschaft nach und nach auch in die unteren Schichten „durchsickert", weil mehr Investitionen neue Arbeitsplätze schaffen.[5]

Inzwischen lässt sich feststellen, wie viel tatsächlich „durchgesickert" ist. Den allermeisten geht es besser als früheren Generationen. Doch „erstreckt sich die allgemeine Wohlhabenheit nicht über alle verschiedenen Stände bis zu den untersten Klassen". Im Gegenteil: Die Armutsquote steigt (siehe Abschn. 5.3.2). Innerhalb des Euroraums gehört Deutschland heute zu den Staaten mit der höchsten Vermögensungleichheit.

Kann man dieses Ergebnis als Förderung des Gemeinwohls betrachten? Versteht man unter Gemeinwohl die Summe individueller Erfolge bei der Verfolgung wirtschaftlicher Interessen, kann die Marktwirtschaft für sich in Anspruch nehmen, das Gemeinwohl zu fördern. Versteht man hingegen – wie Adam Smith es tat – unter Gemeinwohl das

---

[4] https://www.bpb.de/kurz-knapp/lexika/lexikon-der-wirtschaft/18622/angebotspolitik/.

[5] Diese Theorie wird im deutschen Sprachraum „Pferdeäpfeltheorie" genannt, in Anspielung darauf, dass ein Pferd, dem man mehr Hafer gibt, mehr von dem auf die Straße fallen lässt, was die Spatzen füttert.

Wohl, „*welches aus sozialen Gründen möglichst vielen Mitgliedern einer Gemeinschaft zugutekommen soll*",[6] so besteht kein Zweifel, dass die Marktwirtschaft dieses Ziel nicht erreicht.

10.2.2 Freiheit auf Kosten anderer

Die kapitalistische Marktwirtschaft hat fraglos viele Vorteile. Diese Vorteile kommen vor allem einer Minderheit zugute. Sie bringt aber auch Nachteile mit sich und richtet sogar Schäden an. Diese Nachteile und Schäden treffen alle.

Die Freiheit wirtschaftlicher Betätigung erlaubt es Unternehmen, unentgeltlich die Umwelt zu belasten und zu zerstören und nicht erneuerbare Ressourcen zu vergeuden. Es darf für Produkte geworben werden, deren Herstellung verboten werden müsste, weil deren Verbrauch irreparable Klimaschäden und Gesundheitsschäden nach sich zieht. Der Verkauf minderwertiger Nahrungsmittel hat dazu geführt, dass inzwischen mehr als die Hälfte der Bevölkerung übergewichtig ist und die meisten von ihnen auch krank sind.[7]

Es häufen sich die Fälle, in denen Unternehmen die Freiheit wirtschaftlicher Betätigung in einer Weise in Anspruch nehmen, die auf Kosten der Allgemeinheit geht. Diese Entwicklungen sind seit langem bekannt. Aus diesem Grunde gibt es Gesetze für den Verbraucherschutz, den Umweltschutz und den Klimaschutz. Doch bleiben sie weit hinter dem zurück, was notwendig ist.

---

[6] https://de.wikipedia.org/wiki/Gemeinwohl.
[7] 67,5 % der Amerikaner sind übergewichtig oder fettleibig. In Deutschland sind es 52,7 %. Das entspricht dem Durchschnitt der OECD-Länder; https://de.statista.com/statistik/daten/studie/153908/umfrage/fettleibigkeit-unter-erwachsenen-in-oecd-laendern.

Grundsätzlich endet die Freiheit des einen dort, wo die Freiheit des anderen beginnt. Dieses Prinzip gilt jedoch nicht im Verhältnis zwischen Unternehmen und Verbrauchern. Unternehmen ist es gestattet, in jeden Bereich des menschlichen Lebens einzudringen und jedes Fleckchen der Erde zu nutzen, um für ihre Produkte zu werben. Die sich häufenden Übergriffe in die Privatsphäre verletzen die sogenannte passive Freiheit, d. h. der Freiheit von Belästigungen und Schäden. Auch in dieser Hinsicht fehlt es an gesetzlichen Schutzmaßnahmen.

Dafür gibt es mehrere Gründe. Gesetze zu erlassen, erfordert eine Abwägung zwischen den Rechtsschutzbedürfnissen von Unternehmen und Verbrauchern. In der Regel wird zugunsten der Unternehmen entschieden, denn sie haben mehr Einfluss auf die Politik. Zudem ist es grundsätzlich leichter, ein Verbot zu verhindern, als es zu beschließen. Verteidigt wird dies gewöhnlich mit dem Wert der Freiheit – einer falsch verstandenen Freiheit.[8]

10.2.3 Der Mangel an Rationalität

Die Philosophen und Staatsrechtler des 18. Jahrhunderts kannten die Freiheit, die sie forderten, selbst nicht, denn es gab sie noch nicht. Sie gingen davon aus, dass Menschen, wenn ihnen Freiheit gewährt wird, von ihr in „rationaler" – also vernünftiger – Weise Gebrauch machen. Diese An-

---

[8] Ein Beispiel dafür ist das europäische Lieferkettengesetz. Mit ihm sollen Unternehmen dazu verpflichtet werden, dafür zu sorgen, dass ihre Zulieferer in Billiglohnländern keine Kinder beschäftigen und ihre Arbeiter nicht ausbeuten. Bei der Abstimmung über den Gesetzesentwurf im Ministerrat der EU enthielt sich die Bundesregierung wiederholt der Stimme, weil die FDP die deutsche Zustimmung blockierte – im Namen der Unternehmerfreiheit. Nach Ansicht der Deutschen Umwelthilfe ist diese Haltung der FDP *„der Sargnagel für ein zentrales Projekt für mehr Menschenrechte, soziale Gerechtigkeit und Umweltauflagen in den Lieferketten"*.

10 Liberalismus, Demokratie und Marktwirtschaft

nahme erscheint grundsätzlich plausibel. Allerdings trifft sie nur unter einer Voraussetzung zu: Entscheidungen müssen getroffen werden, ohne dass derjenige, der sie trifft, dazu verführt wird, sich anders als rational zu verhalten. Diese Voraussetzung ist sehr oft nicht mehr erfüllt. Denn Verführung ist allgegenwärtig. Sie ist erlaubt, weil zur Freiheit auch die Freiheit gehört, andere zu verführen.

Der Marktwirtschaft gelingt dies durch Werbung. Unternehmen ist es gestattet, Verbraucher zu einem völlig unvernünftigen Konsumverhalten zu verleiten. Werbung, Internet und Handy haben Abhängigkeiten geschaffen, von denen sich viele Menschen kaum noch befreien können und die jedes rationale Verhalten unmöglich machen.[9]

Das gilt auch für Unternehmen. Anstelle des eigentlichen Ziels des Wirtschaftens, nämlich der rationalen Verwendung knapper Ressourcen zur Befriedigung menschlicher Bedürfnisse, verfolgen sie das Ziel einer Maximierung der Profite. Statt Bedürfnisse zu befriedigen, werden sie erzeugt.

In ähnlicher Weise, wie die Marktwirtschaft eine Manipulation des Verbrauchers zulässt, erlaubt die Demokratie eine Manipulation des Wählers. Dafür bedient sie sich der Propaganda, der Täuschung und der Verängstigung. Die Folge ist, dass der Wähler seine eigenen Interessen nicht mehr erkennt und fremde Interessen für die eigenen hält. Das macht es möglich, Politik im Interesse einer Minderheit zu machen.

---

[9] ZEIT ONLINE, 13. 11. 2023, 11:38 Uhr: *„In Deutschland sind 1,3 Mio. Menschen spielsüchtig, fast dreimal so viele zeigen Anzeichen einer Sucht. Etwa ebenso viele Kinder und Jugendlichen leiden an einer Sucht, digitaler Medien zu benutzen."* Bayern 3 Nachrichten, 12.03.2025 12:00 Uhr: *„Mehr als ein Viertel der Kinder und Jugendlichen in Deutschland nutzt soziale Medien auf eine für ihre Gesundheit gefährliche oder gar krankhafte Weise. Im Schnitt nutzen Kinder und Jugendliche derzeit 157 min täglich soziale Medien".*

Bei näherer Betrachtung wird klar: Immer mehr Menschen treffen sowohl als Verbraucher wie auch als Wähler irrationale Entscheidungen. Sie machen von ihrer Freiheit nicht in der Weise Gebrauch, wie die Philosophen des Liberalismus es erwarteten. Der Liberalismus beruht auf der irrigen Annahme, Menschen würden, wenn man ihnen Freiheit gewährt, „das für sie und andere Richtige tun." Das ist eine Illusion – ähnlich wie die Annahme des Kommunismus, Menschen würden es akzeptieren, wenn „andere das Richtige für sie tun".

10.2.4 Das Menschenbild des Liberalismus

Wie gesagt, der Wirtschaftsliberalismus unterstellt, dass die Verfolgung eigner Interessen dem Gemeinwohl dient. Doch setzt dies voraus, dass der Egoismus des Menschen Grenzen hat. Diese Annahme formulierte Adam Smith in seinem in Jahr 1759 erschienen Werk *„Theory of Moral Sentiments"* folgendermaßen:

> „Mag man den Menschen für noch so egoistisch halten, es liegen doch offenbar gewisse Prinzipien in seiner Natur, die ihn dazu bestimmen, an dem Schicksal anderer Anteil zu nehmen, und die ihm selbst die Glückseligkeit dieser anderen zum Bedürfnis zu machen. ... Jene ganze Erklärung der menschlichen Natur jedoch, welche alle Empfindungen und Neigungen aus der Selbstliebe ableitet..., scheint mir aus einem verworrenen Missverständnis des Sympathiesystems entsprungen zu sein".[10]

---

[10] Smith, Adam: *The Theory of Moral Sentiments*, in: Kurz, Heinz. D.: *Adam Smith. Ein Werk und seine Wirkungsgeschichte*, S. 81. Der volle Titel des Buches lautet: *Theorie der ethischen Gefühle oder Versuch einer Analyse der Grundveranlagungen, mit deren Hilfe die Menschen natürlicherweise das Verhalten und den Charakter zunächst ihrer Mitmenschen und sodann ihrer selbst beurteilen.*

10 Liberalismus, Demokratie und Marktwirtschaft

Diese Annahme ist naiv. Die kapitalistische Marktwirtschaft hat die Idealvorstellung, die Adam Smith von der Natur des Menschen hatte, widerlegt.

In einer Marktwirtschaft sind den Möglichkeiten, Gewinne zu machen, keine Grenzen gesetzt. Offenbar verhält es sich mit dem Streben nach Gewinn genauso. Das ist insofern erstaunlich, als zu erwarten wäre, dass bei erfolgreichem Gewinnstreben früher oder später das Motiv für weiteres Gewinnstreben entfällt. Die Erfahrung hat gezeigt, dass das nicht der Fall ist – dass vielmehr eher das Gegenteil zutrifft. Wie es scheint, artet Gewinnstreben gerade, wenn es erfolgreich ist, in Gier aus. Und wer aus Gier handelt, handelt egoistisch.

Gier schafft Vermögen, und Vermögen schafft Macht. Aus dem erfolgreichen Streben nach Gewinn erwächst – ab einer gewissen Schwelle – ein Streben nach Macht. Offenbar kennt auch das Streben nach Macht keine Grenzen.

Gier und das Streben nach Macht verführen zu verantwortungslosem Handeln, doch wird dies kaum so wahrgenommen. Da die individuellen Entscheidungen von Wählern, Produzenten und Verbrauchern nur einen Teil ihrer Summe aller Individualentscheidungen darstellen, fühlt sich der Einzelne für seine in Freiheit getroffenen Entscheidungen kaum verantwortlich. Aus dem gleichen Grunde wird er nur selten dafür verantwortlich gemacht.

Die Überbetonung der Freiheit in der freiheitlichen demokratischen Grundordnung hat ein Umfeld geschaffen, das irrationalem Verhalten, Egoismus, Gier und Verantwortungslosigkeit Vorschub leistet. Unter diesen Umständen ist nicht zu erwarten, dass die repräsentative Demokratie und die kapitalistische Marktwirtschaft ihre Versprechen halten können.

10.3 Liberalismus und private Macht

10.3.1 Die Macht der Wirtschaft

Die Freiheit wirtschaftlicher Betätigung schafft die Voraussetzungen für den Wettbewerb, der ein wesentliches Merkmal der Marktwirtschaft ist. Doch neigen Unternehmen dazu, sich durch Absprachen dem Wettbewerb zu entziehen. Prinzipiell lassen Marktwirtschaften eine Tendenz zur Unternehmenskonzentration erkennen. Sie führen zur Schaffung von Oligopolen und schließlich von Monopolen. In der Tat haben einige Unternehmen in den vergangenen Jahrzehnten gigantische Ausmaße angenommen.

Manche Konzerne beherrschen den Markt einzelner Länder, andere sogar den Weltmarkt. Ihre Macht geht über die Beherrschung von Märkten hinaus. Sie wirkt in die gesamte Gesellschaft hinein. Alles in allem hat die Wirtschaft eine Macht erlangt, die sich, ähnlich wie in früheren Zeiten die Macht der Kirche, mit der des Staates messen kann und ihr in mancher Hinsicht überlegen ist.

Dabei handelt es sich um private Macht, die in den Händen eines begrenzten Kreises von Konzernchefs und Kapitaleignern liegt. Zwar hat sie Grenzen, doch unterliegt sie innerhalb dieser Grenzen keiner staatlichen Kontrolle. Die verfassungsrechtliche Garantie der Freiheit wirtschaftlicher Betätigung bewahrt sie davor. Dieser privaten Macht steht der Einzelne nahezu machtlos gegenüber. Gegenüber der Wirtschaft befindet er sich in einer ähnlichen Situation wie früher Untertanen ihren absoluten Herrschern.

10.3.2 Die Macht der Parteien

Eigentlich sollte die private Macht der Wirtschaft staatlicher Kontrolle unterliegen. Inzwischen ist es andersherum: Die Ausübung staatlicher Macht unterliegt der Kontrolle der Wirtschaft. Die Verantwortung für diese Entwicklung liegt bei den politischen Parteien.

Parteien, nicht Wähler, bestimmen, wie Amtsträger von ihren Befugnissen Gebrauch machen sollen. Parteien sind faktisch die höchste Instanz des politischen Entscheidungsprozesses. Genau genommen sind sie im institutionellen Rahmen der repräsentativen Demokratie ein Fremdkörper, denn sie sind private Vereinigungen. Daher wird eine Partei in vieler Hinsicht auch wie ein privates Unternehmen geführt, d. h. in der Absicht, Einkünfte zu erzielen. Wenn Amtsträger sich dafür bezahlen zu lassen, die Macht in einem bestimmten Sinne auszuüben, ist das strafbar. Wenn dagegen eine Partei eine Spende annimmt gegen das Versprechen, ihrer Fraktion bestimmte Vorgaben zu machen, ist das grundsätzlich zulässig.

Die Macht der Parteien ist käuflich. Verkauft wird sie dem, der am meisten bieten will und kann. Das sind die Unternehmen, von deren Macht zuvor die Rede war. Sie haben die Macht, Parteien dazu zu veranlassen, ihre Macht in dem von ihnen gewünschten Sinne auszuüben. Sie tragen mittelbar die Verantwortung dafür, dass die Demokratie auf dem Rückzug ist.

10.3.3 Der Teufelskreis

Die Wirtschaft, an der wir teilnehmen, dient nicht dem Gemeinwohl. Die Politik, die gemacht wird, liegt nicht im Interesse der Mehrheit. Beide schaffen Machtzentren, die keiner staatlichen Kontrolle unterliegen. Im Falle der Marktwirtschaft sind das Monopole oder Oligopole. Im Falle der Demokratie sind das die Parteien. Die Beteiligung der Menschen an beiden Systemen beruht nur scheinbar auf freier Willensentscheidung, denn sie ist das Produkt einer massiven Werbung und Manipulation der Meinungsbildung. Infolgedessen verlieren sowohl die Demokratie wie auch die Marktwirtschaft zusehends an Legitimität.

Die Gründe dafür liegen einerseits in den zuvor erwähnten Schwächen der repräsentativen Demokratie, andererseits in den zuvor genannten Tendenzen der kapitalistischen Marktwirtschaft. Die Marktwirtschaft begünstigt die Vermögensbildung einer Minderheit. Diese Minderheit drängt auf eine möglichst liberale Wirtschaftspolitik, weil sie ihnen weitere Vorteile bringt. Dafür missbraucht sie die Schwächen der Demokratie, die es ihr erlauben, Einfluss auf die Politik zu nehmen – mit der Folge eines weiteren Vermögenszuwachses. Infolgedessen verfügen sie über immer mehr Mittel, die Politik zu beeinflussen. Gemeinsam haben Demokratie und Marktwirtschaft einen Teufelskreis geschaffen, in dem die Macht und das Vermögen einer Minderheit unaufhaltsam wachsen.

10.3.4 Das Ende des Liberalismus

Der Liberalismus hat die Menschen von staatlichen Zwängen befreit. Doch auch die Wirtschaft hat sich von staatlichen Zwängen befreit. Sie nutzt die Freiheit, die sie dem Liberalismus verdankt, in einer Weise, die den Menschen einen guten Teil dieser Freiheit nimmt. Sie hat ein System geschaffen, das sich gegen die Bedürfnisse des Kollektivs richtet. Im Namen der Freiheit werden Regeln missachtet und abgeschafft, die das Fundament der Gesellschaft betreffen. Infolge wachsender Ungleichheiten nimmt die soziale Kohäsion ab und schwindet die Solidarität innerhalb der Gesellschaft. In der Tat befindet sie sich in mehrerer Hinsicht in einem Zustand der Auflösung.

Auch die Demokratie steht auf der Seite der Verlierer. Denn der Staat hat sich weitgehend der Kontrolle durch das Volk entzogen. An die Stelle der Herrschaft des Volkes ist die Herrschaft des Geldes getreten. Manche Beobachter halten die heutige Bundesrepublik für eine Oligarchie,[11] also ein System der Herrschaft in den Händen einer kleinen Gruppe. Andere sehen in ihr eine Plutokratie,[12] d. h. ein System der Herrschaft der Reichen. Wiederum andere glauben, eine Rückwendung zu den Feudalstrukturen der ständischen Ordnung absoluter Monarchien erkennen zu können.[13]

Es ist Zeit, es sich einzugestehen: Der Liberalismus ist am Ende, und zwar sowohl der politische wie auch der wirtschaftliche.[14] Demokratie und Marktwirtschaft sind nicht das „Ende der Geschichte", wie Francis Fukuyama vor 30 Jahren vermutete. Wie es scheint, naht vielmehr das Ende der Epoche ihrer Herrschaft.

10.4 Der neue Konkurrent: Die Volksrepublik China

Zumindest ein Land scheint beide überwunden zu haben, nämlich die Volksrepublik China. Dieses Land hat seit mehr als 30 Jahren einen wirtschaftlichen Erfolg, der seinesgleichen sucht. Das wird bei uns zwar zur Notiz genommen, aber anerkannt wird es nicht. Denn die hohe Wertschätzung der Freiheit geht einher mit einer Geringschätzung aller Systeme, die der Freiheit weniger Bedeutung beigemessen. Zur Freiheit gehören freie Wahlen. Und in dieser Hinsicht ist unser Urteil kategorisch: Länder wie China, in denen es sie nicht gibt, sind uns nicht ebenbürtig.

---

[11] ZUM BEISPIEL Oskar Lafontaine, https://www.youtube.com/watch?v=nocScD4whE&ab_channel=Jung%26Naiv.

[12] https://www.besserewelt.info/politik/deutschland-politik/mehr-demokratie/ ist-deutschland-eine-plutokratie.

[13] Joel Kotkin, *Coming of Neo-Feudalism: A Warning to the Global Middle Class*, 2020.

[14] Die Situation der FDP ist dafür ein deutliches Zeichen.

10.4.1 Ideologie und Pragmatismus

Früher war China weniger erfolgreich, weil die Politik des Landes einer Ideologie folgte, nämlich dem Marxismus-Leninismus in der von Mao Zedong interpretierten Form. Davon hat sich die Volksrepublik China nach dem Zusammenbruch der Sowjetunion weitgehend gelöst. Sie hat Ideologie in vieler Hinsicht durch Pragmatismus ersetzt. Seitdem geht es bergauf. Gleichzeitig ist der Wirtschaftsliberalismus bei uns immer mehr zu einer Ideologie geworden, die es überflüssig erscheinen lässt, sich die Ergebnisse genauer anzuschauen. Seitdem geht es bei uns bergab.

Eines der traurigsten Ergebnisse unseres Systems ist das Anwachsen der Armut. In China passiert das Gegenteil. Im Jahre 1990 lebte etwa die Hälfte der chinesischen Bevölkerung in extremer Armut, heute sind es nur noch 3 %.[15] Hätten diese Menschen vor der Wahl gestanden zwischen der Freiheit nach dem Muster westlicher Demokratien und einer Verbesserung ihrer Lebensbedingungen, was hätten sie gewählt?[16]

Eine Verbesserung der Lebensbedingungen *aller* Bevölkerungsteile ist das übergeordnete Ziel der chinesischen Politik. Insofern bleibt sie dem Sozialismus verpflichtet. Zur Erreichung dieses Ziels sind kapitalistische und marktwirtschaftliche Regelungen nur ein Mittel zum Zweck. Wo sie ihm entgegenlaufen, werden sie korrigiert.

Das war früher bei uns ähnlich. Früher gab es einen überparteilichen und gesellschaftlichen Konsens über das Ziel, ein Minimum an sozialer Gerechtigkeit zu schaffen. Dieser Konsens war Grundlage der sozialen Marktwirtschaft. Solange es sie gab, wurden Maßnahmen zur Korrektur von Entwicklungen getroffen, die diesem Ziel entgegen-

---

[15] https://www.nzz.ch/international/china-xi-jinping-hat-die-armut-ausgerottet-stimmt-das-ld.1603695.
[16] Bertolt Brecht stellte einst fest: „*Erst kommt das Fressen, dann kommt die Moral.*" Vermutlich gilt ähnliches für das Verhältnis zwischen Fressen und Freiheit.

liefen. Der Unterschied zwischen der sozialen Marktwirtschaft und dem heutigen System in China ist geringer, als er erscheint.

Das ist er noch in einer anderen Hinsicht. Kommunistische Staaten organisieren ihre Wirtschaft typischerweise nach dem Muster der zentralen Planwirtschaft, bei der das gesamte wirtschaftliche Geschehen vom Staat geplant, gelenkt und verwaltet wird. Ähnliches tun Unternehmen in marktwirtschaftlichen Volkswirtschaften auf betriebswirtschaftlicher Ebene. Manche Privatbetriebe haben die Größe von Volkswirtschaften. Der VW-Konzern machte 2024 einen Umsatz von 325 Mrd. €,[17] was der Größenordnung des Bruttosozialproduktes von Dänemark, Rumänien oder Tschechien entspricht.[18] Im Jahr 2023 machten 827 deutsche Unternehmen einen Umsatz von jeweils mehr als 1 Mrd. €. Insgesamt betrug der Umsatz dieser überschaubaren Anzahl von Unternehmen 3600 Mrd. €. Dies entspricht 40 % der Umsätze aller deutschen Unternehmen[19] bzw. 80 % des Bruttosozialproduktes der Bundesrepublik.

Innerhalb dieser Betriebe wird geplant, und zwar auf höchster Ebene. Für eine Planwirtschaft, wie sie die Volksrepublik China praktiziert, fehlt bei uns eigentlich nur die höchste Ebene. Sie einzuziehen, scheuen wir uns aus ideologischen Gründen.

10.4.2 Demokratie als Hindernis

Der wesentliche Unterschied zwischen unserem System und dem der Volksrepublik China liegt darin, dass wir eine

---

[17] https://de.statista.com/statistik/daten/studie/30743/umfrage/umsatz-der-volkswagen-ag/.
[18] https://de.statista.com/statistik/daten/studie/188776/umfrage/bruttoinlandsprodukt-bip-in-den-eu-laendern/.
[19] https://www.destatis.de/DE/Themen/Staat/Steuern/Umsatzsteuer/Methoden/Erlaeuterungen/voranmeldung-aktuell.

Regierung haben, die vom Volk gewählt ist, aber die Interessen einer Minderheit vertritt, und China eine Regierung, die nicht vom Volk gewählt ist, aber die Interessen der Mehrheit vertritt. Infolgedessen macht China vieles richtig, was unsere Regierungen falsch machen.

Schon im Jahre 2018 wurde in China der Gebrauch von Handys an Schulen verboten.[20] In Hessen und Baden-Württemberg soll ab September 2025 eine entsprechende Regelung gelten.[21] Auch der Bayerische Elternverband fordert strengere Regeln für die Nutzung von Mobiltelefonen an Schulen.[22] Eine solche Regelung kann also kaum falsch sein. Doch konnten sich die Bildungsminister der Länder bislang nicht einmal zu einer gemeinsamen Empfehlung durchringen: *„Man sei zwar offen für langfristig gemeinsame Empfehlungen. Es handle sich aber um ein schwierig zu regelndes Thema."*[23]

Das Thema bedarf zweifellos einer Regelung. Sie in einer Demokratie zu treffen, ist schwierig, denn sie beschränkt die Freiheit. Die Kompetenz für Kultur und Schulen liegt bei den Bundesländern. Eine bundeseinheitliche Regelung zu treffen, ist daher noch schwerer. Offenbar stehen Demokratie und Föderalismus vernünftigen Entscheidungen, wie sie China, Hessen und Baden-Württemberg getroffen haben, im Wege.

Man könnte also meinen, eine Lösung unserer Probleme könnte darin liegen, China zu imitieren. Das ist aus praktischen Gründen unmöglich, denn uns trennen Welten. Dagegen ist es durchaus denkbar und vermutlich auch ratsam, einzelne Elemente des anderen Systems zu übernehmen, um die Schwächen unseres Systems zu korrigieren – so wie China dies nach 1990 gemacht hat.

---

[20] https://www.diagnose-funk.org/aktuelles/artikel-archiv/detail?newsid=1684.
[21] BR24 Nachrichten, 20.03.2025 12:15 Uhr.
[22] Bayern 3 Nachrichten, 20.03.2025 22:00 Uhr.
[23] BR24 Nachrichten, 21.03.2025 12:45 Uhr.

10.4.3 Autoritär und Autorität

Entscheidungen, die nicht nach demokratischen Prinzipien getroffen werden, werden als autoritär bezeichnet. Zweifellos sind Maßnahmen der chinesischen Regierung in diesem Sinne autoritär. Doch hat diese Regierung aufgrund ihrer Erfolge eine Autorität erlangt, die den Vorwurf, autoritär zu sein, weitgehend entkräftet.

Bei uns wird der Einwand, Maßnahmen seien autoritär, mitunter auch gegen solche erhoben, die zwar auf demokratischem Wege entschieden wurden, die aber vergleichsweise einschneidend oder folgenschwer sind. Diese Argumentation unterstellt, dass demokratische Institutionen nur „sanfte" Maßnahmen beschließen dürfen. Sie fußt auf den Lehren des Liberalismus, der staatliche Eingriffe ablehnt. Diese Lehren sind, wie gesagt, zu einer Ideologie geworden. Sie hindert den Staat daran, seine Aufgaben zu erfüllen.

Autoritäre Maßnahmen sind auch bei uns getroffen worden, und zwar während der Flüchtlingskrise, der Coronapandemie und nach dem Überfall Russlands auf die Ukraine. Diese Maßnahmen sind mit ihrer Notwendigkeit begründet worden. In der Tat gibt es Situationen, in denen autoritäre Maßnahmen gerechtfertigt sind. Eine solche Situation ist bei uns zur Regel geworden. Daher reicht es nicht mehr, Maßnahmen zu ergreifen, um Krisen zu bewältigen. Es bedarf vielmehr recht drastischer Maßnahmen, *um sie zu verhindern.*

11

Die Möglichkeiten einer Korrektur

Inhaltsverzeichnis

11.1	Partizipation	272
	11.1.1 Wahlen und konkrete Fragen	272
	11.1.2 Volksentscheide und Befragungen	273
	11.1.3 Ein Verbot des Lobbying und von Wahlkampfspenden	274
11.2	Mehr Transparenz und Information	275
	11.2.1 Mehr Transparenz	275
	11.2.2 Weniger Manipulation	276
11.3	Mehr Bildung und Kompetenz	277
	11.3.1 Eine bessere Schulbildung	277
	11.3.2 Eignungsvoraussetzungen für eine Karriere als Politiker	278
11.4	Mehr Verantwortlichkeit	279
11.5	Mehr Rechtsstaat	280
11.6	Mehr Gerechtigkeit	281
11.7	Mehr Macht dem Staate	282
11.8	Weniger Ideologie	283
11.9	Demokratisch denken und handeln	284

© Der/die Autor(en), exklusiv lizenziert an Springer Fachmedien Wiesbaden GmbH, ein Teil von Springer Nature 2025
W. Plasa, *Die verkommene Demokratie*,
https://doi.org/10.1007/978-3-658-49060-7_11

Die meisten Demokratien sind in Situationen des Neuanfangs entstanden, ähnlich wie es sie nach den beiden Weltkriegen und nach dem Zusammenbruch der Ostblockstaaten gab. Sie ermöglichen es, neue Verfassungen anzunehmen, die die Prinzipien der Demokratie in konsequenter und ambitionierter Weise verwirklichen. Das war auch in Deutschland 1949 der Fall. Das Grundgesetz kommt dem Ideal der repräsentativen Demokratie sehr nahe. Doch hat seit der Gründung der Bundesrepublik die Anwendung demokratischer Prinzipien immer mehr an Boden verloren.

Diese Entwicklung wurde kaum wahrgenommen, denn sie hat sich in kleinen Schritten vollzogen. Sie wird auch deswegen kaum zur Kenntnis genommen, weil die Anwendung demokratischer Verfahren bei politischen Entscheidungen die Vermutung begründet, sie seien auch inhaltlich demokratisch. Das sind sie jedoch immer weniger.

Das zeigt sich vor allem an der Zunahme der wirtschaftlichen und sozialen Ungleichheiten. Im Dezember 2024 haben 1,26 Mio. Menschen Leistungen der Grundsicherung im Alter und bei Erwerbsminderung bezogen. Das sind gut 4 % mehr als im Vorjahr.[1] Fast 30 % der über 65 Jahre alten Menschen sind von Altersarmut bedroht.[2] Die Löhne der meisten Erwerbstätigen sind deutlich langsamer gestiegen als das Bruttosozialprodukt.

Junge Leute schauen angesichts der Klimakrise mit Angst auf ihre Zukunft.[3] Viele Bürger sehen die Folgen der massiven Zuwanderung mit Sorge. Doch wird keines dieser Pro-

---

[1] BR24 Nachrichten, 28.03.2025 11:45 Uhr.
[2] https://www.bundestag.de/presse/hib/kurzmeldungen-946652#.
[3] Bayern 2 Nachrichten, 10.05.2024, 06:00 Uhr: *„Der Präsident des Deutschen Instituts für Wirtschaftsforschung, Fratzscher, … erklärte .., nie in den letzten 80 Jahren sei einer jungen Generation eine Welt mit so vielen großen Problemen und Krisen vererbt worden, wie der jungen Generation heute. Angesichts einer zunehmenden Klimakrise, geopolitischen Konflikten und Sorgen um Arbeitsplätze seien daher „Frustration und die Zukunftsängste" der Jüngeren berechtigt".*

bleme ernstlich in Angriff genommen. Die Devise heißt schlicht „Weiter so!"

Die Regierenden machen weiter so, ohne sich vom Volk reinreden zu lassen. Das hat bei weiten Teilen der Bevölkerung eine zunehmende Politikverdrossenheit bewirkt. Andere lehnen sich dagegen auf, indem sie eine Partei wählen, die angeblich eine Alternative bietet. Die AfD ist jedoch nicht die Lösung. Im Gegenteil: Mit ihr ist ein neues Problem entstanden.

Die Lösung kann nur in einer Korrektur der Politik liegen. Doch bevor die Frage gestellt werden kann, welche Politik gemacht werden soll, muss die Frage beantwortet werden, *wie* Politik gemacht werden soll. Die Antwort ist simpel: „demokratischer".

Die Notwendigkeit, die Demokratie zu stärken, ist auch den Verantwortlichen nicht entgangen. Sie glauben, dies mit einem „Demokratieförderungsgesetz" bewirken zu können. Das Innenministerium hält es für *„dringend erforderlich, um die Zivilgesellschaft zu stärken und demokratische Initiativen überall in Deutschland zu stärken."* [4]

Ein solches Gesetz wäre ein völlig untaugliches Mittel. Denn es geht nicht um die Zivilgesellschaft und private Initiativen. Es geht um das Verhalten der Staatsorgane. Das Vertrauen der Bürger in die demokratischen Institutionen ist gesunken.[5] Letztere müssen zu mehr Demokratie gezwungen werden. Die angesprochenen Probleme können nur korrigiert werden, wenn demokratische Prinzipien konsequenter Anwendung finden.

---

[4] BR24 Nachrichten, 04.03.2024, 13:15 Uhr.
[5] Darauf wies Bundespräsident Steinmeier in einer Rede im Mai 2025 ausdrücklich hin; Bayern 2 Nachrichten, 25.05.2025 09:00 Uhr.

11.1 Partizipation

Demokratie verlangt zunächst Partizipation. Sie erlaubt eine Kontrolle der Ausübung der Macht im Staat durch das Volk. Diese Kontrolle hat das Volk weitgehend verloren. Es geht also in erster Linie darum, mehr Kontrolle durch mehr Partizipation zu ermöglichen.

11.1.1 Wahlen und konkrete Fragen

In einer repräsentativen Demokratie besteht die Partizipation vor allem in einer Beteiligung an Wahlen. Bei der Bundestagswahl 2021 lag die Wahlbeteiligung bei 76,4 %, im Februar 2025 sogar bei 82,5 %.[6] Das ist im internationalen Vergleich ein recht hoher Wert. Er ist ebenso erfreulich wie erstaunlich angesichts des bei Wählern um sich greifenden Gefühls, mit der Abgabe der Stimme nicht viel bewirken zu können.

Dieses Gefühl droht, das Interesse an Wahlen zu mindern oder erlöschen zu lassen. Es kommt also darauf an, dem Wähler das Gefühl zu vermitteln, dass seine Stimme zählt. Dafür genügt es nicht, die Erststimme einem Kandidaten und die Zweitstimme einer Partei geben zu können. Die Beteiligung müsste konkreter gestaltet sein.

Eine konkrete Art der Beteiligung erlauben Volksentscheide. Doch gibt es selten Fragen, die den Aufwand der Durchführung eines Volksentscheides rechtfertigen könnten. Dieser Aufwand wäre weit geringer, wenn man die Befragung mit Wahlen kombiniert. Man könnte dem Wähler beim Ausfüllen seines Wahlzettels zusätzlich die Möglichkeit geben, sich zu bestimmten wichtigen Fragen zu äu-

---

[6] https://de.statista.com/statistik/daten/studie/2274/umfrage/entwicklung-der-wahlbeteiligung-bei-bundestagswahlen-seit-1949/.

ßern. Man könnte eine Liste von vier, fünf oder auch zehn solcher Fragen anhängen. Die Beantwortung müsste freigestellt werden, d. h. die Gültigkeit der Stimmenabgabe dürfte nicht davon abhängen, ob und wie viele der Fragen beantwortet werden.

Ein solches System hätte den Vorteil, den Wähler nicht zu zwingen, mit der Abgabe seiner Stimme für einen Kandidaten oder eine Partei dessen bzw. deren *gesamtes* Programm zu unterstützen. Angenommen, ein Wähler ist mit dem Programm einer Partei grundsätzlich einverstanden, außer zu bestimmten Fragen. Werden ihm diese konkret gestellt, hat er die Möglichkeit, seine Meinung zum Ausdruck zu bringen. Er könnte also vermeiden, mit der Abgabe seiner Stimme ungewollt eine Politik zu unterstützen, die er ablehnt.

Ein solches System würde erkennen lassen, wie die Mehrheitsverhältnisse in der Bevölkerung *zu einzelnen politischen Fragen* aussehen. Freilich würden damit dem Parlament und der Regierung keine verbindlichen Vorgaben gemacht. Aber es würde es erschweren, Wahlversprechen zu brechen.

11.1.2 Volksentscheide und Befragungen

Auch die Möglichkeit, Volkentscheide durchzuführen, sollte erweitert werden. Zurzeit erlaubt das Grundgesetz Volksentscheide nur für Neugliederungen des Bundes und bestimmter Länder.[7] Darüber hinaus verweigert es jede unmittelbare Beteiligung des Volkes an der Ausübung der Macht im Staat. Dieser Regelung liegt ein tiefes Misstrauen bezüglich der Kompetenz und Verantwortlichkeit der Wahlberechtigten zugrunde.[8]

---

[7] Artikel 29, 118 und 118a des Grundgesetzes.
[8] Dieses Misstrauen ist weit verbreitet. So schrieb Josef Joffe in der ZEIT Nr. 29/2016 vom 7.7.2016: „*Diktatur des Volkes, wer die Menschen direkt befragt, spielt Verführern in die Hände. Schicksalsfragen gehören ins Parlament*".

Offenbar haben die Schweizer mehr Vertrauen in ihre eigene Kompetenz und Verantwortlichkeit, denn Volksentscheide finden in der Schweiz in weit größerem Umfang statt. Die Möglichkeiten, sich an der Ausübung der Macht im Staat zu beteiligen, gehen dort deutlich weiter. Wer in einer derart „volksnahen" Regelung eine Gefahr sieht, denkt letztlich autoritär.

Eine andere Möglichkeit, die Partizipation zu beleben, bestünde darin, eine App bereitzustellen, mit der Antworten auf bestimmte politische Fragen gegeben werden können. Das wäre eine Weiterentwicklung der Meinungsumfragen, die heute regelmäßig stattfinden. Statt sie ad hoc durchzuführen, könnte man sie permanent gestalten. Man könnte einen bestimmten Fragenkatalog für einen längeren Zeitraum verwenden.

Zumindest in einem Bereich erscheint es unerlässlich, Entscheidungen ausnahmslos erst nach einer Befragung des Volkes zu treffen. Das gilt für Militäreinsätze im Ausland und die Unterstützung anderer Staaten mit Militärlieferungen.

11.1.3 Ein Verbot des Lobbying und von Wahlkampfspenden

Es gibt Formen der Partizipation, die mit demokratischen Prinzipien unvereinbar sind. Dazu gehören einerseits das Lobbying, andererseits Partei- und Wahlkampfspenden. Dass Lobbying verboten werden müsste, liegt auf der Hand. Dass es nicht verboten ist, ist ein Erfolg des Lobbying. Er ist der unwiderlegbare Beweis für die Notwendigkeit eines Verbotes.

Was Partei- und Wahlkampfspenden angeht, müssten auch sie verboten werden. Denn auch sie bedeuten eine unstatthafte Erweiterung der Partizipation. Das wirft die Frage auf, wie sich Parteien auf andere Weise finanzieren könnten. Eine staatliche Finanzierung, die sich am Ergebnis der Wahlen orientiert, hat den Nachteil, Gewinner zu begünstigen. Eine staatliche Finanzierung, die das nicht tut, hat den Nachteil, Verlierer zu begünstigen. In jedem Falle hätte eine Einschränkung der Möglichkeiten einer Parteienfinanzierung den Vorteil, *die Macht der Parteien zu schwächen.*

11.2 Mehr Transparenz und Information

Demokratie verlangt, wie gesagt, Partizipation. Doch kommt es nicht allein darauf an, *dass* man sich an einer Wahl beteiligt. Ebenso wichtig ist es, *wie* man es tut. Um sich in vernünftiger Weise an einer Wahl beteiligen zu können, muss man sich eine vernünftige Meinung bilden können. Das setzt einerseits voraus, dass man Zugang hat zu allen relevanten Informationen. Das erfordert andererseits, dass man bei der Meinungsbildung keiner Manipulation unterliegt.

11.2.1 Mehr Transparenz

Regierungen neigen dazu, vor allem außenpolitische Aktionen vor ihren Wählern zu verbergen. Geheimniskrämerei ist jedoch nicht auf den Bereich der Außenpolitik beschränkt. Es wird allgemein viel zu viel geheim gehalten.

Was aus gesetzlichen Gründen der Geheimhaltung unterliegt, darf und soll geheim gehalten werden. Ob es *berechtigte Gründe* gibt, etwas geheim zu halten, ist dagegen eine offene Frage. Man könnte eine Art permanenter Enquete-Kommission einer kleinen Gruppe von Abgeordneten jeder der im Bundestag vertretenen Parteien bilden, die von der Regierung auf deren Initiative hin über alles unterrichtet wird – und nicht erst in Beantwortung einer Anfrage. Dieser Kommission sollte es obliegen, zu entscheiden, ob es Gründe gibt, die zur Geheimhaltung *berechtigen*.

Auch von dem, was unsere Geheimdienste herausfinden, sollte die Öffentlichkeit so viel wie möglich erfahren. Sie sollte zum Beispiel wissen, von welchen ausländischen Geheimdiensten deutsche Handybenutzer abgehört werden. Sachliche Informationen dieser Art würden vermutlich ebenso viel Interesse wecken wie Infotainment.

11.2.2 Weniger Manipulation

Geheimhaltung wird immer schwieriger, denn es gibt immer mehr Möglichkeiten, sich über soziale Netzwerke und von Organisationen wie zum Beispiel WikiLeaks Informationen zu beschaffen. Das Interesse daran steigt mit dem Grad und Umfang der Geheimhaltung. Ebenso steigt die Gefahr, auf diese Weise falsche Informationen zu erhalten. Allein um dies zu vermeiden, wäre es angebracht, dass Regierungen mehr Transparenz walten lassen.

Früher spielten die öffentlich-rechtlichen Rundfunk- und Fernsehanstalten eine größere Rolle. Und sie genossen eine größere Autorität. Das lag daran, dass sie um Objektivität und Wertfreiheit bemüht waren. Möglicherweise würden sie ihre frühere Stellung wiedererlangen, wenn sie das wieder täten.

Man kann Manipulation nicht verbieten. Man kann nur dagegenhalten. Das beste Mittel dafür ist, sie zu entlarven. Das erfordert, die Wahrheit zu sagen, und zwar die ganze Wahrheit, in objektiver und wertfreier Form mit Belegen.

Der Umstand, dass die Manipulation der Meinungsbildung geduldet wird, liegt vor allem daran, dass sie überwiegend regierungsfreundlich ist. Es sind die gleichen privaten Interessen, die die Medien und die Regierung beherrschen. Letztlich geht es darum, die Kontrolle des Volkes über die Ausübung der Macht im Staat wiederherzustellen.

11.3 Mehr Bildung und Kompetenz

11.3.1 Eine bessere Schulbildung

Um sich einer Manipulation entziehen zu können, ist zweierlei erforderlich. Man muss kritisch denken können und man muss gewisse Kenntnisse haben.

Kritisches Denken ist etwas, das man erst erlernen muss. Manipulation hat nicht nur zur Folge, dass bestimmte Meinungen bedenkenlos übernommen werden. Wird sie systematisch betrieben, hat sie die weitere Folge, dass sich Menschen daran gewöhnen, fremde Meinungen bedenkenlos zu übernehmen. Damit sinkt nicht nur die Bereitschaft zum kritischen Denken. Damit geht auch die Fähigkeit dazu verloren. Da uns stets mit der Information auch deren Bewertung mitgeliefert wird, haben wir kritisches Denken zu einem guten Teil verlernt – bzw. nie gelernt.

Um kritisch denken zu können, muss man über die Grundkenntnisse verfügen, die es erlauben, Informationen zu überprüfen und infrage zu stellen. Man muss erkennen können, was an ihnen falsch oder unlogisch sein könnte. Das können immer weniger Wähler, denn der Bildungsstand der nachrückenden Jahrgänge nimmt ständig ab.

Gemäß der PISA-Studie des Jahres 2022 fielen die 15-Jährigen in Deutschland in allen Kompetenzbereichen auf die niedrigsten Werte ab, die je gemessen wurden.[9]

---

[9] Das *„Programme for International Student Assessment* (PISA)" untersucht alle drei Jahre, über welche Fähigkeiten Schüler verfügen. Sie werden bei 15-jährigen Schülerinnen und Schüler kurz vor dem Ende der Pflichtschulzeit geprüft, und zwar in den Bereichen Mathematik, Naturwissenschaften und Lesen.

In Mathe verfehlten 30 % der Jugendlichen die Mindestanforderungen, im Lesen 25 %. Im Vergleich zur den Ergebnissen des Jahres 2018 entspricht der Rückgang dem Lernfortschritt eines ganzen Schuljahres. Wer mit 15 Jahren nicht richtig lesen kann, ist mit 18 Jahren höchst wahrscheinlich noch kein „mündiger Wahlbürger".

Die Abnahme des allgemeinen Bildungsstandes hat zur Folge, dass vielen Wählern die Fähigkeit fehlt, zu erkennen, was die eigenen Interessen sind. Deswegen sind sie auch nicht bemüht, sie zu verfolgen. Das wiederum macht es möglich, eine Politik zu betreiben, die diese Interessen nicht genügend berücksichtigt. Ein erster Schritt, um dies zu korrigieren, wäre eine Anstrengung zur Verbesserung der Schulbildung.

11.3.2 Eignungsvoraussetzungen für eine Karriere als Politiker

Wie gesagt, eines der Erfordernisse guter Regierungsführung ist die Kompetenz der Volksvertreter. Wie in Abschn. 4.5.2. erwähnt, lässt sie zu wünschen übrig. Das hat die Regierungsmannschaft von Kanzler Olaf Scholz mehr als je zuvor unter Beweis gestellt.

Der wesentliche Grund ist, dass eine erfolgreiche Karriere in der Politik eine erfolgreiche Karriere in einer Partei voraussetzt – und sonst nicht viel. Kandidaten für einen Posten als Volksvertreter müssen keinerlei Qualifikationen nachweisen. Das ist im Hinblick auf die Verantwortung, die sie tragen, absurd.

Um dieses Problem zu lösen, gibt es mehrere Möglichkeiten. Man könnte einen Studienabschluss verlangen, man könnte aber auch Eignungstests für Nachwuchspolitiker veranstalten. In jedem Falle muss sichergestellt werden, dass ein für die betreffende Amtsführung notwendiges Bildungsniveau vorhanden ist.

Damit verbunden ist die Höhe der Besoldung von Volksvertretern. Sie ist zu niedrig, um überdurchschnittlich befähigten Nachwuchs für eine Karriere in der Politik zu motivieren. Der Einwand, dass hohe Gehälter nicht zum öffentlichen Dienst passen, ist angesichts der Erfahrung gegenstandslos, dass niedrige Gehälter zur Korruption verführen.

11.4 Mehr Verantwortlichkeit

Auch Verantwortlichkeit ist ein Erfordernis guter Regierungsführung. Es steht außer Zweifel, dass vielen Politikern das Gefühl für die Verantwortung fehlt, die sie tragen. Ihnen das durch einen Ethikkurs vermitteln zu wollen, wäre aussichtslos. Die einzige Möglichkeit ist, sie zur Rechenschaft zu ziehen. Angesichts der katastrophalen Folgen, die eine unverantwortliche Regierungsführung für ein ganzes Land haben kann, ist es unerlässlich, das Strafrecht in vollem Umfang und ohne Nachsicht anzuwenden. In dieser Hinsicht besteht zweifellos ein erheblicher Nachholbedarf.

Nicht selten wird Parlamentariern die Verantwortung für ihre Entscheidungen aus der Hand genommen. Das ist der Fall, wenn Fraktionszwang Anwendung findet. Abgeordnete können gezwungen sein, sich aus ihrer Sicht „unverantwortlich" zu verhalten. Die Verantwortung dafür trägt dann scheinbar die Fraktion oder Partei, in Wirklichkeit aber diejenigen, die innerhalb der Fraktion bzw. Partei entscheiden. Möglicherweise haben sie gar kein Regierungsamt. Sie zur Rechenschaft zu ziehen, ist so gut wie unmöglich.

Den Fraktionszwang zu verbieten oder abzuschaffen, ist ebenfalls so gut wie ausgeschlossen, denn eine Partei hat viele Möglichkeiten, ihre Mitglieder unter Druck zu setzen. Geheime Abstimmungen im Bundestag helfen kaum, denn meistens können die „Abweichler" identifiziert werden. Es wäre vielmehr angebracht, überhaupt auf geheime Abstimmungen zu verzichten. Nur so kann der Wähler erfahren, wie ihn der Parlamentarier vertritt, dem er zur Wahl verholfen hat.

Mehr Verantwortlichkeit erfordert eine Stärkung der institutionellen Kontrollen. Dazu gehört eine Regelung, die es verbietet, dass Minister gleichzeitig Abgeordnete sind. Werden sie ernannt, müssen sie ihr Mandat niederlegen. Dazu gehört auch eine konsequentere strafrechtliche Verfolgung der Korruption.

11.5 Mehr Rechtsstaat

Auch für den Rechtsstaat muss mehr getan werden. Grundsätzlich hat sich der Grundrechtskatalog des Grundgesetzes bewährt. Doch erfordern gerade die beiden wichtigsten Grundrechte – Freiheit und Gleichheit – Nachbesserungen. Ihre Schwäche liegt darin, dass sie prinzipiell nur die Rechte des Einzelnen gegenüber dem Staat regeln.[10]

Freiheit ist wenig wert, wenn eine Minderheit sie dazu benutzen kann, die Mehrheit zu beeinflussen, so von ihr Gebrauch zu machen, wie die Minderheit sich das wünscht. Das muss verhindert werden. Darüber hinaus ist es erforderlich, die Freiheit derer einzuschränken, die sie missbrauchen, um die Freiheit anderer zu beeinträchtigen.

---

[10] https://www.bpb.de/shop/zeitschriften/apuz/306444/meinungsfreiheit-und-ihre-grenzen/ : *„Während die Verfassung der Vereinigten Staaten überhaupt keinen Schutz [der Meinungsfreiheit vor privaten Akteuren, wie etwa den Betreibern sozialer Netzwerke] gewährt..., sehen Grundgesetz und Menschenrechtskonvention hier einen stärkeren – nämlich überhaupt einen – Schutz vor, und zwar im Wege der sogenannten mittelbaren Drittwirkung der Grundrechte auch gegen Private. Das europäische Grundrechtsverständnis trägt damit der Einsicht Rechnung, dass die Grundrechte „Freiheit für alle" sichern sollen, also gleiche und real wirksame Freiheit, die vor „Potenziale[n] des Machtmissbrauchs auch durch gesellschaftliche Machtträger" schützt."* Diesen Schutz gilt es zu erweitern.

Freiheit ist eine Voraussetzung der Würde des Menschen. Ein Missbrauch der Freiheit ist unwürdig. Eine Einschränkung der Freiheit, die ihren Missbrauch verhindert, ist durchaus mit der Würde des Menschen vereinbar.

Auch die Gleichheit bleibt ein leeres Versprechen, wenn eine Wirtschaftsordnung so angelegt ist, dass sie Ungleichheiten schafft. Wir akzeptieren die kapitalistische Marktwirtschaft, weil sie besonders effizient ist. Aber sie hat eine Neigung, zu ungerechten Ergebnissen zu führen. Ohne sie zu korrigieren, verliert sie ihre Legitimität. Die soziale Marktwirtschaft hat – solange es sie gab – die notwendigen Korrekturen ermöglicht. Sie muss wiederbelebt werden. Das ist letztlich ein Erfordernis des Rechtsstaates (siehe Abschn. 5.1.5).

11.6 Mehr Gerechtigkeit

Gerechtigkeit ist, wie gesagt, kaum objektiv zu definieren. Ungerechtigkeit ist dagegen ab einer gewissen Grenze nicht mehr zu übersehen. Entscheidungen oder Gesetze, die erkennbar Partikularinteressen bevorzugen oder wirtschaftliche und soziale Ungleichheiten verstärken, sind ungerecht. Sie sind im materiellen Sinne undemokratisch.

Ihre Anwendung hat zu Ergebnissen geführt, die kaum noch als gerecht anzusehen sind. Der reichste deutsche Staatsbürger besitzt, wie gesagt, ein Vermögen von etwas mehr als 40 Mrd. €.[11] Damit könnte man 4000 Häuser im Werte von jeweils einer Million Euro kaufen. Das entspricht einer Kleinstadt. Um ein solches Vermögen zu bilden, reicht es nicht, tüchtig zu sein. Man muss in einer Gemeinschaft leben, die die Voraussetzungen dafür bietet. Sie

---

[11] https://de.statista.com/statistik/daten/studie/162320/umfrage/die-reichsten-deutschen/.

muss mitmachen, und nur sie kann das Erwirtschaftete schützen. Der Beitrag der Gemeinschaft zur Erwirtschaftung großer Vermögen und zu dessen Schutz ist weit größer als der Nutzen, den sie daraus zieht.

Zwar hat der durch das Grundgesetz gewährte Schutz des Eigentums Grenzen. Doch gewährt es diesen Schutz für Vermögen ohne Grenzen. Es ist gut möglich, dass sich in wenigen Jahren die größten Vermögen verdoppeln. Irgendwann wird sich die Frage stellen, ob es gerecht ist, sie ohne Obergrenze zu schützen.

Um mehr Gerechtigkeit zu schaffen, müssen Steuern in der Höhe erhoben werden, in der der einzelne Steuerzahler die vom Staat zur Verfügung gestellten Infrastrukturen und die Dienstleistungen in Anspruch nimmt, die ihm erlauben, Einkünfte zu erzielen. Steuern müssen für Dinge ausgegeben werden, die allen zugutekommen. Diese beiden Grundsätze müssten Verfassungsrang erhalten, ähnlich wie ihn die Schuldenbremse in den Artikeln 109 und 115 des Grundgesetzes erhalten hat. Letztere darf auch in Ausnahmesituationen nicht außer Kraft gesetzt werden. Vielmehr sollten Ausnahmesituationen es dem Staat erlauben, Sonderabgaben dort zu erheben, wo es die wirtschaftliche Lage wohlhabenderer Bürger erlaubt.

11.7 Mehr Macht dem Staate

Offenbar fällt es den Regierungen demokratischer Staaten schwer, Maßnahmen wie die hier vorgeschlagenen zu treffen. Der Grund liegt in den erwähnten Schwächen der Demokratie, die von einer Minderheit genutzt werden, um derartige Maßnahmen zu verhindern. Das Ergebnis ist ein Mangel an Demokratie.

Die Macht dieser Minderheit besteht aber nur deswegen, weil sie sich auf die staatliche Rechtsordnung und die staatlichen Institutionen stützen kann. Letztlich ist sie vom Staat abhängig. Er hätte durchaus die Möglichkeit, die private Macht zurückzudrängen. Und die Mehrheit in der Bevölkerung hätte ein Interesse daran. Dieses Interesse durchzusetzen, wäre demokratisch.

Um die Schwächen der Demokratie zu beheben, bedarf es eines starken Staates. Die Macht der Minderheit kann nur gebrochen werden, wenn der Staat mehr Macht erhält und diese in demokratischer Weise ausgeübt wird. Der Staat ist kein Moloch, dem wir hilflos gegenüberstehen, sondern eine Institution, der wir angehören und die wir lenken können. Der Staat, das sind wir alle, und nur ein starker Staat kann verhindern, dass die Interessen einer Minderheit Vorrang haben.

11.8 Weniger Ideologie

Der Forderung nach mehr Macht für den Staat steht die Forderung nach weniger Bürokratie gegenüber. Diese Forderung beruht auf der Ansicht, es gäbe eine Überregulierung und einen zu starren Verwaltungsapparat. Beides mag in gewissen Bereichen stimmen, ist aber kein Einwand gegen neue Gesetze, wo diese notwendig sind.

Diese Gesetze müssen klare Zielvorgaben nennen. Dafür bedarf es einer Abkehr von der ideologischen Voreingenommenheit, die uns seit Jahrzehnten lähmt. Wir können es uns nicht mehr leisten, Wirtschaftswachstum als vorrangiges Ziel zu verfolgen und alles andere dem Zufall zu überlassen. Wir müssen Ziele konkret bestimmen. Dazu gehören zum Beispiel der Abbau der sozialen und wirtschaftlichen Ungleichheiten, eine Verbesserung des Bildungsniveaus und eine Kontrolle der Macht privater Unternehmen. Um diese Ziele zu verfolgen, bedarf es keiner Planwirtschaft. Es reicht, sie konkret zu formulieren und dann auf technokratischem Wege umzusetzen – so wie das seit langem mit dem Ziel des Wirtschaftswachstums gemacht wird.

11.9 Demokratisch denken und handeln

Demokratie heißt die Herrschaft des Volkes. Eine unmittelbare Herrschaft des Volkes ist aus praktischen Gründen unmöglich. Um dieses Problem zu lösen, wurde die repräsentative Demokratie ersonnen. Sie ist eine mittelbare Demokratie und daher von vornherein weniger demokratisch. Zudem weist sie einige Schwächen auf. Diese Schwächen sind in den vergangenen Jahrzehnten weidlich genutzt worden, um die Anwendung demokratischer Prinzipien weiter einzuschränken. Die repräsentative Demokratie ist in eine existenzielle Krise geraten.

Die Lösung aller Probleme, die die Demokratie mit sich bringt, besteht darin, sie anzuwenden. Dafür reicht es nicht aus, durch Wahlen zu entscheiden, wer die Macht im Staat ausübt. Eine Herrschaft des Volkes, die diese Bezeichnung verdient, setzt voraus, dass das Volk seine eigenen Interessen erkennt und bereit und gewillt ist, sie mit den Mitteln zu verfolgen, die ihm eine demokratische Staatsform zur Verfügung stellt. Eine Rückkehr zu wahrhaft demokratischen Verhältnissen ist ohne diese Bereitschaft unmöglich. Es geht vor allem darum, diese Bereitschaft zu stärken.

Das wichtigste Mittel, um dies zu erreichen, ist die Aussicht auf Erfolg. Ein solcher Erfolg ist möglich, wenn wir bereit und gewillt sind, uns dafür einzusetzen, indem wir uns der Manipulation der Bildung unserer Meinung entziehen, indem wir den Staat stärken, indem wir die institutionellen Kontrollen verstärken und indem wir uns bemühen, demokratischer zu denken und zu handeln.

Weiterführende Literatur

Binswanger, Mathias: *Der Wachstumszwang: Warum die Volkswirtschaft immer weiterwachsen muss, selbst wenn wir genug haben,* 2019

Brand, Thorsten, Follmer, Robert, und Unzicker, Kai: *Gesellschaftlicher Zusammenhalt in Deutschland 2020. Eine Herausforderung für uns alle. Ergebnisse einer repräsentativen Bevölkerungsstudie*

Crouch, Colin: *Postdemocracy,* 2008

Deutscher Bundestag, Drucksache 20/10400 vom 19.02.2024: *Unterrichtung durch die Enquete-Kommission Lehren aus Afghanistan für das künftige vernetzte Engagement Deutschlands. Zwischenbericht der Enquete-Kommission Lehren aus Afghanistan für das künftige vernetzte Engagement Deutschlands*

Gessenharter, Wolfgang, und Pfeiffer (Herausgeber): *Die Neue Rechte – eine Gefahr für die Demokratie?,* 2004

Jesse, Eckhard und Thieme, Tom: *Extremismus in den EU-Staaten. Theoretische und konzeptionelle Grundlagen.* In: *Extremismus in den EU-Staaten,* 2011

Kotkin, Joel: *Coming of Neo-Feudalism: A Warning to the Global Middle Class,* 2020

Moravcsik, Andrew: *The choice for Europe: Social purpose and state power from Messina to Maastricht*, 2013

Piketty, Thomas : *Le capital au XXIe siècle*, 2016

Plasa, Wolfgang: *America first! Von der Rückständigkeit einer Politik der Rücksichtslosigkeit*, 2019

Plasa, Wolfgang: *Der totalitäre Kapitalismus, Vom Missbrauch der Freiheit, nach Gewinn zu streben*, 2023

Rhomberg, Markus: *Wirklich die „vierte Gewalt"? Funktionsverständnisse für die Massenmedien in der Gesellschaft*. In: *Korruption – unaufgeklärter Kapitalismus – multidisziplinäre Perspektiven zu Funktionen und Folgen der Korruption*, 2005

Rowold, Manfred und Immerfall, Stefan: *Im Schatten der Macht. Nicht-etablierte Kleinparteien*, in: Alf Mintzel, Heinrich Oberreuter: *Parteien in der Bundesrepublik Deutschland*, 1992

Schröter, Franziska: *Die distanzierte Mitte, Rechtsextreme und demokratiegefährdende Einstellungen in Deutschland*, 2022/23

Thimm, Johannes, Stiftung Wissenschaft und Politik, Deutsches Institut für Internationale Politik und Sicherheit: *Vom Ausnahmezustand zum Normalzustand, Die USA im Kampf gegen den Terrorismus*, SWP-Studie 16, 2018

Wieczorek, Thomas: *Die verblödete Republik, Wie uns Medien, Wirtschaft und Politik für dumm verkaufen*, 2009

GPSR Compliance
The European Union's (EU) General Product Safety Regulation (GPSR) is a set of rules that requires consumer products to be safe and our obligations to ensure this.

If you have any concerns about our products, you can contact us on

ProductSafety@springernature.com

In case Publisher is established outside the EU, the EU authorized representative is:

Springer Nature Customer Service Center GmbH
Europaplatz 3
69115 Heidelberg, Germany

www.ingramcontent.com/pod-product-compliance
Lightning Source LLC
LaVergne TN
LVHW012034070526
838202LV00056B/5492